孤独のキネマ

厳選108本+α

森田健司

Kenji Morita

松柏社

孤独のキネマ

まえがき

もし江戸時代の法律が現代に適用されたら、多くの日本人は殺されるだろう。「十両盗んだら首が飛ぶ」とされた窃盗罪のことではない。「不義密通」だ。江戸幕府が定めた「御定書百箇条」には「密通いたし候妻、死罪」とある。当然ながら密通相手の男も極刑に処された。

筆者がこうした暗黒の封建時代を知ったのは小学5年生のころ。父と一緒にテレビで映画『近松物語』を見たときだった。男と女が誤解を受けて逃げなければならない不条理もさることながら、浮気だけでなぜ磔《はりつけ》になるのか。それが分からなかった。だが父に聞くのもはばかられた。聞いてはいけない大人の世界のような気がしたからだ。

見終わって、父がふっと呟いた。

「やはり溝口はうまいな」

もちろんそのときは溝口が溝口健二監督のことだとは知らない。ただ、裸馬に乗せられて江戸の町を行く男と女の姿が物悲しくて恐ろしかった。時代劇が好きになったのはこの『近松物語』の影響だと思う。

父は1930年生まれ。この世代の男のたしなみのように映画で育った。筆者が小1のとき

『怪獣大戦争』が公開された。キングギドラが見たくて連れて行ってくれと頼むと、父は仕方ないなという顔で承諾してくれた。翌日映画館に行った。『怪獣大戦争』の看板の前に長蛇の列ができているのを見た父は「こりゃダメだ。入れんぞ」と息子の意向を尋ねもせず、筆者の手を引いて隣りの劇場に入った。子供だましの怪獣映画に最初から気乗りがしなかったのだろう。

　隣りの小屋の上映作品は任俠映画だった。着流し姿の男が怒鳴り、体当たりすると相手の体から血が流れる。体がぶつかっただけなのになぜ血まみれになるのか分からなかった。男が腰だめに短刀《どす》を構えて突進したからだと知ったのはもう少しあとだった。こうして父と映画館に行き、テレビで古い映画を見る日々が続いた。父は亡くなったが筆者は今も見続けている。

　ちなみに筆者が生まれ育った九州の田舎町には2本立て映画が見られる劇場が数軒あった。そのうちヤクザ映画をかけている小屋は噂によると、地元のヤクザが顔パスで入れるとのことだった。「ヤクザとつるんでる映画館かぁ」と少し怖くなり、外国映画専門館に通うようになった。町はあの夜桜銀次の出身地のため右も左も荒くれ男ばかり。筆者を含めてみんなガラが悪い。学校は戦前を引きずって鉄拳制裁の雨嵐。精神主義の最後の砦だった。

　２０１３年から勤務先の『日刊ゲンダイ』で古い作品の紹介記事を書き始めた。上司から「人手不足だ。何でもいいから書け。おまえの猫の手を借りたい」と命じられたのだ。せっかく映画について書くのだから、自分なりの方針を考えた。「あの役者の顔がかっこよかった」と容姿に惚れこんだり、「この映画のこの場面はあの映画のあの場面の摸倣だ」と宝探しにのめ込むのではなく、もう一段踏み込んで書く。好きなように書く。自分が面白いと思った文章を書く。つまり読者は自分自身で、エッセー風に書こうと決めた。だから独りよがりな視点で書いてきた。読者から「話を詰め込み過ぎ」「途中から論点がずれている」とお叱りを受けても「それがどうした」とわが道をいくのみ。観客の迷惑をかえりみず監督が自己満足でつくった映画があるように、読者を自分に据えた映画評があってもいいはずだ。

本書は13年11月から20年6月まで書きためた286本の中から108本を選び、それぞれを大幅に加筆して収録した。モリカケ問題やボクシング協会への批判、トランプ大統領など時事的な表現はそのまま残した。各稿の最終行に記した掲載の日付を参照して読んでいただければと思う。108本にはそれぞれ「蛇足ながら」あるいは「ネタバレ注意！」のカコミを加えた。文字が小さくて心苦しいが、ハズキルーペをかけて読んでほしい。これとは別に「その他の名作」として30本の短い紹介記事も掲載した。

実は筆者はそれほどたくさん映画を見ているわけではない。正直に言うと旧作を含めて年間に250本前後。試写会に行こうと思いながらも「寒いから明日にしよう」とさぼってきた。年間に500本以上見ている評論家の方々には「ははぁ〜」とひれ伏すしかない。

そうしたこともあって理解できない映画はけっこうある。世の人々が「素晴らしい作品だ」と絶賛しているのに「何がいいの？」とチンプンカン。それが筆者の限界だ。そもそも世の中は分からないことばかり。たとえば女性心理。筆者は男の兄弟しかいないので、女心の変化に首をひねってしまう。それでも映画を見ていると、そうした女性の情緒の襞を垣間見ることができるような気がしてくる。

　映画は人生哲学の宇宙だ。何でも教えてくれる。だから最近は出会った人に「人間は映画を見ないと馬鹿になる」と語ってしまう。その勢いでパーティーや飲み会で映画について知ったかぶりをする。たまに参加者の中に映画通の人がいて、こちらにさんざんしゃべらせたあと、「ふふふ……」と笑いながら百科事典なみの映画知識をマシンガントークして筆者を屈辱の肥溜めに突き落とす。彼は悪くない。悪いのは知ったかぶりをした自分だ。そんな夜は酔いが醒めた帰り道で浅学な知識をひけらかした自分の姿を思い出し、「わーッ」と叫んで走り出してしまうのだ。

目次

あの事件の真相は

米国民はニクソンを追い詰めたが……

大統領の陰謀

―1976年　アラン・J・パクラ監督

ジャーナリストのボブ・ウッドワードがトランプ政権の暴露本を書いて騒ぎになっている。国防長官のマティスがトランプを「小学5年生程度の理解力」と貶《けな》したそうだ。ウッドワードは『ワシントン・ポスト』でカール・バーンスタインとともにウォーターゲート事件を暴いた記者。今年は事件のディープスロートだったFBI副長官を描く『ザ・シークレットマン』や事件につながる『ペンタゴン・ペーパーズ／最高機密文書』が日本公開された。3本まとめて見ると面白さが10倍になる。

72年6月、ワシントンのウォーターゲートビルにある民主党本部に5人の男たちが盗聴を目的に侵入して逮捕された。ウッドワード（ロバート・レッドフォード）は彼らの裁判を取材。背後に大きな力があることに気づき、バーンスタイン（ダスティン・ホフマン）とともに調査に乗り出すのだった。

まるで探偵映画だ。ウッドワードは当初、大した事件ではないと軽く見て、記事の埋め草くらいの気持ちで裁判を傍聴した。ところがコソ泥事件は大疑獄の始まりで、話が徐々に大きくなる。序盤は電話取材が中心。あちこちに

【蛇足ながら】

ただ「忖度」があるだけ

2人の記者がニクソン再選委員会の関係者に直当りして取材を申し込む場面は不自然だ。委員会関係者は男も女も異口同音に「知らない」と言い切る。事前に「記者に聞かれたらこう言い返せ」と入れ知恵されているようだ。

現実の日本では安倍晋三に数多くの疑惑が持ち上がった。モリカケも「桜を見る会」もどう考えたって怪しい。シュレッダーの件などはその最たるものだ。共産党議員が名簿を請求したらその日のうちに破砕してしまった。なぜ同じ日に処分したのかと聞かれると、シュレッダーの順番待ちの結果だという。

内閣府には真実を知っている職員が何人かいるだろう。そうした人が勇気をふるって真実を語ってくれればすべてが明らかになるのに、事態

電話するうちにホワイトハウスにつながるルートがあぶり出される。通話の相手の嘘から疑惑を強める展開が面白い。中盤はニクソン大統領再選委員会の不審な資金に着目して関係者を個別訪問。ところが誰もが「知らない」の一点張りだ。彼ら・彼女らの紋切り型の受け答えは怪しいにおいがプンプンする。2人の記者は粘り強く交渉して人々の固い口をこじ開けていく。

印象的なのがディープスロートとの接触場面だ。駐車場の陰影に沈んだ男が「マスコミは嫌いだ」と言いながら情報をリークする。人の気配を感じると「タクシーを乗り継いできたのか」と詰問。緊迫感に満ちた演出だ。

この事件でニクソンは辞任に追い込まれたが、現代の日本ではモリカケ疑惑が晴れてもいないのに安倍晋三は3選の勢いだ。あの公文書改ざんやメモの発見は何だったのか！　ニクソンについては『ニクソン』（95年）、『フロスト×ニクソン』（08年）の秀作があり、いずれも彼の陰湿な性格をベースにしている。ニクソンは徳川家康タイプ。どちらも根暗なのだ。アホなパフォーマンスがうまいトランプは豊臣秀吉だろう。

ニクソン映画はシリアスドラマになったが、トランプが映画化されたら、知性が低いのでどんなに頑張ってもコメディーになってしまうはずだ。そんな男を米国民はワーワー言って持ち上げている。それこそ「アメリカの悲劇」だろう。

（18年9月12日掲載）

はーミリも進展しなかった。ここまで保身に走っていいのか。

本作の姉妹編といえるのが『ザ・シークレットマン』（2017年、ピーター・ランデズマン監督）。リーアム・ニーソンがディープスロートことFBI副長官代理のマーク・フェルトを演じ、大統領顧問や上司の妨害を押し切って捜査を続けようとする。ここには正義がある。日本には正義はない。ただ「忖度」があるだけだ。

大統領の陰謀（ワーナーブラザースホームエンターテイメント）

ケネディ暗殺、犯人はオズワルドなのか？

ＪＦＫ
１９９１年　オリバー・ストーン監督

明日は11月22日。日本では「いい夫婦の日」だが、ある人物の命日でもある。55年前、ジョン・Ｆ・ケネディ大統領が暗殺された。彼の暗殺が陰謀だったとするギャリソン検事の捜査を描いたのがこの『ＪＦＫ』だ。

１９６３年のこの日、ケネディはテキサス州ダラスで凶弾に倒れた。警察はオズワルド（ゲイリー・オールドマン）を逮捕するが、彼はダラス警察署の地下でナイトクラブ経営者のジャック・ルビーによって射殺されてしまう。ギャリソン（ケビン・コスナー）はオズワルドの周辺を調べ、実業家のクレー・ショー（トミー・リー・ジョーンズ）を暗殺の共謀容疑で起訴するのだ。

見どころは終盤の裁判だが、偽名の元軍幹部がギャリソンに情報をリークする場面もスリリングだ。彼はペンタゴンとＣＩＡ、警察、軍需産業、ジョンソン副大統領らが暗殺に関わったと説く。ケネディの平和主義に危機感を抱いた連中がクーデターを企てたというのだ。

「陰謀論」という言葉がある。何か事件が起きたとき「ユダヤ人が引き起こした」とか「国家機関が黒幕だ」とする考えだ。ケネディ関連でいえば、

【蛇足ながら】
夢と消えたケネディのメッセージ

１９６３年11月23日、通信衛星リレー１号による日米初のテレビ宇宙中継が行われた。日本のテレビ画面には「ＮＡＳＡ」と書かれたテストパターン、次いでカリフォルニア州ハモビー砂漠の風景が映し出された。まさに衛星によるテレビ中継の記念すべき第一歩だった。

予定ではケネディが録画で日本の視聴者にメッセージを発することになっていたが、実現しなかった。前日の22日に凶弾に倒れたからだ。

ケネディには公民権運動を推進する一方でベトナム戦争を悪化させたというマイナス評価もある。そんな彼が直面した難局として語り継がれているのが62年10月のキューバ危機だ。この年の7月からソ連はキューバへのミサイル搬入を続け、フルシチョフ書記長は「米国侵攻を阻止す

マリリン・モンロー（62年8月死亡）は不倫の口封じのため肛門からの毒薬注入によって殺されたという。今の米国では「Qアノン」という架空の人物が、この世には悪の組織がありトランプはそいつらと戦っているのだという話を広め、多くの人が信じているらしい。

ケネディ暗殺では、なぜオズワルドは殺されたのか、本当に5・6秒で3発の弾丸を発射できたのか、1発の銃弾がケネディとコナリー知事を7回傷つけたのは事実か、犯人は3人ではないかなどの疑問が絡み合い、国家的な陰謀論に拡大した。

本作の公開当時に論じられたことだが、ウォーレン委員会がオズワルド単独犯行説を発表したことで米国民は2世代にわたって政府の権威に背を向けるようになり、キング牧師、ロバート・ケネディ司法長官の暗殺との相乗効果でベトナム反戦運動が本格化した。陰謀論が米国民に「国家を疑え」という意識を植え付けたことになる。

それでも陰謀論は面白い。本作は陰謀好きの人にとって最高のエンターテインメント。真夏の怪談話と同じで、幽霊を信じる人ほどゾクゾクする。

ちなみに事件後の3年間で重要証人18人のうち16人が不審な死を遂げた。73年作『ダラスの熱い日』は生命保険会社の分析結果として、彼ら16人が死亡する確率は「実に10京分の1」であると紹介している。（18年11月21日掲載）

るための地対空ミサイル」と説明していたが、米国のU2型偵察機がキューバ西部に中距離弾道ミサイルなどの基地が建設中であるとの証拠写真を撮影。世界に緊張が走った。結局、戦争は回避され、この事件から米ソにホットラインが設置された。

ケビン・コスナー主演の『13デイズ』（2000年、ロジャー・ドナルドソン監督）がこのキューバ危機を克明に描いている。

JFK（20世紀フォックス・ホーム・エンターテイメント・ジャパン）

関東軍VS溥儀　同床異夢の破滅

ラストエンペラー

―1987年　ベルナルド・ベルトルッチ監督

先週死去したベルナルド・ベルトルッチ監督の代表作で、アカデミー賞9部門を受賞。出演も果たした坂本龍一が同賞の作曲賞を受けて「世界のサカモト」になった。

「清朝最後の皇帝」と呼ばれる愛新覚羅《あいしんかくら》溥儀《ふぎ》（ジョン・ローン）が2歳で皇帝に即位し、18歳で城を追われたのち日本の関東軍のおいしい話に乗って満州国皇帝として帝位に返り咲く話。戦後、政治犯として中国政府の取り調べを受ける場面に過去の栄光を織り交ぜて物語は進む。東洋文化の好きな欧米人が喜ぶ紫禁城《しきんじょう》の絢爛豪華さ、アジア型封建制、1910～50年代の中国の劇的な政変などを2時間43分に濃縮した有為転変の物語だ。

前半の幼帝時代はわれわれ東洋人にとって冗長な感があるが、関東軍が溥《ふ》儀《ぎ》を誘惑するあたりから面白さが増してくる。32年に建国された満州国は溥儀を執政という神輿にのせた傀儡《かいらい》国家だった。関東軍は中国制圧のために溥儀を利用したのだが、溥儀は周囲の反対を無視して34年には満州国皇帝に即位し、日本の天皇と対等な立場を得ようとした。だが悲しいかな、しょせん

【蛇足ながら】

川島芳子、死体は替え玉だったのか？

本作に出てくる男装の麗人・川島芳子は清朝の皇族・第10代粛親王善耆の第14王女。本名を愛新覺羅顯《あいしんかくらけん》玗《し》といった。

彼女は幼くして大陸浪人・川島浪速《なにわ》の幼女となり、長野県松本市で幼少期を過ごす。何かのトラブルに遭遇したのか、17歳でピストル自殺を決行。未遂に終わったが、このとき女性であることに訣別し、以後男装を通した。

早稲田大学を中退して陸軍士官学校に入学。陸軍中将・田中隆吉と男女の仲だったとも言われ、工作員として田中の指図を受け、第一次上海事変を画策。満州国義勇軍の総司令官として活動し、「満州のジャンヌ・ダルク」「東洋のマタハリ」ともてはやされた。

は操り人形にすぎない。彼は権力に固執するあまり日本政府と関東軍の陰湿な正体を見抜けなかった。関東軍と溥儀は同床異夢のいびつな野望によって破滅したことになる。

劇中の甘粕《あまかす》正彦（坂本）は関東大震災のときに陸軍憲兵大尉として大杉栄夫妻を惨殺し実刑判決を受けたいわくつきの人物。「東洋の真珠」として登場する男装の麗人は関東軍のスパイとして僧侶殺害などに手を下した川島芳子だ。川島はもともと中国人で戦後銃殺刑に処せられた。2人は大日本帝国の侵略に一役買い、死に追いやられたことになる。

終盤の文化大革命のくだりは民衆が国家権力によって翻弄されることを訴えている。ベルトルッチ監督は共産主義へのシンパシーを表した作風で知られるが、この場面で振られる赤旗と紅衛兵の舞踏のような行進はどこかむなしい。『1900年』（76年）でイタリア・ファシスト党壊滅の際に出てきたつぎはぎだらけの赤旗と大きくかけ離れている。毛沢東が苦し紛れに打ち出した文革路線に、盲目的な民衆が踊らされているようだ。

ちなみに劇中の溥儀は自分を「プレイボーイ」と称したが、実は妻がありながら同性愛者だった。そのため弟の溥傑《ふけつ》が日本の嵯峨侯爵の娘・浩《ひろ》と政略結婚。戦後の57年、長女の慧生《えいせい》が天城山でピストル心中した事件は今もミステリアスな悲劇として語り継がれている。

（18年12月5日掲載）

芳子には生存説がある。45年の日本の敗戦のあと、彼女は中国のあちこちに身を隠したが、国民党軍に捕らえられ、40歳だった48年3月25日、北京の監獄で銃殺された。

だが、このとき殺されたのは芳子に顔がよく似た女だったとの説がある。女の母が金の延べ棒との交換を条件に娘を売ったという。銃殺されたのは替え玉で、芳子本人は78年まで生きていたという説を信じている人も存在するのだ。

ラストエンペラー（キングレコード）

大戦末期ドイツの〝独裁者は死なず〟

ワルキューレ

2008年　ブライアン・シンガー監督

トランプ大統領とヒトラーを同一視する声が上がっている。たしかに平気で嘘をつき、国民の憎悪をあおる手法はよく似ている。大統領令を発する姿は全権委任法を悪用するヒトラーのようだ。本作は1944年7月20日に起きたヒトラー暗殺未遂事件を描く。『ユージュアル・サスペクツ』のブライアン・シンガー監督だけあって、男の匂いがムンムンだ。

主人公はシュタウフェンベルク大佐（トム・クルーズ）。北アフリカ戦線で負傷した彼は帰国後、ヒトラー暗殺の秘密会議に参加する。ドイツの敗色は誰の目にも明らかだが、ヒトラーは降伏を認めない。一刻も早く戦争を終わらせようと考えたシュタウフェンベルクらは有事の際に反乱軍を鎮圧する「ワルキューレ作戦」を利用してヒトラーを殺害し、全権を掌握する計画を立てる。決行当日、ヒトラーのすぐそばで爆弾を炸裂させることに成功。秘密会議のメンバーは親衛隊（SS）を逮捕しベルリンを制圧するが、ここで大佐は耳を疑う知らせを受ける。ヒトラーは生きていた……。

ドイツ降伏までにヒトラー暗殺計画は42件起きた。映画はトレスコウ少将

【蛇足ながら】

ワイヤーが首に食い込む映画

本文で、ナチはピアノ線を使って絞首刑を実行したと書いた。その残酷な処刑方法を再現した映画が『ヒトラー暗殺、13分の誤算』（2015年、オリヴァー・ヒルシュビーゲル監督）だ。1939年に起きた家具職人ゲオルク・エルザーによるヒトラー殺害未遂を描く。映画のラストでエルザーを尋問した将校が処刑される場面があり、彼はロープではなく極細のワイヤーを首に巻かれて体を吊り上げられる。苦痛で体が小刻みに震える姿は凄惨だ。

「ナチと寝た女」とも言われるのが、女優のレニ・リーフェンシュタールだ。ヒトラーと出会ったのをきっかけに映画監督に転身。ナチ党の宣伝映画『遺志の勝利』（35年）やベルリン五輪の記録映画『オリンピア』（38年）などを製作した。『オリンピ

がヒトラーの飛行機爆破に失敗した実話からスタート。次の暗殺計画のために軍幹部を説得し、ヒトラー本人からワルキューレ作戦への署名をもらうなどスリリングな見せ場が続く。

ヒトラー暗殺未遂があったことは知っているが、本作の暗殺計画がいかに大規模で悲劇的だったかを把握していない人も多いだろう。実は200人もの関係者が処刑された大事件だった。有名なロンメル元帥も反ヒトラー派に属し、家族を守るために服毒自殺を遂げた。

映画の絞首刑の場面に細いヒモが出てくるのは、残酷好きのヒトラーを喜ばせるため、ロープの代わりにピアノ線を首に巻いたから。死刑囚は20分も苦しんで死んだという。事件を裁く法廷シーンではフライスラー長官が被告を口汚く罵る。秋田大名誉教授の對馬達雄はこの様子を〈まるで狂乱の裁判指揮〉とし、〈「フライスラーの気に食わない者は反逆者」となり、「考えただけのことでも罰せられる」ことになった〉と記している(『ヒトラーに抵抗した人々』中公新書、2015年)。「共謀罪」が成立したら、日本も同じ運命をたどるだろう。

本作から感じるのは独裁者は簡単に滅びないということ。ヒトラーは周囲の者たちが死傷しながら自身は無傷だった。独裁者は悪魔の奇跡に恵まれるのか。

(17年2月8日掲載)

ア』は今も五輪映画の最高峰と評価されている。

レニはナチスとの政治的な関わりを否定したが、40年6月にドイツ軍がパリを陥落させたときはヒトラーに称賛の電報を送っている。ポーランド戦線の記録映画では大勢のユダヤ人捕虜が銃殺される光景にショックを受けて気絶。それでもヒトラーに意見することはなかった。

2003年に101歳で死亡。詳しくはドイツ映画『レニ』(1993年、レイ・ミュラー監督)を。

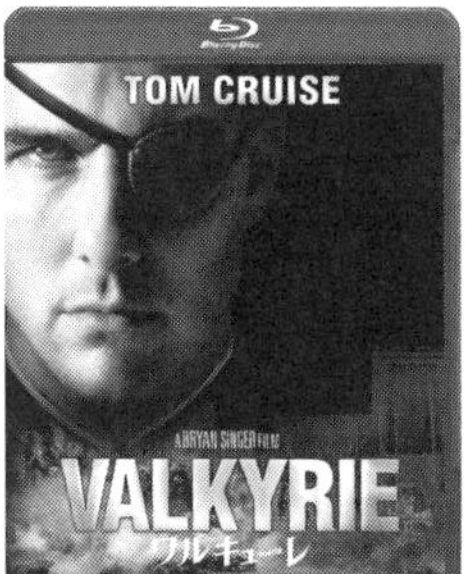

ワルキューレ(ポニーキャニオン)

フランスの圧政と暴虐に立ち向かう民衆

アルジェの戦い

―1966年　ジッロ・ポンテコルヴォ監督

フランスの植民地だったアルジェリアの独立戦争を描き、1966年ベネチア国際映画祭グランプリを獲得した問題作。

アルジェリア独立戦争は54年から62年まで続き、本作の物語は57年から始まる。前半は民族解放戦線（FLN）幹部のアリを中心にした無差別テロだ。銃を奪ってフランス人警官を殺害。女たちは一般客を装ってカフェや空港などに時限爆弾を仕掛け、女性と子供がいても容赦なく爆発させる。

後半はマチュー中佐率いる特殊部隊によるFLNおよび一般市民への弾圧を描く。同中佐は第2次大戦中、ナチスと戦うレジスタンスとして活躍した。それが植民地ではためらいもなく弱者を痛めつける。皮肉な話だ。

イタリア人監督のジッロ・ポンテコルヴォはあえてスター俳優を使わず、白黒画面でドキュメンタリータッチの演出を貫いた。登場人物は泣くでもわめくでもなく、淡々と自分たちの戦いを遂行していく。その結果、130年間にわたってフランスに支配され、「ネズミ」呼ばわりされてきたアルジェリア国民の憤りが鮮明に伝わってくる。

【蛇足ながら】

サルトルもモンタンも非国民呼ばわりされた

『アルジェの戦い』が日本公開されたのは1967年2月。学生運動のころで、若者を中心に革命などへの関心が高まっていた。そんなこともあって、本作は67年のキネマ旬報外国映画ベストテンの1位に輝いている。DVDの資料によると、年間の配給収入は17位で1億379万円。劇場との配分を50％として計算した場合、興行収入は2億758万円となる。当時の平均入場料金が235円だったことから現在の金額に換算すると興行収入は14億円に達する。

本作はアルジェリアとイタリアの合作。アルジェリアが独立宣言した4年後に完成した。映画評論家の荻昌弘は当時の解説でアルジェの「処女映画」と評している。映画評論家の岩崎昶は本作が描く抵抗運動をべ終盤のＦＬＮが夜の街をトラックで暴走する場面。道行くフランス人を無差別銃撃し、弾丸が尽きるやトラックは人の群れに突入する。昨今、パリで起きた悲劇とともに、フランスが大昔からイスラムの憎悪を浴びてきた現実を痛感させられるシーンだ。

目を背けたくなるのが軍によるＦＬＮメンバーへの拷問。ガスバーナーで体を焼き、水に漬け、逆さ吊りで責める。フランス人お得意の電気拷問のほか囚人をギロチンで処刑するシーンも。フランスやパリという言葉を聞くと、芸術、文学、政治の先進国というイメージを思い描くものだが、そうしたエレガントな看板の裏側では血塗られた暴力支配が続けられていた。

ＦＬＮは自分たちの窮状を国連に訴えようとする。これに対してフランス政府はアルジェリアに対する植民地支配の実態が世界の注目を浴びることに神経をとがらせる。フランスにとってアルジェリア問題は国際社会に知られたくない暗部だった。

実際、本作がベネチアでグランプリを取った際、フランス代表団は「反仏映画」として反発、フランソワ・トリュフォー監督を除く全員が退席した。アルジェリア独立を屈辱と感じたのか、それとも自分たちがしでかした暴虐に罪悪感を覚えたのだろうか。

（16年10月19日掲載）

トナム戦争と日本帝国主義に対する「中国の戦い」に二重焼き、三重焼きして見ざるをえないとした。その上で抑圧者が帝国主義の常套手段として虐殺でも暗殺でも何でもしていいという理論についてこう記している。

「サルトルは（ついでにいっておけばイブ・モンタンも、ジャンヌ・モローも、ジャン・リュック・ゴダールも）この論理に反対したゆえに、非国民よばわりされている。（略）ジョンソンにこの映画を見せたい」

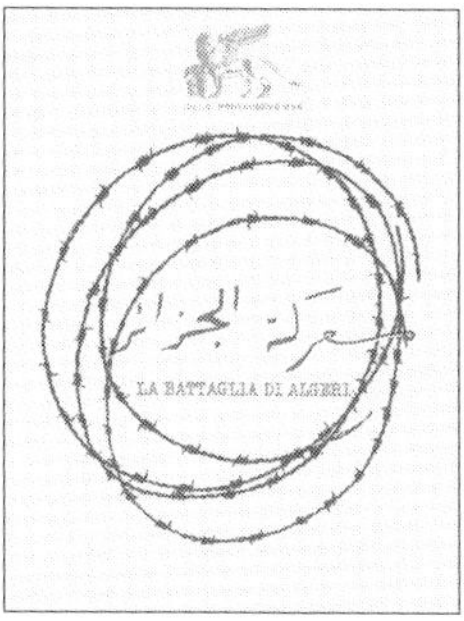

アルジェの戦い（キングレコード）

差別とリンチと閉塞感と

ミシシッピー・バーニング

1988年　アラン・パーカー監督

1964年6月、公民権運動さなかの米ミシシッピー州ネショバ郡でユダヤ系学生2人と黒人学生1人が惨殺された。本作はこの事件を題材にしている。捜査官がスーツ姿のまま腰まで水につかって沼を歩いたのは実話。本作が公開されたとき、かつての白黒のニュース映像がテレビで報じられた。

現地に派遣されたFBI捜査官は大卒のウォード（ウィレム・デフォー）と叩き上げのアンダーソン（ジーン・ハックマン）。正義感が強く差別を憎むウォードに対して、南部出身のアンダーソンは捜査をシニカルに見ている。対照的な性格の2人の衝突を主軸に物語は展開し、黒人への凄惨なリンチを描写していく。

黒人の市民を暴力で弾圧するのはKKK（ク・クラックス・クラン）。白い三角頭巾をかぶって縛り首にし、生きたまま性器を切り取るのだ。そうした中、アンダーソンは「俺のやり方」で犯人を自白に追い詰め、逮捕にこぎつける。裁判では加害者7人に3〜10年の禁錮刑が言い渡される。その中にはなんと、現役の保安官助手もいた。正義を執行する者が罪のない市民を殺害

【蛇足ながら】

差別主義者は歴史を曲げる

本文でも触れたが、本作の公開時にテレビで流れたこの事件が発生した当時の白黒映像には、黒人問題に対する白人の差別意識が色濃く投影されていた。びっくりしたのは街頭インタビューを受けた中年の白人女性が黒人のことを「彼らは自分の意思でこの国に入ってきた」と堂々と語っていたことだ。

言うまでもなく、米国の黒人は16〜19世紀にアフリカ大陸から奴隷として連行された人々の末裔だ。それを「勝手に入ってきた」とは何たることか。人は自分たちの負の歴史をプラスに記憶したがる生き物らしい。今の日本にもあの侵略戦争を「大東亜戦争」と呼んで正義の解放戦争だったと主張する人がいる。

黒人がKKKによって性器を切られるシーンは1974年の『クラン

するというおぞましいゲームに参加していたわけだ。

映画ではFBIが活躍するが、実際のところ、FBI長官のフーバーは公民権運動を守るのは時間の無駄と考え、キング牧師が女たらしの共産党員であるという証拠を集めて人気を凋落させようと躍起になっていた。ただ、本作の原作小説にウォードとロバート・ケネディ司法長官が電話でやり取りする場面があるように、ケネディ長官は本件の解決に全力を傾けた。

見どころはアンダーソンとKKKメンバーの息詰まる駆け引きだが、彼が保安官助手の妻（フランシス・マクドーマンド）と心を通わせるくだりも見逃せない。夫が事件に関与したと告白した妻は殴られて入院。夫婦生活は破綻したが、彼女は「町を出る気はない」と寂しげに笑う。良心的な市民もこの町から逃れられない。5000人いる黒人もここでおびえて暮らし続ける。そんな閉鎖的な町への鬱憤を晴らすように、白人は黒人を痛めつけて楽しむのだ。

現在の日本のようではないか。展望のない閉塞感の中でワーキングプアの若者などが差別の炎を燃やし、ネットやヘイトスピーチで呪詛《じゅそ》の言葉を吐く。政権がそれを黙認している節すらある。特定秘密保護法も成立した。捜査当局がフーバーのように職権を乱用する日がこないことを祈るばかりだ。

（15年3月23日掲載）

スマン』（テレンス・ヤング監督、リー・マービン主演）にも登場する。近年のKKK団ものではスパイク・リー監督が第91回アカデミー賞脚色賞などを獲得した『ブラック・クランズマン』（2018年、ジョン・デヴィッド・ワシントン主演）。黒人警官が電話で白人のふりをしてKKKのシンパを装い、白人警官を潜入させるさまをコミカルに演出した。

ミシシッピー・バーニング（20世紀フォックス・ホーム・エンターテイメント・ジャパン）

復讐の連鎖は止まらない

ミュンヘン

2005年　スティーブン・スピルバーグ監督

50歳以上の人なら1972年のミュンヘン五輪で何が起きたかを覚えているだろう。パレスチナのゲリラ「ブラックセプテンバー」がイスラエルの選手11人を虐殺した事件。本作はこの事件の経緯とイスラエルによる報復「神の怒り作戦」を描く。ラストの人質殺害シーンは実に凄惨だ。

映画はゲリラが選手村を襲撃する場面から始まる。当時、五輪選手らが殺害されたというニュースは報じられたが、こうして再現映像で見せられるとその残虐性と犠牲者の無念さがひしひしと感じられるのだ。

主人公はモサドの若きメンバー、アヴナー（エリック・バナ）。上層部の命令を受けてミュンヘン事件の首謀者11人の密殺に取り掛かる。爆弾のプロなど4人の有能な仲間がいるが、暗殺は再三ハプニングに見舞われる。原因は爆薬だ。「拳銃を使わず、派手に爆殺すべし」という要請に従った結果、少女を巻き添えにしそうになり、爆薬の量を間違えてアヴナーも死にそうになるなどのトラブルが続く。爆発の威力でホテルの天井から無関係の宿泊客の上半身が垂れ下がった映像を見せられると、報復テロも野蛮な行為だったこ

【蛇足ながら】

スピルバーグの傑作『ペンタゴン・ペーパーズ』

スティーブン・スピルバーグ監督はサメと人間が格闘する『ジョーズ』（1975年）で本格的に有名になり、『未知との遭遇』（77年）のようなSFでステップアップした。そのため娯楽映画の巨匠というイメージを抱いている人がいるようだが、本作に代表される社会派ドラマでも抜群の才能を発揮している。

そのひとつが2015年公開の『ブリッジ・オブ・スパイ』（トム・ハンクス主演）。冷戦中の1957年にソ連で人質になった実在の軍人フランシス・ゲイリー・パワーズを奪還する弁護士とアメリカ当局の活動を描く。ラストの人質交換は緊迫感にあふれている。

『ペンタゴン・ペーパーズ／最高機密文書』（17年）はニクソン政権下

とが分かる。

パレスチナとイスラエルの因縁の対決だが、実際はそう単純ではない。ソ連のKGBはパレスチナを後押しし、米CIAは暗殺を妨害してくる。中東の相関図は昔から複雑なのだ。ユダヤ系米国人のスピルバーグ監督は「本作で論じたかったのは暗殺の正否ではない。暗殺者の苦悩を描き、問題提起をした」と語っているが、アヴナーらの報復テロは活劇としても見応え十分。現代の中東情勢を理解するうえでも参考になるだろう。

終盤の見どころは立場の逆転だ。暗殺を進めていたアヴナーたちはいつしか命を狙われることになる。メンバーのひとりが女殺し屋に色仕掛けで殺され、この女をアヴナーが殺害。本来の暗殺計画から逸脱した新たな殺しが発生するとは皮肉な展開だ。

そもそもパレスチナは、自分たちの苦境を世界に知らしめるためにテロを起こした。一方、イスラエルは「自由な世界が決して忘れないような答え」として報復に踏み切ったとジャーナリストのアーロン・クラインは記している（『ミュンヘン　黒い九月事件の真実』角川文庫、2006年）。殺された側が敵を殺し、また殺されるという負のスパイラルが続く限り、中東の火種は消えそうにない。恐ろしいことだ。

（16年1月6日掲載）

の71年にベトナム戦争を分析した機密文書がシンクタンクの職員によって持ち出され、ワシントンポストの記者がこの文書のスクープを試みる物語。ワシントンポストの発行人で未亡人のキャサリンを演じたのがハリウッドのリベラル派のメリル・ストリープ。記者に突き上げられ、経営幹部らにストップをかけられ、政治家に恫喝されながら、自分の使命を再確認する女性経営者の信念が胸に迫る。

ミュンヘン（NBCユニバーサル・エンターテイメント）

「世紀の会談」――真実は何なのか？

終戦のエンペラー

2012年　ピーター・ウェーバー監督

1945年8月、米軍のフェラーズ准将（マシュー・フォックス）は、マッカーサー元帥（トミー・リー・ジョーンズ）とともに厚木基地に降り立つ。日本の占領のためだが、かつての恋人・あや（初音映莉子）との再会も目的だった。彼はマッカーサーから、戦争において天皇が決定的な役割を果たしたのか否《いな》かを調査するよう命じられ、東条英機、近衛文麿らと接触する。

マッカーサーは天皇を逮捕・処刑したら日本人の反発を招き、政治的成果をあげられないとの確信を深めた。そんな折、あやの死亡を知らされたフェラーズは「天皇が戦犯として裁かれれば日本全土が混乱する。国のリーダーにとどめるべきだ」との報告書を提出。「天皇の介入度は永遠の謎。1000年調べても分からない」と説明するのだった。

マッカーサーが占領統治に天皇の御稜威《みいつ》を利用したのはご存じの通り。駐日大使だったジョセフ・グルーは日本人と天皇をこう分析していた。

〈日本において天皇は女王蜂のようなもので、何も決定しないが、働き蜂から敬愛されている。女王蜂がいなくなると蜂の巣社会も解体する。日本の

【蛇足ながら】

ヒトラーを天皇の親友とする『太陽』

本作のクライマックスはマッカーサーと昭和天皇の会談。これが「世紀の会談」と呼ばれたことは言うまでもない。会談が持たれたのは1945年9月27日。場所は駐日大使館公邸だった。

世紀の会談を映像化した作品はもう1本ある。ロシア人監督のアレクサンドル・ソクーロフによる『太陽』（2005年）だ。昭和天皇を演じたのはイッセー尾形、マッカーサー役はロバート・ドーソンである。この映画では両者が食事をしながら語り合う。マッカーサーはヒトラーのことを「あなたの親友」と言い、天皇は「彼のことは何も知りません」と答える。

マッカーサー「ではなぜドイツと同盟を？　私だったら知らない人とは

天皇もそのようなものだ〉

本作ではフェラーズが天皇訴追を阻止する理屈を考案する。東大大学院教授の井上達夫は著書で〈大日本帝国支配層の責任をA級戦犯に限定することで、天皇に累がおよばないようにしたわけです。そういう「手打ち」をした〉と解説。本作は東京裁判が手打ち式だったことを描いた点で貴重だ。

ラストは天皇とマッカーサーの会見。天皇は「私がお訪ねしたのは自分自身をあなた方に委ねるためです。戦争遂行に関する全責任は私にあります」と語る。55年にニューヨークで重光葵がマッカーサーから聞いた有名な言葉だが、敗戦まもないころはこの文言はなかった。

元朝日新聞記者・田中伸尚の『ドキュメント・昭和天皇　第6巻』（緑風出版、1990年）によると、フェラーズの覚書には〈天皇は、開戦の詔書について、東条が利用したような形でそれを利用するつもりはなかった旨をみずからの口で述べた〉とあり、G・アチソンの覚書は〈(天皇は) 東条が自分をあざむいたのである、と述べた〉となっている。J・ガンサーの記述によると、天皇はもし自分が戦争に反対したら国民は自分を精神病院に入れるか、首をちょんぎっただろうと語ったという。一方、ヴァイニング夫人の日記には天皇の言葉として〈私を絞首刑にしてもかまわない〉とある。何が真実か分からない昭和史のミステリーだ。

（17年8月16日掲載）

取引しません」

天皇「会ったこともない」

天皇は肉料理を食べ、ワインを飲み、ハバナ葉巻をくゆらせて老子の格言を語る。通訳もつけず英語でしゃべる。

もちろん、この映画は会話の内容を含めてフィクションだ。そもそも天皇とマッカーサーが会談した時間は40分間に過ぎない（38分間とも）。食事をするのは無理だろう。

終戦のエンペラー（松竹）

ナチによるユダヤ人迫害と略奪の歴史

黄金のアデーレ　名画の帰還

2015年　サイモン・カーティス監督

第2次大戦中のナチによる美術品収奪とその返還交渉を描く。マリア・アルトマン（2011年に94歳で死去）の実話を映画化した。

1998年。アメリカ・ロサンゼルスで小さなブティックを経営するマリア（ヘレン・ミレン）は第2次大戦中にナチの迫害を受けてオーストリアから亡命したユダヤ系移民だ。彼女は姉が残した手紙を読み、クリムトが描いた亡き叔母アデーレの肖像画をオーストリア政府から取り戻すことを決意。この絵は大戦中にナチによって収奪されたもので、今では最低でも1億ドルの値がつくオーストリアの宝だ。

マリアは若き弁護士ランディ（ライアン・レイノルズ）とともにウィーンに乗り込み、絵の返還要請をするが、あっさり却下される。帰国後、ランディは米国内にいても外国の政府を相手に裁判を起こせることに気づいて提訴。オーストリア政府の弁護士らは「最高裁まで戦うぞ」と威嚇してくる。彼らは高齢のマリアが死ぬのを待つ作戦なのだ。ここに至ってランディは和解調停による奪還を目指すのだった。

【蛇足ながら】

ゲーリングに売りつけた絵の価値は……

『黄金のアデーレ』と同じようにナチス・ドイツが奪った美術品や財宝を略奪する映画は少なくない。近年で一番の話題作は『ミケランジェロ・プロジェクト』（2014年、ジョージ・クルーニー監督・主演）。1944年、ハーバード大学附属美術館の館長らが美術品や歴史的建造物を保護する部隊モニュメンツ・メンを結成。ヨーロッパを奔走して美術品を奪還に向かい、ナチスやソ連軍の妨害にあう。

贋作をテーマにしたのが『ナチスの愛したフェルメール』（16年、ルドルフ・ヴァン・デン・ベルフ監督）。実在したオランダ人画家ハン・ファン・メーヘレン（ユルン・スピッツエンベルハー）がフェルメールの絵をドイツの元帥ゲーリング

家族の思い出の品を取り戻したい老女。曽祖父がナチに殺されたことを再確認し、カネ目当てで引き受けたことを恥じて訴訟に取り組む弁護士。彼は勤務先の大手事務所を辞め、借金生活をしながらマリアのために弁護活動を続ける。本作は人間の成長の物語でもある。ヘクトール・フェリシアーノの『ナチの絵画略奪作戦』（平凡社、1998年）によると、フランスではナチの収奪を逃れるために美術品を隠したが、対独協力者や運送会社、隣人、家の使用人などの組織的な密告によって押収されてしまったという。

本作を「クリムトへの愛が足りない」「しょせんは金満ユダヤ人のぜいたく話」とする声もあるが、物語の支柱はナチによる民族浄化だ。彼らはユダヤ人から人権と財産、平和な暮らしを奪い、マリアは強制収容所から逃れるために両親を残して国を脱出せざるを得なかった。奪われたクリムトの絵はホロコーストの象徴なのだ。

それゆえマリアは祖国に戻ることを躊躇する。彼女にとってオーストリア人は自分たちユダヤ人を嘲笑い、罵った略奪者なのである。だが勇気を振り絞って訪問し、幼いころに過ごしたわが家に足を踏み入れる。平和をかみしめつつ階段を上り、回想の中で優しき叔母アデーレと再会するラストシーンは見る者の心に残り、映画史に残る。見事だ。

（17年12月6日掲載）

に売り渡した疑いで戦後、裁判にかけられる。

有罪になれば銃殺刑を受ける運命だが、実はゲーリングに売ったのは彼が描いた贋作。メーヘレンと人妻の不倫愛や芸術家の苦悩、試行錯誤の贋作づくりと法廷における検察官の厳しい追及がオーバーラップする。

このほか『ミケランジェロの暗号』（10年、ヴォルフガング・ムルンベルガー監督）もおすすめだ。

黄金のアデーレ（ギャガ）

朴正熙の圧政を「マルクス病」で糾弾

大統領の理髪師

2004年　イム・チャンサン監督

1960〜70年代の韓国をコミカルに描く。コミカルだが、ずしんと重い。政治的なメッセージが込められている。

ソン・ハンモ（ソン・ガンホ）は大統領府がある町の理髪師だ。他人を妄信し息子ナガンを愛する無知な小市民にすぎない。その彼が軍事クーデターで政権を奪った新大統領の理髪師になる。

ある日、共産スパイによる襲撃事件が発生。政府は国内に「マルクス病」が蔓延したとして市民の摘発を始める。下痢を起こした人にスパイ容疑をかけ電気拷問で責めるのだ。あろうことか小学生のナガンも拷問される。その後、ナガンは解放されたが歩行困難な体にされていた。ハンモはナガンを背負い漢方医を訪ね歩くが……。

劇中の大統領は61年に政権を取った朴正熙《パクチョンヒ》がモデル。物語の中心は70年代だ。この時代、朴は多くの学生や言論人を弾圧。その象徴が73年に東京のホテルグランドパレスで起きた金大中拉致事件で、日本人の多くはこのとき初めて韓国がKCIAの暗躍する独裁国家だと知った。この事件以降、メディ

【蛇足ながら】

水平射撃の阿鼻叫喚

日本人は敗戦によってアメリカから民主主義を教えられた。一方、韓国は民衆が自分たちの力で保守政権を倒して民主主義を獲得した。民衆の政治的パワーが違うのだ。

そのことは映画づくりにも反映されている。たとえば2017年公開の『タクシー運転手　約束は海を越えて』（チャン・フン監督、ソン・ガンホ主演）は1980年の光州事件を取材するためタクシーをチャーターした西ドイツ人記者と運転手の奮闘を描いている。

全斗煥率いる軍部が戒厳令を敷いて金大中を逮捕。これに学生を中心とした改革派が立ち上がり、民衆の大規模蜂起となった。この事実が報じられなかったため勇気ある西ドイツ人記者が光州に入ったが、そこは軍人が学生たちを水平射撃する阿鼻

アは「韓国は戦前の日本と同じ。親兄弟にも本音を吐けない。うっかり政府批判でもしたら、KCIAに連行されて凄惨な拷問を受ける」と韓国の恐怖政治を報じたものだ。韓国では75年に活動家8人が死刑確定宣告を受け、翌日処刑された。『韓国からの通信』（岩波新書、1974年）の著者・池明観《ジ・ミョンクワン》（「T・K生」名義）は「朴正熙政権の恐怖政治はその絶頂に達していた」と記している。

注目はハンモが「息子を痛めつけたのはどいつだ！」と憤激しながら、その「どいつ」が大統領であることに気づかない点だ。ひげ剃りの際に大統領の首を切って報復しようともしない。「悪政の張本人＝大統領」と発想できないのだ。つまり家族が政治の犠牲になったことは認識し怒りをたぎらせるが、その元凶が何者であるかという命題に至らないのである。そういえば、日本人も国を壊滅寸前に追い込んだ指導者を追及しなかった。

大統領が暗殺され、ハンモは次の大統領の理髪師に指名されるもこれを拒否。そのため殴る蹴るの暴行を受ける。これをもって彼が目を覚ましたとする批評もあるが、本当にそうだろうか。朴の死後、韓国は全斗煥政権になり、流血の光州事件（80年）が起きた。そこでハンモが改革の闘士として立ち上がるとは思えない。彼だけでなく、人間の多くは悪政の本質から目をそむける小市民だ。わが日本も例外ではない。

（15年4月13日掲載）

叫喚の地獄だった。

17年は『1987、ある闘いの真実』（チャン・ジュナン監督）も公開された。ソウル大学の学生が水責めの拷問で殺された問題を新聞記者たちが追及。ノンポリ学生だった主人公が反体制運動に目覚めていくくだりを含めて感動的な作品に仕上がっている。

筆者はマスコミ試写で見学した。上映後、70歳前後の女性が感動のあまりしばらく席から立ち上がれなかった姿が目に焼き付いている。

大統領の理髪師（アルバトロス）

米兵を生体解剖した死刑囚はどうなった？

海と毒薬

1986年　熊井啓監督

太平洋戦争中に起きた生体解剖事件を描く。原作は遠藤周作。第37回ベルリン国際映画祭銀熊賞審査員グランプリ部門を受賞した。

1945年5月、九大医学部では学部長選挙をめぐる駆け引きが繰り広げられていた。形勢不利の橋本教授（田村高廣）は前医学部長の姪にあたる女性患者の手術を手がけて得点を稼ごうとするが、患者は手術中に死亡。部下の柴田助教授（成田三樹夫）は軍部から米軍捕虜8人の生体解剖を持ちかけられる。若き医学研究生の勝呂（奥田瑛二）と戸田（渡辺謙）は解剖に立ち会い、捕虜は生きたまま肺を切り取られるのだった。

前半は戦時下の人権軽視の世相が描かれている。医師は医学的興味を満たすために手術を施す。彼らにとっては日本人の患者も実験動物だ。

こうした意識が後半の米兵に対する生体解剖につながる。医師たちは米兵にエーテルをかがせ、力ずくで気絶させる。軍人どもは捕虜の処遇を勝手に「死刑」と決めつけ、カメラを持って見学。殺人ショーを見世物のように楽しみ、死体の肝臓を食用として欲しがる。

【蛇足ながら】

裁判もせず死刑を決定

九大生体解剖事件の犠牲になったアメリカ兵は1945年5月に熊本県と大分県の県境で撃墜されたB-29爆撃機の搭乗員だった。

搭乗員12名が阿蘇山中に落下し、3名が死亡。生き残った9名のうち機長は取り調べのため東京に送られ、残りの8名は裁判もせずに死刑と決まった。この時点で明らかに国際法違反である。

生体解剖は5月17日〜6月2日にかけて行われた。解剖の目的は不足する代用血液のための実験や、結核の治療法の確立のための実験、新しい手術方法を確立するための実験などだった。

戦後、GHQがこの事件を調べ、九大関係者14名と西部軍関係者11名を逮捕。解剖を企画したとされる石山福二郎外科部長は「私が行った手分かりやすい対比が施されている。非情な性格の戸田は解剖に積極的に参加。一方、勝呂は「おばはん」と呼んでいる老女の患者に親身に接する優しい性格で、日本人への治療に対しても、米兵捕虜への生体解剖に対しても理性を失うまいと踏ん張ろうとする。戸田の醜悪な人間性は原作を読むとよく理解できる。

もうひとつは手術室の空気だ。日本人の女性患者の容体が悪化したときは医師らが狼狽し、怒声を発して必死の蘇生を試みる。一方、生体解剖は静かに進行。人を助ける場面と殺す場面の動と静の対比が不気味だ。

対比でさらにひとつ。小泉堯史監督の『明日への遺言』（07年）も米軍捕虜の処置をめぐる物語だった。主人公の岡田資《たすく》中将は戦犯裁判で捕虜を斬首した理由を、彼らが無差別爆撃をしたからだと主張。映画は彼を美しい武人に仕立てた。捕虜の殺害を『海と毒薬』は弾劾し、『明日への遺言』は擁護。この対立は両監督の戦争と人間精神に対するイデオロギーの違いにあるのだろう。

九大の生体解剖裁判では5人が死刑判決を受けながら、朝鮮戦争が勃発したため、米国の意向で赦免された。中国で生体実験を行った731部隊の石井四郎中将も実験の成果を求める米国の意向で罪を許され、59年まで生き続けた。医学犯罪は時としてうやむやになるわけだ。

（17年8月23日掲載）

術のすべては捕虜を救うためだった」と主張したあげく、独房で自殺した。

捕虜たちが乗っていたB-29が墜落した大分県竹田市には現在、慰霊碑が建立されている。

海と毒薬（KADOKAWA）

権力が犯人をでっち上げた現実

帝銀事件　死刑囚

1964年　熊井啓監督

戦後を代表する疑惑の事件をドラマ化。国家権力のおぞましさを思い知らされる映画だ。

帝銀事件は1948年1月26日、GHQ占領下の東京の帝国銀行椎名町支店で起きた毒殺事件。厚生省医学博士を名乗る男が集団赤痢の予防薬と称して行員16人に青酸化合液を飲ませ、現金約16万円を奪って逃げた。8歳の男児を含む12人が死亡した。

捜査当局は当初、旧日本軍関係者を犯人とみていたが、8月21日、テンペラ画家の平沢貞通を逮捕。平沢は1審と2審で死刑判決を受け、上告を棄却されて死刑が確定。獄中に39年間とらわれ、87年に死去した（享年95歳）。歴代の法務大臣が死刑執行の署名をしなかったのは彼らも平沢犯人説を疑っていたからとされる。

本作は新聞記者の視線で事件の捜査と裁判の矛盾点を暴いていく。平沢はコルサコフ症候群という脳障害を負い、病気のせいか警察の取り調べで自白してしまった。警察も当初は平沢犯人説に懐疑的だった。ところが逮捕後は

【蛇足ながら】

青酸カリは発見された？

数年前、東京地検の検事を勤めた人物からこんな話を聞いた。同地検には平沢貞通の家宅捜査で青酸カリが発見されたとの話が伝わっているという。毒物は確かに見つかったが、諸般の社会的状況から公表できなかったというのだ。平沢を起訴した検察を正当化するための伝説にしか思えない。

20年ほど前、防衛庁（当時）の幹部から70年代に自衛隊機が民間旅客機と衝突した大事故は実は旅客機側に落ち度があったとの話を聞かされた。彼によると、真相は旅客機の操縦室でパイロットと客室乗務員が性行為をしていたという。「責任は旅客機にあるが、それを暴くと、ただでさえ微妙な立場にある自衛隊がさらに非難を受ける。だから自衛隊が泥をかぶった。その男女の遺体は重

刑事も検事も平沢にウソの自白を強いる。その勢いに圧倒されたように、当初は平沢と犯人の顔が似ていないと言い張っていた生存者たちは「被告が犯人だと断定します」と証言を翻す。人間の信念の曖昧さと保身が平沢を追い詰めてしまった。

見どころは中国で人体実験を行った「731部隊」のくだり。部隊の生き残りが実験の実態を生々しく語り、警視庁に呼び出された新聞社のデスクは同席したGHQの軍人から、「731の一部は米国が温存している」「731を調べることをやめてほしい」と要求される。戦時中に中国で人体実験を行っていた731部隊を率いた石井四郎（最終階級は陸軍軍医中将）は戦後、細菌戦略のデータが欲しかった米国によって戦犯裁判の訴追を免れたとされている。59年に咽頭がんのため国立東京第一病院で死去。享年67だった。

米ソのいびつな国際関係によって帝銀事件の真相は闇に葬られ、その結果、日本中が平沢を犯人と思い込んだ。筆者の知り合い（70歳代）もそうだが、事件現場となった椎名町に生まれ育った古い住人の中にはいまも「平沢はクロだ」と信じている人がいる。

「司法権力が全責任を平沢に押しつけ、本人が獄死するのを待ったおぞましい事件だが、全面解決する可能性は低い。冤罪の中で最も悪質なケースといえるだろう。

（15年3月2日掲載）

なっていたと教えられた」と言っていた。組織のプライドを守るためにバカげた話が創作されるものだ。この人物は最高幹部の一人になった。

筆者の友人に原発の空調関連企業に勤めている男がいる。いわゆる原子力ムラの一員だ。彼は会うたびに「マスコミは無責任なことを言うが、原発は絶対に安全。原発施設の屋根はミサイルを受けても破壊されないほど頑丈にできている」と言い張る。誰かこいつを止めてくれ〜！

帝銀事件　死刑囚（日活）

老娼婦が浴びた横浜市民の嫌悪感

ヨコハマメリー

2006年　中村高寛監督

その昔、横浜・伊勢佐木町に一人の娼婦が立っていた。フランス貴族を思わせる衣装を身にまとって顔をお化けのように真っ白に塗り、人々から「メリーさん」と呼ばれていた。風変わりな姿を目撃した読者もいるだろう。本作は関係者の証言と写真などでメリーの半生を追ったドキュメンタリーだ。

証言から現れるのはメリーの正と負の部分だ。ゲイボーイのシャンソン歌手・永登元次郎のリサイタルでメリーがステージに歩み寄った際、客席から大きな拍手が湧き起こる。女優の五大路子はメリーをモデルにした一人芝居『横浜ローザ』を上演。横浜の興行界にはメリーが観にきたコンサートはヒットするというジンクスがあり、イベント屋は会場に彼女の姿を見つけて安堵したという。

一方、偏見も強かった。メリーの行きつけの喫茶店では一般客が「ああいう病気持ちの女と一緒のカップで飲むのはイヤ」とクレームをつけた。美容院でも同様の声が上がり、店主はやむなくメリーの出入りを差し止めた。

メリーは蛇のような存在だ。日本人は蛇を恐れ嫌悪する一方で、神の使い

【蛇足ながら】

メリーさんの声は野村サッチー

筆者は1980年前後の数年間、横浜の綱島に住んでいた。大学が休みの日は東横線に乗って桜木町で降り、ジャズ喫茶「ちぐさ」でダンモを聞いたあと伊勢佐木町までぶらぶら歩くのがいつものコースだった。

そんな日常の中でよくメリーさんを見かけた。伊勢佐木モールを紙のような白い顔で歩く姿に最初はぎょっとさせられたが、今で言うコスプレイヤーなのだと思っていた。商店街の女性たちが「あの白い人は上品なのよ。うちの店のカタログを持って行くときも、ちゃんと『いただいていいかしら』と声をかけるの」と教えてくれた。

やがてメリーさんが娼婦だと知った。弟にそのことを話したら「メリーさんを冒瀆し、夢を壊す話は聞かせてくれるな」と怒られた。

として崇拝する。蛇を祭神とした神社があり、地方には「白蛇がすみついた家は栄える」といった伝説も残されている。筆者は大学時代、横浜・綱島のバイト先で、古い家の天井裏から逃げ出した青大将を見つけた人が「おたくの蛇じゃないか」とわざわざ届け、受け取った人が天井裏に蛇を戻したという話を聞いた。蛇がネズミを食べてくれるという実利的な面もあったそうだ。横浜市民はメリーを拒否しながらもリスペクトし、怖いもの見たさでその姿を探した。異様な風貌の老女を「神様」のような便利な存在として利用したともいえるだろう。

見どころはラスト。メリーは95年に横浜を去り、地方の老人施設に入所した。6年後、元次郎は施設を訪ねて歌を披露する。おしろいの仮面を脱ぎ一市民となったメリーは80歳。うなずきながら一心に聴き入る姿が胸に迫る。先日、本物のメリーを見たことがないという若者と本作について話したら「映画は見ました。ラストで泣けました」と語っていた。中村監督の取材力と演出力の高さを物語る話だ。

メリーは05年1月にこの施設で死去。本作の撮影中から癌を患っていた元次郎は映画の公開を待たずして04年に亡くなった。本作はメリーを通じて戦後の横浜史をあぶり出した傑作。見終わったとき「伊勢佐木町ブルース」を聴きたくなる。二度も三度も聴きたくなる。

（16年1月20日掲載）

ある日、伊勢佐木町と馬車道の中間付近の物陰にメリーさんが立っているのを見た。数メートル離れたところに五十年輩の男が立っていて、チラチラ目を合わせている。しばらくしてメリーさんが男に言った。

「ねえ、どうするのよ?」

声を聞いたのはそれが最初で最後だった。野村サッチーの口調に似ていたような気がする。

ヨコハマメリー（カルチュア・パブリッシャーズ）

70年代に通じる若者の「幕末内ゲバ」

1974年　黒木和雄監督

竜馬暗殺

坂本竜馬が殺害されて今年で150年。その節目に見ておきたい映画だ。慶応3（1867）年11月13日、竜馬（原田芳雄）は刺客の追跡を逃れて京都・近江屋に潜伏していた。彼を狙うのは薩摩藩と新選組、京都見廻組、同郷の親友・中岡慎太郎（石橋蓮司）ら。竜馬は右も左も敵だらけである。

陸援隊隊長の中岡は竜馬を斬るよう隊士にせっつかれて軟禁状態。竜馬は「ええじゃないか」と踊り狂う群衆に紛れて中岡に会いに行き、その途中、自分を狙う殺し屋の右太（松田優作）を仲間に引き込む。右太には幡《はた》（中川梨絵）という娼婦の姉がおり、彼女は竜馬といい仲だ。3日間の珍道中の果て、竜馬と中岡は刺客に急襲されるのだった……。

人間関係の奇妙な変化の物語だ。そもそも薩長同盟に尽力した竜馬を薩摩が狙い、土佐藩の中岡までが竜馬暗殺に駆り立てられたという皮肉な現実がある。中岡と竜馬はときに刃を交え、ときに互いを尊重する。右太は暗殺という使命を忘れて竜馬に随行。幡は竜馬を慕いつつも、彼を裏切る。

本作のヒロインとして桃井かおりの名がクレジットされているが、彼女は

【蛇足ながら】

真犯人は佐々木只三郎か？

坂本龍馬の暗殺を描いた映画ではほかに『竜馬を斬った男』（1987年、山下耕作）がある。萩原健一が京都見廻組の佐々木只三郎《たださぶろう》を演じ、妻・八重（藤谷美和子）との結婚生活から朋輩・喜助（坂東八十助）の嫉妬、龍馬殺しまでを描いた。物語は佐々木が清河八郎を斬殺する場面から始まる。劇中の中村れい子のヌードが美しい。

佐々木は会津藩士の子として生まれ、神道精武流を学び、「小太刀日本一」と称賛された人物。幕府講武所の剣術師範をつとめたとされる。

彼が竜馬殺しの犯人として浮上したのは同じく見廻組にいた今井信郎が戊辰戦争の際に函館で新政府軍に投降し、取り調べで自供したからだ。今井によると暗殺メンバーは全部で7人。佐々木がリーダー格で、今井

ほんのちょい役にすぎない。ヒロインは何といっても竜馬を全裸で誘惑する妖艶な中川梨絵だ。意味もなくケラ笑いするサイケデリックな演技がいかにも1970年代らしい。口数の少ない右太の役割はよく分からないが、刺客を居合い斬りの一太刀で始末する場面はなかなか様になっている。優作は憧れの原田と共演できてさぞやうれしかっただろう。

70年代といえば、本作は製作当時の世相と幕末を合致させたところが大きな特徴だ。中心テーマは劇中のテロップにもある「内ゲバ」。薩摩や中岡の動きは70年代に新左翼が互いを処刑した内ゲバに通じる。陸援隊隊士が中岡を詰問するのは連合赤軍事件（71～72年）の「総括」だろう。

極め付きは竜馬の死だ。本作では彼を襲った一団に土佐藩の侍が交じっている。竜馬と中岡は身内に命を奪われたのか。日刊ゲンダイの連載コラム「ヒーローになれなかった男たち」で歴史作家・加来耕三は坂本龍馬の暗殺に土佐藩参政の後藤象二郎が関与したのではないかと指摘している。

ついでに言えば、若者が激論するのも両時代に共通。ええじゃないかは1867年8月に起こり、同年12月の王政復古の大号令でぴたりとやんだが、同じように学生運動の大規模なデモも時勢とともに消滅した。どれも大衆の熱狂的ブームに過ぎなかった。ブームの炎がいつも火力不足ですぐに消えてしまうのは今年の小池百合子旋風を見ればよく分かる。

（17年12月20掲載）

自身は見張り役を務めたという。

ただし、佐々木が慶応4（1868）年1月に鳥羽・伏見の戦いで戦死するなど、今井以外のメンバーがすでに死亡していたため、確たる裏付けが取れなかった。そのため今でも佐々木犯人説に懐疑的な人は少なくない。今井は龍馬暗殺犯にもかかわらず、捕縛後は禁固刑を受けただけで明治5（1872）年に赦免されている。ちなみに龍馬は31年、佐々木は35年の人生だった。

竜馬暗殺（キングレコード）

指を折られ、睾丸を蹴り潰され

小林多喜二

―1974年　今井正監督

特別高等警察（特高）に虐殺されたプロレタリア作家・小林多喜二の生涯を描く。

貧農の家に生まれた多喜二（山本圭）は伯父の厚意で小樽高等商業（現・小樽商科大）に進学して拓銀に就職、勤務のかたわら小説を書き始める。親の借金のために売られたタキ（中野良子）の借金を清算して家族として迎え、文学活動のほか1928年の普通選挙では労働農民党候補の応援弁士を務めるなど社会運動に情熱を注ぐ。『一九二八年三月十五日』『蟹工船』などの作品を書いて搾取と侵略戦争を批判したことから特高の標的となり、33年2月20日に逮捕。東京・築地警察署で凄絶な拷問を受けるのだった……。

多喜二は31年に日本共産党に入党し、地下に潜伏しながら小説を発表した。本作は多喜二をめぐる3人の女性の存在と、彼の文学作品と政治活動の関連性にふれつつ、天皇制ファシズムの実相を描いている。帝国主義に異を唱える常識人が官憲の弾圧を受ける光景は実に恐ろしい。

日本では25年に治安維持法が成立。三・一五事件（28年）の大弾圧などで

【蛇足ながら】

「蟹工船」ブームの次はヘイトスピーチだった

自民党政権末期の2008年ごろ、若者を中心に小林多喜二の小説『蟹工船』がブームになった。地味な物語なのに、文庫本が2カ月で24万部に達したとニュースになったものだ。この小説は1929年に発表されたとき、単行本が3万5000部売れたという。天皇制ファシズムの時代でもプロレタリア文学は民主主義を求める大衆に支持されたのだ。

08年のブームについては『蟹工船』の作業員と同じような劣悪な環境に置かれた派遣社員などの非正規就業者が自分たちの境遇への不満と将来への不安を感じて、昔の小説に興味を抱いたのだと分析する声があった。

だが残念ながらブームは長続きしなかった。代わって若者の間に広ま

多くの人々が拷問を受けて殺された。治安維持法犠牲者国家賠償要求同盟の最新の調査によると、死者は93人にのぼる。

多喜二の死体は右手の人さし指を折られ、太ももは赤黒く変色して2倍に腫れていた。さらに陰茎と睾丸は異常なほど腫れ上がり、肛門と尿道から出血。これだけの拷問をくわえながら、築地署の署長は報道陣に対して「死因は心臓麻痺」と嘘の発表をした。多喜二の同志たちは拷問死を証明するために大学病院に死体の解剖を依頼したが、医師は相手が多喜二と知り、官憲を忖度して拒絶した。劇中の太ももをキリで刺され、性器を蹴り潰される場面は目を覆いたくなる。

日本共産党のＨＰによると、多喜二の虐殺に直接手を下したのは特高課長の毛利基と警部の中川成夫、山県為三だった。戦後、毛利は東久邇内閣から「功績顕著」として特別表彰を受け、中川は東映の取締役興行部長から東京・北区教育委員長に就任。山県は戦後「スエヒロ」を開業したという。罪もない作家を惨殺しながら責任を問われることなく、3人とも恵まれた人生を送ったわけだ。

昨年成立した共謀罪は「現代の治安維持法」と呼ばれる。本作を見るとその危険性は明白だ。放っておくと公安警察が特高化し、保守政権に反対する人が同様の酷い弾圧を受ける日がこないとは言えない。（18年7月11日掲載）

ったのがヘイトスピーチである。在日韓国・朝鮮人などを口汚く罵りながらデモ行進する、あるいはネットに罵詈雑言を書き込むのだ。あるノンフィクション作家によると、こうしたヘイトスピーチの人々は非正規就業者が正社員になれない憤懣をアジア人に向けたのだという。

ということは若い非正規就業者は『蟹工船』からヘイトスピーチへ、つまり左から右へ宗旨替えしたことになる。

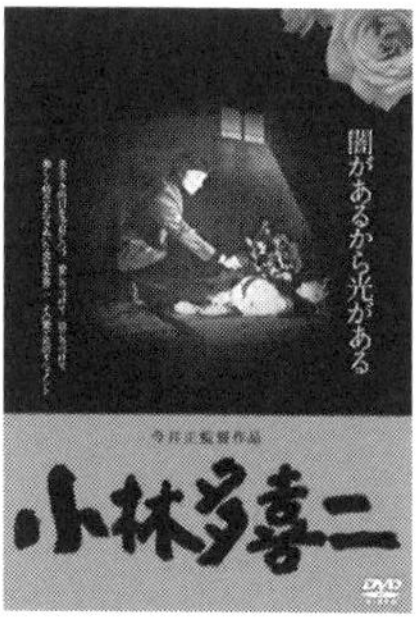

小林多喜二（ハピネット）

松本サリン事件　誰が冤罪をつくったのか

日本の黒い夏　冤［enzai］罪

2001年　熊井啓監督

オウム真理教の幹部7人が死刑を執行された。本作は彼らが起こした松本サリン事件（1994年6月）で犯人扱いされた河野義行氏をモデルに冤罪の恐怖を描いた問題作。

95年6月、高校で放送部に所属するエミ（遠野凪子）は前年のサリン事件について地元のテレビ局を取材する。事件では第一通報者の神部（寺尾聰）が犯人であるかのような報道がなされた。

応接室でエミの取材に応じたのは4人。彼らは事件当時の自分の行動を語っていく。報道部長の笹野（中井貴一）は冤罪を回避しようとした。一方、記者の浅川（北村有起哉）は警察に情報リークを求め、神部犯人説を補強する取材に奔走。後輩記者の野田（加藤隆之）は自分が報じた学者の話が不完全だったと知って自責の念にかられる。キャスターの圭子（細川直美）は対立する浅川と野田の言い分をうまく総括しながら、エミの取材に協力する。

米国映画『十二人の怒れる男』（57年、シドニー・ルメット監督）を思わせる密室劇。再現映像を何度も差し挟んでは応接室に戻り、過ちをおかした記

【蛇足ながら】

警察はサリン事件を知っていた？

本作は警察の人権無視の取り調べによって無実の市民が犯罪者に仕立て上げられるプロセスを描いている。もちろん警察だけでなく、一般市民も冤罪の犠牲者をつくり出す役割を果たした。

95年3月20日の地下鉄サリン事件で思い出すのが当時、知人から言われた「警察はオウムがサリンをまくことを事前に知っていたのではないか」という言葉だ。彼は事件の直前にある防毒マスクメーカーの株価が上昇した、理由は警察があらかじめガスマスクを大量購入したからだという。筆者もスポーツ紙がそのメーカーの株価に関する記事を掲載したのを覚えている。

事件当時、英国に赴任中の友人から「こちらの新聞にはサリン事件の一週間前に警察が都心のマンホール

者の自己弁護と反省を追って真実に近づいていく。

神部宅に隣接する駐車場からサリンが発生し、彼が青酸カリを持っていたことを警察は発表。マスコミは神部犯人説を妄信して警察が喜ぶような報道合戦を展開する。警察は神部に犯行を自供させたい。そのためサリンで心身がボロボロになり、医師から「事情聴取は2時間まで」と制限されている神部を本人の抗議を無視して7時間も尋問する。子供たちが待つ神部宅には「街から出ていけ」と嫌がらせ電話がかかり、窓ガラスは投石で破壊される。

笹野が神部犯人説に偏らない中立な報道をすると、会社はスポンサーの意向を忖度してストップをかけ、視聴者は「犯人は神部だ」と番組にクレーム電話。刑事の吉田（石橋蓮司）は県警の上層部がカルト教団を怪しみながら、神部を犯人に仕立て上げようとしている内情を笹野に明かす。女子高生のエミが狂言まわし役となって大人たちに鋭い質問を浴びせ、その結果、浅川が報道の行き過ぎを認めて冤罪の構図が浮き上がるのがミソだ。身勝手な行動を悔やむ浅川に、エミがそっとハンカチを差し出す場面が印象に残る。

圧巻は事件の再現シーン。不気味ないでたちの連中が夜間にサリンを発生させ、穏やかな時間を過ごしていた人たちを死に追いやる。8人もの人命が奪われた惨劇をあらためて認識させられる映像だ。

（18年7月18日掲載）

などを点検していたと書いてるぞ」と知らされた。上九一色村でサリン精製の残留物が警察によって発見されたと読売新聞が報じたのは95年の元旦だった。

事件の10年後、ある飲み会で警察関係者に「警察はオウムがサリン事件を起こすことを事前に知っていたでしょ」と聞いたら、彼は「はい」とうなずいた。その場にいた人たちは「えーっ!」と驚いたのだが、あくまでも酒の席でのヨタ話だ。

日本の黒い夏（日活）

愛新覚羅浩　政略結婚の生き地獄

流転の王妃

ー1960年　田中絹代監督

女優の田中絹代は映画監督としても作品を残した。本作はその一本。主人公は満州国皇帝・愛新覚羅《あいしんかくら》溥儀《ふぎ》の弟・溥傑《ふけつ》に嫁いだ嵯峨《さが》侯爵家の娘・浩《ひろ》をモデルにしている。浩は竜子、溥儀は溥文、溥傑は溥哲の名で登場。浩の娘の慧生は英生となっている。

1936年、菅原家の娘・竜子（京マチ子）は陸軍から皇帝・溥文の弟の溥哲（船越英二）との縁談を勧められる。傀儡《かいらい》国家・満州国との政略結婚ながら、竜子は溥哲の謙虚な人柄にひかれて結婚。満州国の首都・新京で暮らすが、関東軍は竜子らの動きを封じようとする。やがて戦局が悪化し、45年8月、ソ連が侵攻してくる。竜子は幼い娘・英生とともに中国人民解放軍に拘束されるのだ。

前半は日本の皇族のしきたりや中国皇帝の文化を織り交ぜて関東軍が満州国を支配するさまを描く。竜子は良夫を得て幸せだ。後半では竜子たちは人民解放軍の手であちこちに移送される。アヘンに侵された溥文の皇后（金田一敦子）の世話をしながら広大な原野をさまよい、老臣に死なれ、時に罪人

【蛇足ながら】

死の原因は結婚に反対されたことだったのか？

本作では浩が生んだ子は英生しか登場しないが、実はもう1人いた。英生のモデルとなったのは1940年生まれの嫮生《こせい》。その上に38年生まれの長女・慧生《えいせい》がいた。ただし慧生は43年春に日本に移り住み、横浜・日吉にある浩の実家の嵯峨家に預けられて学習院幼稚園に通っていた。

一方、妹の嫮生は浩に連れられて敗戦後、中国大陸を流浪した。劇中で「えいこちゃん」と呼ばれ、苦難を味わうのは次女の嫮生ということになる。

父・溥傑が中国でソ連の赤軍に捕らえられたとき、慧生は学習院の高等科に在学中だった。中国語を学び、周恩来首相に「父に会いたい」という手紙を書き続けた。彼女の父親思いの心情が周の胸を打ち、父との文

のように縛られて民衆から罵倒される。生き地獄のような場面の連続に、よくぞ無事に帰国できたものだと感心してしまう。

嫁入り前の竜子が女性に拝謁する場面。映画は説明不足だが、浩の自伝『流転の王妃の昭和史』（新潮文庫、1984年）によると、この女性は大正天皇妃（のちの貞明《ていめい》皇后）だ。渡満してくる「司宮《しぐう》」の貴人は秩父宮殿下である。人民解放軍司令部に捕らえられた竜子が「悪夢のような通化《つうか》事件」と語る銃撃戦は46年2月に満州国通化市で起きた虐殺事件。中華民国政府の要請に応じた日本人が蜂起し、中国共産党軍に鎮圧された。劇中で銃殺される人々は日本人で、3000人が殺されたという。

浩の試練は帰国後も続く。本作の冒頭が描いているとおり、長女の慧生は学習院大学在学中の57年12月、天城山中で大久保武道とピストル心中し、「天国に結ぶ恋」と報じられた（享年19）。また、前掲の自伝によると、浩は本作の制作にあたって満州国の宮内府の造りやしきたりについてアドバイスし、日吉の慶應大キャンパスで行われたロケには毎日顔を出したという。

軍部が浩を満州国に嫁がせた目的は溥儀の跡目だった。子供のいない溥儀の跡を溥傑が継げば浩の子がその後継となる。日本の血を受けた男子が皇帝になるともくろんでこその政略結婚だった。だから溥儀は命の危険を覚え、浩を警戒した。やはり侵略戦争はどす黒い。

（19年3月13日掲載）

通が許されることとなった。

慧生は東大中国哲学科への進学を希望したが、親類に反対されて学習院大学国文科に入学。これが運命を変えた。同じ学習院大学に通う大久保武道と交際を始め、57年12月、天城山でピストル心中を遂げたのだ。嵯峨家側は大久保にピストルで脅されて無理心中させられたのだとの主張を続けた。ただ、溥傑は慧生の死を大久保との結婚を反対されたための自殺と考えていたという。

流転の王妃（KADOKAWA）

仇討ちと特攻隊の不思議な相似形

曽我兄弟 富士の夜襲
―1956年 佐々木康監督

日本の3大仇討ちのひとつである曽我兄弟の物語。片岡千恵蔵、東千代之介、中村錦之助などオールスター共演の豪華版だ。

源頼朝（片岡千恵蔵）の鎌倉時代、河津祐泰が工藤祐経《すけつね》（月形龍之介）によって暗殺される。遺児の一万と箱王は母が再嫁した曽我祐信の元に身を寄せるが、祐経は報復を警戒。頼朝の寵臣《ちょうしん》の立場を利用して兄弟の処刑を画策する。だが同情した畠山重忠（大友柳太朗）が頼朝を説得したおかげで2人は命を救われ、箱王は箱根権現に預けられる。

12年後、祐経は頼朝の狩場奉行を務めた折に箱根権現を参拝。引見を求められた箱王（錦之助）は脱出し、自分の殺害を目論む祐経の追撃をかわして兄の十郎（千代之介）を訪ねる。ここで箱王は元服して五郎と改名、兄とともに祐経の陣屋に侵入するのだった。

苦節18年。幼子が長じて父の仇を討つ日本人好みの物語だ。祐経は情け容赦のない悪人ぶりを発揮。五郎は化粧坂少将（三笠博子）に危機を救われる。当時23歳の錦之助はドキリとする美しさ。頼朝の嫡男・頼家役は弱冠13歳の

【蛇足ながら】

寛永11年、鍵屋の辻の決闘の真相

日本人の3大仇討ちは本作に描かれた「曽我兄弟の物語」と「赤穂浪士の討ち入り」（忠臣蔵）、それと荒木又右衛門の「鍵屋の辻の決闘」だ。忠臣蔵はこれまで数多くの映画がつくられた。

「鍵屋の辻の決闘」を描いた映画に『天下の伊賀越　暁の血戦』（59年、松田定次監督）がある。父を殺された渡辺数馬（北大路欣也）に又右衛門（市川右太衛門）が味方して敵の川合又五郎（岡田英次）を討つ話。又五郎は卑怯な男で30人以上の警護の侍に守られている。そこに斬り込むのだ。

実際の決闘は寛永11（1634）年11月に行われ、又五郎の総勢11人に対して数馬方は又右衛門を含めて4人。しかも又五郎には槍の名手の

北大路欣也だ。公開された1956年は敗戦から11年。国民はまだ天皇に喜んで命を捧げよ、という報国の精神が強かった。観客は孝子が持つ「忠君孝親」の精神にさぞや胸を打たれただろう。「忠君孝親」についてネットで調べたら、今も國學院大學久我山中学高等学校の教育理念として伝わっていた。

　不可解なのが恩人の畠山の言動だ。幼い兄弟を斬首の危機から救い、夜襲では祐経の陣屋を教えて手助けする。だが十郎が祐経を討ち果たすと一変。「本懐遂げし上はなぜ潔く自害せぬ」と叱りつけ、「死ね、死ね、死ね」と鬼神のごとく斬りかかる。事を成し遂げたからには死んで始末をつけろというのはなんだか「忠臣蔵」を思わせる。これも国が「十死零生」を強制した時代の名残だろうか。当時の観客はこの展開を見て違和感を覚えなかったのか。畠山の心中を想像しながら見るのも面白い。

　一方、五郎は捕縛され、頼朝に思いの丈を語る。彼は美しき化粧坂少将の柔肌に触れもせず、若くして散る運命だ。そういえば、あの戦争で犠牲になった特攻隊員には童貞のまま出撃した若者が少なくなかったという。彼らは死ぬことへのご褒美として遊郭に連れて行ってもらう仲間を尻目に、「俺はいいよ」と残された時間、読みかけの本に向かったという。特攻隊員も五郎も青春を知らず、忠君孝親のために命を閉じた。死ぬための短い人生。五郎が見せるすがすがしい笑みは何を物語っているのか。

（19年3月20日掲載）

桜井半兵衛と河合甚左衛門が味方していた。そのため又右衛門は4人を二手に分け、桜井には自分が、河合には弟子の岩本孫右衛門を当たらせて、敵の達人2人を斬り倒した。

　数馬と又五郎の死闘は実に3時間に及び、又右衛門が「助太刀はせぬぞ。存分に討て」と励ます中、数馬が勝って本懐を遂げた。数馬方は死亡1人、重傷2人。又五郎方は死亡4人、重傷2人で他の者たちは逃走した。

　4年後の寛永15年、又右衛門は鳥取藩に迎え入れられたものの、到着後18日で死亡。彼の突然の死については毒殺説や生存隠匿説がある。

曽我兄弟 富士の夜襲（東映ビデオ）

その他の名作

ラスト サムライ（2003年 エドワード・ズウィック監督）

1876年、南北戦争で先住民を虐殺したことに良心の呵責を感じるネイサン・オルグレン大尉（トム・クルーズ）は日本政府の大村大臣（原田真人）から、政府軍の指導を依頼される。訪日したネイサンは勝元（渡辺謙）の軍隊と激突。捕虜として勝元の領地に連行され、剣の修行に没頭する。そんな折、勝元は政府から呼び出され、大村ら元老院に操られた天皇の姿を目の当たりにする。監禁された勝元は脱出し、ネイサンとともに最後の戦いに挑むのだった……。

勝元のモデルは西南戦争で敗死した西郷隆盛。見どころはラストの決戦だ。勝元はゲリラ戦で敵を翻弄し、決死の騎馬戦に至る。彼は侍の常道に従い、いかに見事に命を散らすかだけを考えていた。公開時の劇場で、戦《いくさ》の準備の場面に女性客がすすり泣いていたのを思い出す。

蛇足を一言。西南戦争で政府軍兵士は薩軍の猛攻に怯んだ。これを不安視した山縣有朋は82年、「軍人の死は羽毛よりも軽い」「上官の命令は天皇の命令」とする「軍人勅諭」を天皇の名で下した。この精神論が拡大解釈され、アジア太平洋戦争での玉砕・特攻隊にエスカレートしたと指摘する歴史学者がいる。

レナードの朝（1990年 ペニー・マーシャル監督）

実話を基にした作品。1969年のニューヨーク。医師のセイヤー（ロビン・ウィリアムズ）は慢性神経病の重度の患者を担当。ある日、患者に反射神経が残されていることに気づき、非公式のパーキンソン病の新薬を30年間入院しているレナード（ロバート・デ・ニーロ）に投与する。レナードは奇跡的に意識を取り戻し、ほかの患者も目覚ましい回復を見せるのだが……。

成功と敗北の物語だ。レナードたち患者は歌い、笑いながら「この世界」に戻り、「生きることは素晴らしい」と人生に感謝。レナードは父の見舞いに通うポーラ（ペネロープ・アン・ミラー）を知る。映画は彼とポーラの恋、セイヤーとの友情でほのぼのとした雰囲気に包まれるが、やがて薬の効果は限界を迎える。セイヤーは全力を尽くしたがレナードと家族をぬか喜びさせることとなった。医師の苦労が水泡に帰した「一瞬の奇跡」にやるせない思いだ。

本作を見て松本清張の『或る「小倉日記」伝』を思い浮かべた。『小倉日記』も実話がモチーフ。人の努力とはなんと儚いものか。

セルピコ（1973年　シドニー・ルメット監督）

1960年代。ニューヨーク市警の刑事セルピコ（アル・パチーノ）が顔を銃撃された。実はセルピコは市警の腐敗ぶりを告発し、同僚刑事たちに恨まれている。市警では暴力的な取り調べやギャングからの賄賂の徴収が横行。セルピコはそうした悪に染まらず、賄賂の分け前を拒否している。そのため周囲の悪徳警官から目障りな存在なのだ。彼は警視に現状を告発するが、警視は「忘れろ」と言い放つ。NY市への告発に動くも、市長は受け付けない。そうした中、セルピコはある分署に配転。危険な捜査の最前線で同僚たちに見放され、銃弾を浴びたのだった。

良心の男が1人で巨悪に立ち向かった実話だ。賄賂を受け取らない警官が「変人」扱いされるほど市警は腐敗。セルピコは悪徳警官にとって危険な存在だ。だから命を狙われることになった。孤立無援の彼の姿に観客は怒りと恐怖を感じながら物語に引き込まれてしまう。

天狗党（1969年　山本薩夫監督）

常陸国の百姓・仙太郎（仲代達矢）は租税の減免を願い出たことで百叩きの刑を受け、水戸天狗党の加多（加藤剛）に随行していた甚伍左親分から水と銭を与えられる。自分を痛めつけたやくざを恨む仙太郎は俠客の道に入り、甚伍左と再会。加多らの天狗党に加わって手柄を挙げる。

実は天狗党は内輪揉めをしていた。仙太郎は加多から同志を斬るよう命令されて暗殺を遂げる。無学の仙太郎は何が正義か分からないが、加多を信じようとする。やがて天狗党は筑波山から進軍。京都を目指すのだった……。

水戸藩は2代藩主の水戸光圀（黄門）が『大日本史』を編纂したことで尊皇の気風が強かった。尊攘思想を実践すべく急進グループが結成され、数千人の天狗党に。彼らは幕府の追討軍と戦って次第に劣勢になり、徳川斉昭《なりあき》の子・慶喜の協力を得て朝廷に尊攘の意思を伝えるため京都を目指した。だが追い詰められ、敦賀で降伏。352人が斬首される悲惨な結末を迎えた。天狗党は幕末を代表する悲劇で、皮肉な面も持つ。彼らは慶喜に望みを託しながら、慶喜が追討軍を指揮していると知り愕然とする。青年将校が大御心を期待した2・26事件のようだ。

KT
（2002年　阪本順治監督）

1973年、韓国大使館の金車雲（キム・ガプス）は朴正熙大統領の意を受け、民主化運動の指導者・金大中暗殺に動く。同じころ陸自の富田（佐藤浩市）は上官の指示で興信所を開設。その富田を金車雲が訪れ、金大中の調査を依頼する。富田は金大中がホテルグランドパレスに現れることを知らせ、運命の8月8日を迎えるのだった。

金車雲が日本のヤクザに暗殺を相談するのは在日韓国人が裏社会に根を張っていたということ。「失敗すれば私も家族も殺される」という彼の言葉は工作員の非情な現実を表している。金大中の自伝『いくたびか死線を越えて』（千早書房、98年）によると、誘拐の実行犯は彼を殺したのち死体を切り刻み、リュックに詰めて運ぶ手はずだった。また誘拐の際にエレベーターで日本人と乗り合わせ「殺される。助けて」と訴えたが無視された。この日本人は「ヤクザの抗争じゃないかなぁ」と思ったと弁明している（『金大中事件全貌』毎日新聞社、78年）。

金大中が海に投げ込まれると知って「私は国民のためにすべき仕事が残っています。サメに体の半分を食いちぎられても命だけは残して下さい」と祈る場面は感動的だ。

男と女、哀しき情念

ナチに連れ去れた夫を求める女の情念

かくも長き不在

1961年　アンリ・コルピ監督

第14回カンヌ国際映画祭でパルムドールを受賞。これまでビデオしか出ていなかったため見る機会が少なかった本作がついにDVDとブルーレイで発売された。ファンにとっては快挙だ。

第2次大戦から16年。パリ郊外で食堂を営むテレーズ（アリダ・ヴァリ）の前を一人のホームレス（ジョルジュ・ウィルソン）が横切る。歌を口ずさみながら歩く彼を、生き別れになった夫ではないかと思い、店に招き入れるテレーズ。男が記憶を失ったと告白したためテレーズは彼の後を追う。彼女の夫アルベールは戦時中、ナチに逮捕された上に拷問を受け行方不明となったのだ。男が自分の夫に違いないとの確信を強めたテレーズは親戚2人に男を引き合わせるが、彼らはアルベールだと認めない。かくしてテレーズは男を食事に招く。夫が好きだった食事をふるまい、並んで音楽を聴き、抱き合って踊るのだった。

反戦映画であり、運命の酷薄さを描いた人間ドラマともいえるだろう。戦争終結から10年以上が経過し、パリ市民は笑顔で夏のバカンスに出かけるが、

【ネタバレ注意！】

男は死んだのか？

本作はタイトルが秀逸だ。今の日本の映画人が邦題をつけたら「長い不在　15年ぶりのあなたお帰りなさい」みたいなお涙ちょうだいになるかもしれない。

それはともかく、この『かくも長き不在』はラストがミステリアスに終わっている。テレーズが自分の夫アルベールだと信じるホームレスは食事のあと、背後から名前を呼ばれて混乱、思わず走り出してしまう。そこに大型トラックのヘッドライトがアップで迫ってくる。

気絶から意識を取り戻したテレーズに周囲の者は「彼はこの街を出た」と告げ、テレーズは「彼を何年も待つわ」と呟く。おそらく街を出たというのは気休めに言ったことで、実は男は死んだのだろう。そう思ったほうが整合性が出てくる。淀川長

テレーズだけは戦争の傷痕の中にぽつんと置き去りにされている。

彼女は闘いを挑む。相手は自分に好意を寄せるトラック運転手や冷淡な親戚、そして自分を思い出してくれない夫だ。幸せな日々はナチの暴虐によって奪われてしまった。だから幸福を取り戻すために必死の努力をする。まさに孤軍奮闘。女の情念の物語である。

見どころは結末だが、ネタバレになるので詳述しない。それよりテレーズの表情に注目だ。店で接客するときは厳しい目をしているが、ホームレスをひたすら追いかけ、彼の掘っ立て小屋の前で微睡《まどろ》みながら一夜を明かし、物陰に隠れて男の行動を観察。声を掛けて会話するまでの微笑みは実に優しく、その目は良人と再会できた喜びに満ちている。

だが喜びの瞳は苦悩の色を帯び、焦りとなり、失望に一変する。ダンスの最中、男の後頭部を見つめる表情は映画史に残る名演技だ。この作品を2度見るなら、最初はストーリーを追い、2度目はアリダ・ヴァリの表情を見て欲しい。

アリダ・ヴァリは本作の12年前、『第三の男』（49年）でアンナ役を好演。ラストのポプラ並木の場面でジョセフ・コットンの前を素通りした女が、本作では40歳のふくよかな肉体と慈愛のまなざしでけなげな女を演じた。大女優である。

（18年3月28日掲載）

治は70年代にラジオ番組で本作を紹介した際、「男の人はトラックにはねられて死んでしまったんです」と解説していた。

ハッピーエンドが好きな観客は男が生き延びたという言を信じ、悲劇を好む人は淀川説に涙を流せばいい。本作に限らずヨーロッパ映画は昔から、観客に向って「自分で考えろ」と語りかけている。そのもやもやさせるところが映画の魅力でもあるようだ。

かくも長き不在（KADOKAWA）

大人の胸を打つ60年代のメンタリティー

男と女

1966年　クロード・ルルーシュ監督

作曲家のフランシス・レイが86歳で死去した。本作はカンヌ国際映画祭グランプリを受賞。F・レイの出世作となった。

カーレーサーのジャン（ジャン・ルイ・トランティニャン）は息子を寄宿舎に送り届けた帰り道、アンヌ（アヌーク・エーメ）という初対面の女性をパリまで送る。彼女の夫が映画のスタントマンだと聞いて食事に誘うが、夫は撮影事故で死亡したと告げられる。アンヌの美しさに引かれたジャンは翌週、互いの子供を交えて彼女と食事。自分がレース事故で重体になったときに妻が自殺したことを明かし、ラリーに出場する。

レース後、アンヌから「愛してる」との電報を受け取ったジャンは夜通しハンドルを握って彼女の元に急ぐ。だがホテルのベッドで体を合わせながらもアンヌの脳裏には亡き夫の幻影が蘇るばかり。2人の間に乾いた風が吹き抜け、ジャンはクルマで、アンヌは列車でと別々にパリに戻るのだった……。

孤独な男女のドラマ。空は一貫して鉛色だ。雨滴に打たれながら、さして大きな出来事もなく、2人の心の触れ合いとすれ違いが描かれる。ワイパー

【蛇足ながら】

ユダヤ系のため迫害を逃れて避難

本作を見て不思議だなと思うのはアンヌが選んだ男だ。死亡した夫はスタントマン、新しく出会ったジャンはカーレーサーだ。アンヌは命がけの仕事に挑む男にひかれたことになる。これは偶然なのか。それとも危険と戦う男に好意を抱いてしまう性分なのだろうか。前夫の死因を病死や交通事故死にしてもよかったはずだが。

世の中には登山家や格闘家、ヤクザなど命知らずの男どもにメロメロになる女性がいる。やはりワイルドな男はモテるのかもしれない。

アンヌを演じたアヌーク・エーメは1932年、パリの生まれ。両親はユダヤ系の舞台俳優で、アヌーク・エーメはパリの小学校に通っていたが、ユダヤ人迫害が厳しくなったため一時期、地方に避難したこと

で雨を拭いながら走るクルマとF・レイの主題曲がうまくマッチしている。
今の若者には本作を「人物の心理が理解できない」「退屈だ」と評する向きもある。ジャンに愛を告白しながら亡夫を忘れられないアンヌの心理に違和感を覚えるらしい。一理あるが、それでは人間が分かっていない。

アンヌが優しく頼りがいのある男と出会っても過去と決別できないのは、この時代のメンタリティーゆえだろう。61年のフランス映画『かくも長き不在』は戦後15年経ってもなおゲシュタポに連行された夫を捜し求める妻の悲哀が感動を呼んだ。本作が公開された60年代の日本には夫を戦争で亡くして独身を通す女性が存在した。筆者の小学校にも戦死した許嫁《いいなずけ》のために結婚しない女性教師がいた。時代は違うが、芸能界では歌手のちあきなおみ。92年に夫が死去した際、棺にしがみついて「私も一緒に焼いて」と号泣、同時に音楽界から去った。彼女はいまだに姿を現していない。若い感覚では理解できないだろうが、昔の女性は一途だった。

ただ本作はラストで一転する。夜のプラットホームで抱き合う男と女。わずかな時間の流れがアンヌの背中を押して愛情を確かなものとし、新たな人生に導いた。この劇的な心理変化を昔の観客は抱擁と接吻で実感した。本作が長らく語り継がれているのはこの大人の胸に響く無言劇のおかげ。文学を知らない子供は理解できなくていい。

（18年11月14日掲載）

もある。本稿を書いている2020年2月時点ではいまだ健在らしい。

彼女は60年の話題作『甘い生活』（フェデリコ・フェリーニ監督）で日本でも注目され、『ソドムとゴモラ』（62年、ロバート・アルドリッチ監督）や『8 1/2』（63年、フェリーニ監督）など数々の名作に出演。34歳で出演した『男と女』でゴールデングローブ賞主演女優賞と英国アカデミー賞最優秀外国女優賞を獲得した。

男と女（ハピネット）

高倉健と3人の女たち、別れのドラマ

駅 STATION
1981年 降旗康男監督

結末を知っていても感動できる映画がある。本作もそうした一本だ。倉本聰が高倉健の50歳の記念として脚本を書いた。1968〜80年の12年間の物語である。

北海道警の刑事・三上（高倉健）は射撃の五輪選手。過ちを犯した妻・直子（いしだあゆみ）と離婚して駅で見送る。まもなく三上と一緒に検問にあたっていた同僚刑事が連続殺人犯に射殺され、犯人は行方をくらます。

76年夏。増毛駅近くで若い女性の通り魔事件が起きた。三上は捜査の応援に加わり、食堂で働くすず子（烏丸せつこ）の兄・五郎（根津甚八）を犯人とにらんで調べを始める。すず子は「トロい」「ちょっと足りない」といわれる女の子。そのすず子を妊娠させた不良少年・雪夫（宇崎竜童）の協力で警察は線路を歩いて町に戻ってきた五郎を逮捕する。

79年冬。増毛に宿泊した三上は桐子（倍賞千恵子）の居酒屋に立ち寄り、大晦日の夜、初詣の神社で桐子は一人の男を見つめるのだった……。

高倉健が主役だが、高倉を狂言回しに使った一種の女性映画と解釈しても

【蛇足ながら】

高倉健は何歳だったのか

「健さんは大幅に年をさばを読んでるんじゃないか？」――。本作が公開されたとき、映画のスタッフをしている友人からこう言われた。高倉健が年齢より老けているというのだ。特に手のシミが目立つという。そこで劇場で本作を見学した。たしかに手の甲はまだ50歳とは思えないほどシミが広がっていた。

よくよく考えると、高倉健は老けている。1931年生まれだから、『幸福の黄色いハンカチ』（77年）のときはまだ46歳なのに、顔は老年のように皺が多かった。

『鉄道員（ぽっぽや）』（降旗康男監督）が公開されたのは99年。高倉健が68歳の年だが、「健さんの顔に皺が多くて、スタッフがデジタル処理で消すのに苦労した」という話を聞いた。筆者が親しくしていた女性週

いい。3人の女が三上に絡んでドラマを作り上げていく。泣きながら敬礼して別れを告げる直子、幼稚なしゃべりで警察を惑わしたすず子、誰かの帰りを待ちながら懸命に生きる桐子。女3人と三上の関わり合いに、彼が狙撃手として人質事件などで発砲する緊迫感と、メキシコ五輪を目前にカミソリ自殺したマラソン選手・円谷《つぶらや》幸吉の遺書を織り交ぜて話は進む。

増毛駅周辺の若者の無軌道ぶりと、男にもてあそばれた女の哀れさは日本全国の町で見かける風景だ。不良が結婚して良きパパとなり、傷ついた女がその地を離れられず、けなげに生き続けるのも同じだろう。

女性陣のトリをつとめる桐子はちょっとお人よしの女。三上と同様に孤独を抱え、ささやかな幸せを求めている。だから三上は警察を辞して桐子と生きる道を決めた。だが運命は冷酷だ。桐子のもとに立ち戻った情夫（室田日出男）は同僚を殺した仇だった。かくして三上は恋人から警官の顔に変貌。一発の正義の銃弾が彼と桐子の希望を打ち砕いてしまった。恋人の情夫を撃った男と撃たれた女。恨みはなくても、深い溝は埋めようがない。

最後の居酒屋の場面で三上が声を出して列車の時刻を調べるのはおそらく桐子を札幌に誘っているのだろう。だが彼女は三上を振り返ろうとしない。八代亜紀の「舟唄」を聴く桐子の頬を伝う涙が、観客の胸にやるせない余韻をもたらすのだった。

（18年10月17日掲載）

刊誌の記者などは「任侠映画で見る高倉健の貫禄はただ者ではない。映画デビューする前にホンモノさんだったという説もある」と言っていた。

もちろん、年のさば読みもホンモノ説もヨタ話にすぎない。実は女嫌いではないかという噂を含めて、高倉健は数多くの都市伝説を残した。

ちなみに高倉健は80歳になっても撮影現場で椅子に座らなかった。おかげでほかの役者もスタッフも座るわけにいかず苦労したという。

駅 STATION（東宝）

子を失う恐怖と身代わり願望

HANA-BI

1998年　北野武監督

第54回ベネチア国際映画祭金獅子賞を受賞した傑作だ。余命短い妻（岸本加世子）を抱えた元刑事の西（ビートたけし）が銀行強盗を決行し、妻と死出の旅に出るストーリー。これに金融ヤクザの取り立てや同僚を死傷させたことへの後悔の念が重なるが、何より西の心の痛手となっているのが4歳で亡くなった娘のことだ。

本作を夫婦の愛情物語とする見方もあるが、むしろ子供を思う親の不安と考えたほうがしっくりいく。本作が公開された年、北野監督の娘・北野井子《しょうこ》が歌手デビューし、そのプロモーションビデオに北野監督が出演した。ライブで歌う娘をヤクザの父が見守った直後に銃撃で死ぬ筋立て。これは「わが子のためなら喜んで身代わりになる」という愛情の表れだろう。北野監督には子供を失うことへの恐怖と身代わり願望があり、その複雑な心情が本作の「亡き娘」を案出したのではないか。

ラストシーンに海岸でたこ揚げで遊ぶ少女が登場する。この少女こそ当時16歳の井子だ。北野監督は実の娘を出すことで、西を死別した子と再会させ

【蛇足ながら】

小が大を倒す快感

北野武監督が主役を務める映画に多いのが超人願望だ。本作もそうだが、主人公はやたら強い。ヤクザが挑みかかっても簡単に撃退する。それも相手の目に箸を突き刺すような手荒な手段を用いて。

『BROTHER』（2001年）もしかり。米国に出向いた兄貴分（北野）は街頭で難癖つけてきた屈強な黒人男の目を攻撃。至近距離で銃弾を浴びてもすぐに回復する。不死身なのだ。

北野はどちらかというと小柄な体型だ。そんな男が絶対に倒れない男を演じるのは奇異な印象を受けるが、そこが北野作品の妙なところ。不自然だからこそ面白い。

日本人が日清、日露の戦争話が好きなのは小国が大国を打ち負かしたから。1941年の真珠湾攻撃は国

たといえるだろう。

ただし本作はこうした悲しみをぼかして演出している。ふつう人の死を表すときは仏壇の遺影を映すものだが、北野監督はマンションの玄関にぽつんと置かれた女の子用の三輪車などで娘の死を表現した。

妻と並んで写真を撮るときも腕を組むのを嫌がった照れ屋の男が最期のときは妻の肩を無言で抱く。セリフのなかった妻は初めて「ありがとう。ごめんね」と口を開く。英語字幕は“Thank you for everything”となっているが、この言葉はもっと意味が深い。

引っかかるのは最後に響く2発の銃声だ。「あれは必要なかった」「興ざめした」と苦笑した映画ファンもいる。映画に不慣れな観客のためにやむなく音を入れたのだろうと思ったら、さにあらず。北野監督のエッセー『物語』（ロッキング・オン）には彼が銃声に積極的で音と音の間隔にこだわったことが書かれている。まあ、銃声のおかげで井子のアップで終えられたのだから、あれはあれでよかった。少女の顔を持ってきたことで余韻の残るエンディングとなったのは事実だ。

ちなみに同書によると、2発の銃声について「あれ、刑事ふたり殺したんですか？」と聞いた人がいるとか。西が刑事を撃ち殺して夫婦で逃げたと勘違いしたそうだ。いやはや、である。

（16年1月13日掲載）

家主義者の自慢で、「日本は米国を奇襲して大戦果をあげた。その意味においても日本人は〝名誉白人〟なのだ」と胸を張る人がいる。

そういえば、「不世出の達人」と称賛された合気道の塩田剛三は154センチの小柄な体型ながら、来日した米国のロバート・ケネディ司法長官のボディガードを指先の動きだけでひねり倒した。これもまた壮観で、ケネディが大笑いしている映像が残されている。小が大を簡単にひねり倒す光景を喜ぶのは東も西も同じということか。

HANA-BI（バンダイビジュアル）

いつの時代も女は男の犠牲になる

雨月物語

―1953年　溝口健二監督

ジャン・リュック・ゴダール監督は好きな映画監督を3人挙げてくれと頼まれて「ミゾグチ、ミゾグチ、ミゾグチ」と答えたという。彼の敬愛する溝口健二監督がベネチア国際映画祭銀獅子賞を受賞した作品だ。この年の同映画祭は金獅子賞が該当なしだったため、本作が実質的な最優秀作となった。上田秋成『雨月物語』の「浅茅《あさぢ》が宿」と「蛇性の婬《いん》」をシナリオ化した。

戦国時代、焼き物を副業とする農民2人とその妻たちの物語。男たちは陶器を売るために長浜に向かう。侍になって名を挙げたいと野心を抱く藤兵衛（小沢栄太郎）は敵の大将首を拾ったため、丹羽長秀のもとで侍大将に取り立てられる。一方、源十郎（森雅之）は陶器を買ってくれた若狭姫（京マチ子）の朽木屋敷に誘い込まれ、妖艶な彼女と男女の契りをむすぶことに。

男たちがそれぞれの欲望を満たしている間に藤兵衛の妻阿浜（水戸光子）は陵辱されて遊女に身をやつし、源十郎の妻宮木（田中絹代）は敗残兵に殺される。やがて藤兵衛はおのれの愚かさを悔やみ、源十郎は姫の正体が怨霊《おんりょう》であることに気づくのだった。

【蛇足ながら】

なぜか浦島太郎を思い出す

劇中で藤兵衛は拾った大将首を丹羽長秀に届けて侍大将に取り立てられる。長秀はずいぶん貫禄のある人物に演出されているが、実は賤ヶ岳の戦いの前の山崎の合戦以後は新参者の羽柴秀吉の言いなりだった。最近の大河ドラマには長秀が秀吉を「御大将」と呼び、秀吉に小バカにされるシーンもあった。もともと秀吉の羽柴姓は柴田勝家と丹羽長秀におもねるためにそれぞれの一文字を拝借したもの。だが長秀は秀吉に従うようになり、勝家は賤ヶ岳合戦で妻・お市とともに滅ぼされた。

一方の源十郎。若狭姫が幽界の者であると知った源十郎はおのれの愚かさを痛感し、妻・宮木のもとに帰るがすでに死亡したと告げられる。このくだりで思い出すのが民話の浦島太郎だ。

いつの時代も男は無謀な夢を追い、女はその犠牲になる。民衆は戦争という権力者のエゴに命を奪われる。本作は豊臣秀吉が柴田勝家を滅ぼした賤ケ《しずが》岳《たけ》の戦い（1583年）を舞台としているが、敗戦の8年後に製作されたことを考えれば、アジア太平洋戦争への批判と受け取ってもいいだろう。侍たちが貧しい農民を襲って食べ物を略奪し、女を犯し、農民を縛って労役のために連行する光景は旧日本陸軍が中国大陸で行った蛮行を思わせる。生き残った者たちが平和に暮らすラストは憲法9条によって戦争を放棄した日本なのである。

全編が緻密な映像美にあふれ、なかでも源十郎らが船を漕ぎ出すシーンは出色だ。靄《もや》がかかった湖上を阿浜が歌いながら、軽やかに櫂《かい》をあやつる。ゆるやかに進む船は手傷を負って息も絶え絶えの男と出会い、彼の忠告を聞いた男女は方向を変え、船は靄に吸い込まれていく。幻想的ともいえる名場面だ。源十郎が若狭姫にとりつかれる場面は能楽のお囃子《はやし》をたくみに使い、恐ろしくも美しい演出となっている。目のつり上がったメイクに変え、太い声で唸ってもやはり京マチ子は色っぽい。

本作を撮ったとき溝口は55歳。その3年後、死去した。遺作は『赤線地帯』。あと10年長生きしていたら、ほかにどんな名作を残しただろう。

（14年2月12日掲載）

竜宮城で乙姫の歓待を受けた浦島太郎は「家に帰る」と言って別れを告げ、村に戻ると様子が一変していた。そこで乙姫から渡された玉手箱を開いたところ白い煙が出て一挙に老けてしまう。

なぜなのか？

ある研究者の本によると乙姫の復讐。「さんざん私といい思いをしながら、あなたは妻のもとに帰るのか」という嫉妬から、浦島太郎を困らせてやろうと考えたのだそうだ。

雨月物語（KADOKAWA）

浪人サラリーマンへの賛歌

雨あがる

2000年　小泉堯史監督

映画界は、ときとして時代に即した作品を生み出すことがある。この『雨あがる』もそうした一本だ。

江戸時代の享保年間。浪人の三沢伊兵衛（寺尾聰）は妻たよ（宮崎美子）と、ある藩で川留めにあう。投宿している旅籠《はたご》では夜鷹《よたか》のおきん（原田美枝子）と説教節の老人（松村達雄）が米を盗んだとか盗んでないでいがみ合い、殺伐とした雰囲気が漂っている。その姿を見かねた伊兵衛は城下の町道場で賭け試合をし、稼いだカネで買った酒と食べ物をみんなに振る舞う。ただ、たよは以前から賭け試合をよく思っていない。

翌日、伊兵衛は散歩中に若侍の喧嘩の仲裁に入り、居合わせた城主・永井和泉守（三船史郎）から城に招かれる。伊兵衛は指南番に推挙され、翌日の御前試合でも勝ちを収めるが、槍で立ち向かってきた和泉守を手加減せずに池に落としてしまう。さらに町道場の男たちの待ち伏せを受け、これを撃退。それでも翌日、城から迎えの使者が来るものと期待したが賭け試合の事実が発覚したため、家老から「貴殿は賭け試合をしたので仕官はできない」と告

【蛇足ながら】

欧米人に理解できたかな？

「あの動き、外国人に分かってもらえるかな？」――。本作の公開当時、映画評論家がこんな心配をしていた。「あの動き」とは峰打ちのことだ。

終盤の試合で殿様を池に叩き込み自分に幻滅した伊兵衛が、賭け試合で負かした町道場の道場主らに待ち伏せされる場面。伊兵衛は斬り合いはしたくないが、「私はいささか機嫌が悪い」と言って勝負に応じる。

このとき伊兵衛は峰打ちにするため刃を返す。われわれ日本人は『暴れん坊将軍』や『水戸黄門』のラストでチャリンという音を聞いて「峰打ちだな」と気づくが、外国人は分かるだろうか。刺客の一人が首から血を流したのは伊兵衛が斬ったからだと勘違いされるのではないかというのだ。

考えてみると西洋の刀剣は諸刃の

げられてしまう。伊兵衛夫婦は仕官を諦め、出立するのだった。

本作が公開されたころ多くの企業がリストラを行い、中高年の再就職が話題になっていた。伊兵衛のような浪人が急増し、劇場では仕官の旅をする伊兵衛夫婦を自分に置き換えて涙する観客が少なくなかった。

伊兵衛は類いまれなる剣技の持ち主である。だが強すぎるゆえに仕官先で反感を買い、長続きしなかった。だから妻と2人で流浪の旅を続けているのだ。江戸時代も現代も、他人の足を引っ張るヤツがいる。実力がないヤツに限って、こそこそと裏工作に走ってわが身を守ろうとするものだ。

見どころはラスト。賭け試合をとがめる家老に、たよは「主人のいいところはあなたたちのような木偶《でく》の坊には分からないのです」と言い放ち、伊兵衛に「これからは好きなときに賭け試合をし、貧しい人たちを喜ばせてあげてください」と言って嗚咽する。本作の主人公をたよと考えてもいいだろう。

たよの言葉を伝え聞いた和泉守は、伊兵衛を引き留めるべく馬を飛ばして後を追う。この結末の見方は人によってそれぞれだ。公開当時、ある映画評論家と話したら、彼は和泉守が伊兵衛に追いつくとの印象を受けたと言った。だが筆者は和泉守一行は伊兵衛に追いつかないだろうと思う。剣技、人格ともに優れた男はこれからも旅を続け、夫婦の愛情は死ぬまで色あせないのだ。

（14年4月9日掲載）

剣が多い。峰打ちという文化はないだろうから、理解してもらえないかもしれない。

伊兵衛が師と仰いだ辻月丹《つじげったん》は江戸時代の初期を生きた無外流の開祖。主演の寺尾聰は本作の撮影前、数カ月に渡って都内の無外流道場で居合の型を練習した。その際、無外流の納刀の仕方はやや地味だというので、あえて刀身を体の前で横にスライドさせて鞘に納める所作に変更したそうだ。

雨あがる（アスミック・エース）

顔面演技が冴える優作映画の最高傑作

嵐が丘

1988年　吉田喜重監督

松田優作が死んで25年。彼の代表作として『蘇る金狼』や『ブラック・レイン』がよく挙げられるが、筆者はこの『嵐が丘』こそが最高傑作だと思っている。原作はエミリー・ブロンテの長編小説。アーンショー家に引き取られた孤児ヒースクリフは長女キャサリンと愛し合うも、彼女が隣家のエドガーと婚約したことに落胆して出奔。3年後戻った彼はエドガーの妹イザベラを誘惑して復讐を始める。

本作の舞台は鎌倉時代の日本だ。優作はヒースクリフに該当する鬼丸。キャサリンは田中裕子演じる絹で、エドガー役の光彦は名高達郎が演じる。『嵐が丘』はこれまで何度も映画化された。中でも有名なのがローレンス・オリビエの主演作（1939年）で、キャサリンはヒースクリフへの愛情を再確認して死亡。愛の物語として完結する。

一方、本作では絹は鬼丸の復讐心を呪いながら死ぬ。幼いころに虐待された恨みを忘れず、地頭という権力者となって凱旋。地位を利用して周囲を威圧し、光彦に無理難題を吹っかける鬼丸の憎悪は鬼畜の所業だ。

【蛇足ながら】

優作の急死はショックだった

1989年11月6日に松田優作が死去したときの驚きは今も忘れられない。まだ40歳の若さ。死因は膀胱がんだった。

世間が驚いたのは前月の10月7日に、出演したハリウッド映画『ブラック・レイン』が公開されたばかりだったからだ。優作は米国でリドリー・スコット監督のオーディションを受けて合格。レストランで日本人ヤクザの幹部を刺殺する場面や、飛行機の中で日本の刑事を騙してまんまと逃げる場面が印象的だった。

リドリー・スコット監督が結末で佐藤（優作）を殺さなかったのは、そのキャラクターが面白いので続編を作ってまた優作を起用しようと考えたからだとも報じられた。

スコット監督がそう考えるのも無理はなかった。早川雪舟や三船敏郎、優作は演技にこだわる役者だったが、群を抜くほどの演技派ではない。銃弾を受けて「何じゃこりゃー!」と叫んだり、目を吊り上げてヤクザの幹部を刺し殺したりというオーバーアクションが特徴だ。

吉田監督は本作で能楽と歌舞伎の要素を取り入れた重厚な演出を試みた。その結果、優作お得意の過剰な顔面演技が遺憾なく発揮された。憤怒の表情は大見得《おおみえ》を切る歌舞伎役者のようだ。セリフのしゃべり方も重量感がある。

日の差さない広大な山肌にぽつんと屋敷が立ち、鳥居が並ぶ寂寞《せきばく》たる風景。優作は太刀を抜き、なぎなたを振るう。掘り返した絹の死体には蛆《うじ》が湧いている。田中裕子、石田えり、高部知子らが全裸を披露。高部は裸体を鞭打たれる。絹と鬼丸が交接をする姿は良質の前衛舞踏を見るかのごとし。うっとりするほど色気が漂いかつ気高い。優作は89年に病死したが、もう少し生きて吉田監督と組んだら、ほかにどんな名作を生みだしたことか。早すぎる死が悔やまれてならない。

80年代後半はバブル景気で、カネに飽かしてのアイドル映画の全盛時代だったが、本作は孤軍奮闘して日本の幽玄美を現出させた。全１３１分。無駄なカットはひとつもない。

（14年12月１日掲載）

仲代達矢など、米国映画に出演した日本の俳優は少なくないが、優作が演じた佐藤ほど危険な毒をはらんだキャラはなかったからだ。

日本の映画ファンはこれから優作がハリウッド作品でどこまで活躍するかと期待していた。そんな矢先の突然の死。日本中が彼の死を悼んだ。

嵐が丘（角川書店）

娼館に渦巻く女たちの怒りと哀しみ

赤線地帯

―1956年　溝口健二監督

赤線はかつて国が認めた売春街。東京タワーが完成した1958年、売春防止法の成立によって姿を消した。本作はこの法律が国会で議論されるさなか、東京・吉原の売春宿「夢の里」で働く女たちを描く群像劇だ。成澤昌茂が脚本を担当した。

人物造形が素晴らしい。下駄職人との結婚を夢みて吉原を去りながら、牛馬のようにこき使われて逃げ戻るより江（町田博子）。ハナエ（木暮実千代）は乳飲み子と病気の夫のために体を売り、その夫は自分に失望して自殺を試みる。息子から「おまえの仕事は恥ずかしい」と面罵《めんば》されたゆめ子（三益愛子）は発狂し、「満州娘」を歌いながら病院に搬送。炭鉱で大けがした父親に代わって家族を食べさせるために働きに来た処女の女の子は「こんなおいしいものは初めて」と言って親子丼をかきこむ。彼女が妖婦のような化粧を施され、物陰から「ちょっと」と客を手招きするラストは哀しきエロスを漂わせている。

その中でユニークなのが、やすみ（若尾文子）とミッキー（京マチ子）だ。

【蛇足ながら】

アラン・ドロンもソープを楽しんだ

この映画の舞台になった吉原は江戸開闢のころからの色町として知られる。時代劇や落語に「なかで遊ぶ」というセリフが出てくる。「なか」とは吉原のこと。吉原遊郭を中央に貫く仲之町の名に由来する。落語家によると、女房の手前、大っぴらに吉原と言えない人々が隠語として使い始めたとか。

吉原は戦後も遊里として残り、1958年に売春防止法が施行されると「トルコ風呂」という新たな形態が登場した。風呂を略して「トルコ」と呼ばれることが多かった。そのため84年にトルコの青年が日本の国会で涙の抗議。業界は名称を「ソープランド」に改めた。

風俗ライターによると、かのアラン・ドロンが来日の際に吉原に遊びに来ることになり、当代随一のテクやすみはその美貌で客から大金を引っ張り、仲間の女たちにカネを貸して金利を取っている。なじみ客の布団屋が夜逃げするや店を買い取り、娼婦をやめて実業家に転身。「夢の里」を得意先にしてしまう。彼女は父親の犠牲になったくちで、「貧乏は大嫌い」と言い放つ。一方、ミッキーは他の女と毛色が違う。貿易会社の社長令嬢で、父親の「帰ってこい」という言葉を拒否し、夜の世界で飄々と生きている。チューインガムを噛み、おでんにかじりつき、どんぶり飯をかきこむ姿は娼婦であることを楽しんでいるようだ。

「夢の里」の主人の田谷（進藤英太郎）は売春防止法の行方が気になってしょうがない。国会の傍聴席から審議を見学して帰宅し、「俺たちは政治の行き届かないところを補ってるんだ。国家に代わって社会事業をやってるんだ」と言う。彼が「子供たち」と呼ぶ娼婦たちが売り物になるかどうかは田谷にとって死活問題。女性たちも売春防止法か「流産」したことでホッとする。つまり娼館のオヤジも娼婦も体を売る環境がないと生きていけない。貧しい時代だった。それにしても京マチ子の演技は見事。同じ溝口監督の『雨月物語』で演じた若狭姫と見比べると演技の多様さに圧倒される。吉永小百合には考えられない芸当だ。

1時間26分に女の不幸としたたかさ、奔放ぶりを盛り込んだ溝口健二の遺作。凝縮した映画作りを若手監督は見習って欲しい。

（15年10月14日掲載）

ニシャンのソープ嬢が相手を勤めたという。ドロンが泡おどり（マットプレー）で大興奮し、マットをひっかいてパンクさせたという伝説も伝わっている。

ソープの関係者によると、70年ごろは大学紛争に出動した若き機動隊がグループで来店したという。今でも火事の現場に出動した消防士が遊びにくることがあるそうだ。

赤線地帯（KADOKAWA）

人間の二面性を解き明かす健さんの遺作

あなたへ

2012年　降旗康男監督

高倉健が83歳で亡くなって1年が過ぎた。本作は彼の遺作である。

高倉健が演じるのは富山県にある刑務所の指導技官・倉島。童謡歌手の妻・洋子（田中裕子）を病気で亡くした彼は、遺骨を故郷の海に散骨して欲しいという妻の希望をかなえるため、自分で改造したワンボックスカーに乗って長崎・平戸への旅に出る。妻が歌う宮沢賢治の「星めぐりの歌」に励まされながら。

途中さまざまな人と出会う。ワゴン車で旅する杉野（ビートたけし）は元国語教師を名乗る。弁当販売員の田宮（草彅剛）が難儀しているのを見かねた倉島は大阪まで送り、彼の部下の南原（佐藤浩市）と知り合う。平戸に着いたが、漁師の大浦（大滝秀治）に海が荒れているので散骨の船を出せないと断られ、多恵子（余貴美子）が切り盛りする食堂に身を寄せるのだった。

本作には倉島と洋子、田宮とその妻など3組の夫婦が出てくる。彼らはさまざまな事情を抱えて独自のドラマを展開。人間であるかぎり、そこには秘密がある。

【蛇足ながら】

健さんの演技力は本物か？

以前から思っていることだが、日本人には批判がタブーの人物が3人いる。一人は歴代の天皇、次に連合艦隊司令長官山本五十六、そして高倉健だ。特に高倉健の演技に関する議論をすると、いつも堂々巡りに終わる。

議論のテーマは高倉健は演技がうまかったか、それともヘタだったかというもの。各自の考え方は彼を信奉しているかどうかで決まる。筆者と親しい芸能評論家は「健さんの演技力はすごい。あの歯を食いしばる寡黙な表情こそが演技の神髄だ。ほかの役者にはできない」と言い張る。何が何でも高倉健を演技派に押し上げようというわけだ。

あるとき、70代後半の元映画関係者にその話をしたら、「そんなことないよ。高倉健は大根。彼の演技は作品から感じられるのは人間には表と裏の顔があるということだ。洋子は生前、刑務所で歌ったのは慰問ではなく、死んだ妹のためだったと告白。杉野の正体は車上荒らしで、逮捕の際に「放浪するうちに迷ってしまいました」と苦笑する。田宮は懸命に働きながら、妻に男がいることで悩み、浮気の事実を知ることを恐れて出張の旅を続けている。そして南原にも裏の顔があり、劇的な結末を呼び起こす。

ラストシーンで娘の写真を見つめる南原の表情がいい。彼が涙をこらえているからこそ観客はその心中をおもんぱかり、胸が熱くなる。多恵子の助言によって、倉島は亡き妻の真意を「あなたにはあなたの時間が流れている」と読み解いた。これは南原に対する多恵子の現在の気持ちでもあるだろう。

種田山頭火を愛読する杉野は倉島に旅と放浪は違うのだと前置きし、「旅とは帰るところがあるということです」と解説する。これはよく僧侶が法話として語る内容で、「我々は死んだら極楽浄土という生まれ故郷に帰る。人生は故郷への旅なのだ」との意味につながる。

公開時、高倉健は81歳。最晩年を意識し、山頭火が言う「われはけふゆく」の思いで撮影に臨んだことだろう。その結果、大スターのラストを飾るにふさわしい重厚な映画が完成した。高倉健にとってこれ以上の遺作はなかったと思うのだ。

（15年12月9日掲載）

1965年の『飢餓海峡』以来、まったく進歩していない」と一笑に付されてしまった。

それでも高倉健至上主義の人々は、音痴の人が自分の歌唱力を疑わないのと同じように、健さんの演技力を褒め上げる。高倉健は不器用で口べタのイメージで売ってきたおかげでセリフが少ない。だから真の力量が露呈せず、宗教的とも言える評価と相まって「健さんの演技はすごい」となったのではないか。

あなたへ（東宝）

京マチ子が熱演する〝もう一人の女〟

羅生門
―1950年　黒澤明監督

芥川龍之介の『藪の中』を黒澤監督が映像化した名作。1951年のベネチア国際映画祭金獅子賞を獲得した。

京・山科の山中で樵《きこり》の男（志村喬）が旅の武士（森雅之）の死体を発見。後日、盗賊の多襄丸《たじょうまる》（三船敏郎）が捕縛され、彼が武士をだましてその妻（京マチ子）を犯したことが判明する。だが検非違使《けびいし》の前で各人の証言内容が食い違う。樵は死体を発見しただけと言い、多襄丸は自分が武士を斬殺したと主張。妻は自分が夫を短刀で刺したようだと告白する。そこで巫女《みこ》を使って殺された武士の霊に語らせるが……。

何が真実なのか分からない――。こうした「藪の中」は現代にも頻繁に起きている。最近の豊洲問題もしかり。石原元都知事や歴代の市場長が「言った覚えはない」「知らなかった」と言い張っている。

真実は厳然と存在する。だが誰かが嘘をつき、誰かが沈黙しているため何が本当なのか分からない。「藪の中」とは人間の身勝手を表すのに実に便利な言葉である。

【蛇足ながら】

大量の水は墨が混じっていた

最近は日本映画がカンヌやベネチアの国際映画祭に出品されると、マスコミが受賞の行方を報じ、映画の関係者は現地に入ってテレビ中継に登場したりする。一種のお祭り状態だ。

こうした動きは「戦場のメリークリスマス」が1983年のカンヌ国際映画祭に出品されたあたりから始まったと記憶している。このとき同作品の大島渚監督らは宣伝用のTシャツまで作って現地に乗り込んだ。だが、パルム・ドールは今村昌平監督の『楢山節考』（緒形拳）が受賞した。

この『羅生門』は大映の永田雅一社長が「難解だ」と不快感を示し、黒澤監督も知らないうちにベネチアに出品された。受賞の知らせを聞いて永田は手の平を返したように自分本作の面白さは真相をあれこれ推論することだが、偶然がもたらす運命の皮肉にも目を向けたい。多襄丸は蒸し暑い道端で休んでいるとき一陣の風を受けて目を開き、馬上の妻を目撃。劣情を催して犯行に及んだ。欧州文学風にいえばカミユの『異邦人』で主人公が語ったセリフ「太陽が眩しかったから」だろうか。被害者の立場で考えれば、人間はほんのささいなことで地獄に突き落とされるということ。

小説は武士の霊が、胸に刺さった短刀を何者かが抜いたと明かして終わるが、黒澤監督はここに一場面を追加した。樵が後出しのように語る話では、男どもは女の言いなりになって殺し合ったという。この新たな証言によって多襄丸と武士の斬り合いという活劇の要素が加わり、謎解きの面白さがさらに増した。しかも女が怒りに震えながらたきつけた死闘である。妻の顔が連合赤軍リンチ事件の永田洋子に見えてくる。

作品から漂うのは女の二面性だ。一部のＤＶＤのパッケージにも使われた決めカットには京マチ子の顔が半分しか写っていない。これは女の中に陰の顔が存在することを象徴しているのではないだろうか。

京マチ子が高貴な美女に見えたり、フグのような顔の醜女に見えたりと表情を変え、慟哭し哄笑する。宮川一夫の滑るようなカメラワークも見事。本作を見ずに日本映画は語れない。

（16年10月13日掲載）

の手柄にし、黒澤をあきれさせたという逸話が残っている。

大映京都撮影所につくられた羅生門のセットは横幅33㍍、高さ20㍍もあり、黒澤もビックリするほど大規模なものとなった。冒頭から豪雨が門を叩くが、これは放水車を使ったもの。単に透明の水を流すだけでは迫力が出ないため、水に大量の墨を混ぜて降らせた話は有名だ。黒澤はこの技法を『七人の侍』の雨の中の斬り合いでも使っている。

羅生門（角川エンタテインメント）

蟻地獄にとらわれた男の幸と不幸

砂の女

1964年　勅使河原宏監督

安部公房の難解な小説を映画化した。

学校教師の男（岡田英次）が昆虫採集の一人旅に出かけて砂丘の村を訪れ、家族と死に別れた女（岸田今日子）の家に宿泊する。女は家の周りの砂をかき集め、村人が砂を引き上げる作業をしている。家は砂の壁に囲まれ、蟻地獄のような穴の底にあるため縄ばしごなしでは外に出られない。

翌朝、男は出ていこうとするが縄ばしごがない。そこで自分がとらわれたと気づく。彼は女に毒づきながらも砂かき作業を手伝い、女とねんごろな関係になる。その一方でロープを使って脱出に成功。しかし底なし沼にはまり、村人によって連れ戻されるのだった。

「帰りたいけど帰れない」の不条理劇。女は黙々と働き、男は逃げたがるという対比や、男の体に触れて悶える岸田の演技など見どころ満載。眠っている女の裸体に汗がにじんでいる光景が妙になまめかしい。村の男たちは当たり前のように男を捕まえ、ときに男女の行為を言葉にして下品な笑いを浴びせる。他人の自由を奪い、労働させることに罪悪感のかけらもない。実に

【蛇足ながら】

京マチ子と若尾文子の競い合う美しき乳輪

本作の監督を務めた勅使河原宏は草月流三代目の家元。本作の他に『他人の顔』（1966年）、『燃えつきた地図』（68年）などの安部公房の小説を映画化している。

注目は『他人の顔』。爆発事故で顔を失った男が特殊なプラスチックで顔を作り、他人に成りすますというストーリーだ。男を仲代達矢が、その妻を京マチ子が演じた。終盤で濡れ場が盛り込まれ、京マチ子がベッドで艶《あで》やかなる乳房を披露した。

京マチ子は24年生まれだから、このとき42歳。『雨月物語』『地獄門』などの国際的な賞を受けた作品に出演したトップ女優が四十路でヌードを披露とは見上げた女優魂。今でこそ売れっ子女優が裸になるのは珍しいことではないが、当時はかなりの

不思議な世界だ。加えて砂丘が自然に崩壊していく映像と武満徹の前衛的な音楽が素晴らしい。そもそも昆虫を捕まえにきて自分が捕まるとは皮肉な話だ。これが男が女を捕まえる話だったら『コレクター』（１９６５年、ウイリアム・ワイラー監督）のような猟奇映画になるだろう。

文学史上の名作をおいそれと解説できないが、観客が本作に引き込まれるのは女の「最初の日からじゃ悪いから」というセリフで男が罠にはまったことをじわじわ感じるからだ。人が砂に支配されている。女の家がつぶれれば隣の家も埋もれてしまう。だから無言で砂をかき出す。それも通りすがりの男をだまして手伝わせる。中世ヨーロッパでは浮浪の男女を捕まえてしばらくの間おいしい食べ物を与え、年に1度の祭礼のとき神へのいけにえとして断崖から突き落とした。本作の男女は砂への人身御供のようだ。

ネタバレになるが、底なし沼から生還した男は脱出のためにカラスの捕獲を試し、砂に埋めた樽に水が湧くことに気づく。湧水の実験に没頭する彼はもう逃げ出す気はない。自由を奪われながら新たな研究に満足するとは悲しい結末だが、案外これが人間の幸福かも。仕事や人間関係に倦んだサラリーマンにとっては、しがらみから解放され、優しく尽くしてくれる女と狭い世界で暮らすのも悪くない。そう考えると、あり地獄が楽園のようにも感じられるのだ。

（17年7月26日掲載）

覚悟が必要だっただろう。

ちなみに若尾文子も映画で乳房を露わにしたことがある。60年公開の『安珍と清姫』（島耕二監督）だ。若尾扮する清姫が若き修行僧・安珍（市川雷蔵）が自分の美貌に目もくれず修行に没頭しようとすることに不満を抱き、誘惑するストーリー。露天風呂の場面で、若尾の2つの乳輪が浮びあがる。この映画の若尾の美しさは特筆もの。また、文語調のセリフも素晴らしい。脚本は小国英雄である。

砂の女（パイニアＬＤＣ）

虐待坊主はどこに消えた？

雁の寺

―1962年　川島雄三監督

原作は水上勉の直木賞受賞作。幼少期に寺に預けられてつらい思いをした水上の実体験をもとに書かれた。

1933（昭和8）年、京都の寺「孤峯庵」の住職・慈海（三島雅夫）は老死した日本画家の愛人の里子（若尾文子）を内縁の妻に迎える。寺には慈念（高見国一）という13歳の小坊主がいて、彼は自分の出自を知られるのを恐れている。横暴な慈海は慈念が一度寝坊しただけで、彼の手に縄を結び、寝床から引っ張って呼びつける。里子は慈念に同情し体を与えてしまう。

檀家の一軒に死者が出た日、慈海が行方不明に。慈念によれば、慈海は雲水の旅に出たという。そこで若き慈念が葬儀を取り仕切るのだが……。

一種のミステリー映画だ。慈海はどこに消えたのか。その謎を観客はドキドキしながら見つめる。慈海は里子にのめり込み、色狂いのように若い肉体を執拗に求める。慈念の返事が気にくわないと平手打ちにし、托鉢で手にした食べ物すら分け与えない。正真正銘の破戒僧だ。

里子は貧しい母から、家に帰ってきたら困ると釘をさされる。一方の慈念

【蛇足ながら】

昔の監督がネクタイ姿だったワケ

川島雄三監督の助手を務めた今村昌平によると、川島は酒好きで、早く飲みたい一心からどんな大事な撮影中でも「ここで終りにしよう」と切り上げた。飲み方も豪快だった。

「川島さんは泥酔するまでよく飲み、誰彼かまわず絡む人でもあった。酔うと一人では帰れない。家まで私が担いでいった。『生きることは恥ずかしいことです』という言葉は彼の口癖の一つだったが、映画でも実生活でも、自分で築いたものをわざとぶち壊す破滅型の一面があり、その弱さや矛盾も人を引きつける魅力であった。実際、女性によくもてた」（今村昌平「映画は狂気の旅である」日本経済新聞社）

川島はおしゃれな人物だった。服装に合わせて腕時計の金具の色を選んでいたほどで、スーツにネクタイ

は物乞いの女が産んだ捨て子だった。母親に見捨てられた男女2人が悪僧の世話になっている三角関係。だから三十女は少年に心を寄せるのだ。その結果、すべてが終わったとき、旅装束の慈念を里子は追いかける。住職の失踪で気弱になり、思春期の少年から離れられなくなった女心が不可思議だ。

謎はもうひとつある。結末は白黒から一転してカラーになり、公開時の62年に時代が移る。現場の寺に観光客が押し寄せ、小沢昭一扮する案内人が観光客を相手に軽妙なしゃべりを披露。原作にないこの場面は、何を意味するのか。

お叱りを覚悟で勝手に深読みすると、小沢昭一は成長した慈念ではないか。そう思える情報もある。本作の助監督を務めた湯浅憲明は、この場面で居眠りをしている売店の老女は川島監督の意向で若尾文子によく似た女優が選ばれたと明かしている。

慈海が消えた寺に里子が残ったのなら、慈念がいても不自然ではない。偶然なのか、慈念と小沢昭一は顔の同じところにホクロがある。陰気な慈念が30年を経て素っ頓狂な人間に生まれ変わったのなら、まことに面白い。人間が大変身することは同窓会などで見かけることもしばしばだ。

ちなみに川島は本作の翌年、45歳で死去。あのカラー映像が何を意味したのかという種明かしをしないまま逝ってしまった。（18年11月7日掲載）

で撮影現場に来ることも。

大島渚監督の関係者は、「大島も背広にネクタイが標準だった」とこう説明してくれた。

「撮影で現地のエキストラを監督が怒鳴ることがある。自分の父親がだらしない恰好の男に注意されるのを息子が見たら悲しくなるだろ。だから、せめて服装はしっかりしておく。それが昔の監督の美学だった」

古き良きダンディズムか。

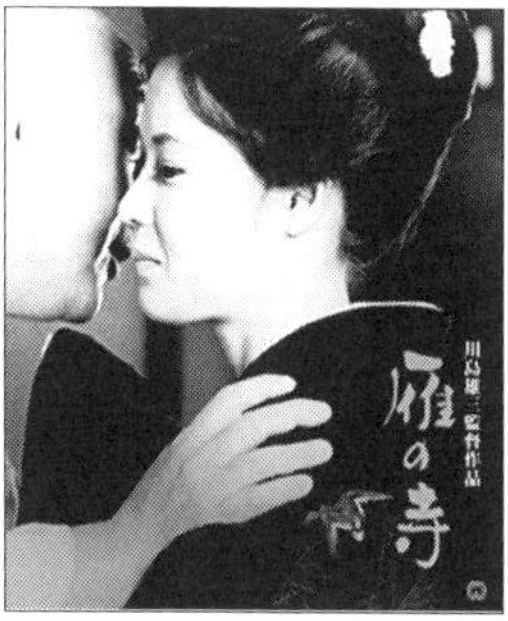

雁の寺（KADOKAWA）

女の道よ、なぜ哀し

女が階段を上る時

1960年　成瀬巳喜男監督

東京・銀座でバーの雇われママをしている圭子（高峰秀子）は東洋人のオーナーに業績不振を責められる。彼女はコンサルタントの美濃部（小沢栄太郎）から、自分の店にいたユリ（淡路恵子）が開いたバーの繁盛ぶりを聞かされ、その店を見学。美濃部のゴルフの誘いを断ったためオーナーの反感を買い、別の店に移籍することに。だが前の店の未回収金が重荷として残っている。

圭子は31歳。ここらで店を持ちたい。自分を水商売にスカウトしたマネジャーの小松（仲代達矢）とともにあちこちの店舗物件を見学し手ごろな店を見つけたが、ストレスで体調が悪化。胃潰瘍で吐血するのだった。

大ざっぱに言うとカネが絡んだ男女のせめぎ合いのドラマだ。圭子に客を紹介して欲しいと頼まれた美濃部は見返りに1泊旅行を要求してくる。大阪の実業家・郷田（中村鴈治郎）は圭子を応援しているように見せながら、実はあからさまな欲望に満ちている。投宿しているホテルに呼び、現金を突きつけて体を求める。女給の純子は客から札束入りのカバンを預かり、だまさ

【蛇足ながら】

菊島脚本の姉妹編「女が愛して憎むとき」

本作には姉妹編がある。同じ菊島隆三が脚本を書いた「女が愛して憎むとき」だ。舞台は大阪・北新地。バーを営む敏子（若尾文子）と尾関（田宮二郎）という妻子持ちの男との愛憎の物語だ。

敏子に恋人がいるのではないかと訝《いぶか》る客たちの好色な視線、カネの無心をする元夫、女たちの羨望と嫉妬など人間模様はドロドロ。「美人のマダムは成功しない」「マダムは客の共有物」という教訓は今も夜の接客業のセオリーだろう。

銀座の女たちを描いた「夜の蝶」（1957年、吉村公三郎監督）はこんなナレーションで始まる。

「日本の首都・東京の夜の顔です。人口800万。8000万人の10分の1がここにひしめき合っている。」

れそうになる。カネに固執する純子は金持ちの郷田に取り入ろうと色目を使う。

　ユリはスポンサーから借金返済を迫られたため腹いせのつもりで狂言自殺を試みるも、睡眠薬の量を誤って死亡してしまう。彼女の母親は娘が残した借金の肩代わりを要求される。佃島にある圭子の実家の困窮ぶりも描かれ、兄の子供が障害に苦しんでいることなど、華やかな世界の裏側の惨めな現実が次々と露呈する。

　高峰秀子は独特のはすっぱなしゃべりで圭子を演じる。圭子は毎夜、憂鬱を背負って店の階段を上り、そのたびに切ない独り言をつぶやく。未亡人の彼女は「客に惚れない」「体を許さない」という条件を自分に課しているが、心細さを覚えたとき見栄えは良くないが心優しい男に運命を託そうとする。

　だが現実は残酷だ。幸せはうなぎのようにするりと手から逃れ、背びれを見せて泳ぎ去る。圭子は現実をかみ締めて見送るしかない。

　最後までぐいぐい引き込まれるが、小松が圭子に告白するくだりは必要なかった。彼は水商売を熟知したＡＩ（人工知能）のように怜悧に振る舞うべきだった。ただ、ラストの10秒はさすがだ。観客は圭子の表情に救われる。やはり成瀬監督はエンディングがうまい。

（17年10月11日掲載）

盛り場のナンバーワンはもちろん銀座。この一角に２００軒の酒場がある。坪当たりの権利金40万円以上。それでも商売は成り立つ。原価１２５円のビールがここでは４００円。この中に１００円のサービス料と38円の税金といくらかの儲けが含まれる。そのサービス料で生活している女給たち。銀座に５０００人はいる。容貌さえ良ければ１カ月４万円の収入も珍しくはない」

　厚労省のデータによる、58年のサラリーマンの平均月給は１万６６０８円。４万円は高給だった。

女が階段を上る時（東宝）

運命の出会いのため結婚は繰り返していい

山桜

2008年　篠原哲雄監督

藤沢周平の時代小説を映画化。

北国の小藩に暮らす野江（田中麗奈）は前夫に先立たれ、今は磯村という武家に嫁いでいる。この家の義父は貸金を営んで苛烈な取り立てをしている上に、諏訪（村井國夫）という重臣に取り入ってさらに私腹を肥やそうとしていた。

ある日、野江は墓参りの帰りに手塚弥一郎（東山紀之）という武士に山桜の一枝を手折《たお》ってもらい、「今はお幸せでござろうな」と声をかけられる。実は野江は手塚から縁談を申し込まれながら断った経緯があった。

そんな中、諏訪の圧政によって農民の苦しみは深刻化し、見かねた手塚は諏訪を暗殺。手塚を侮蔑する夫に意見した野江は離縁され、手塚の母（富司純子）を訪ねるのだった

原作はわずか21ページの短編。野江と手塚が会うのは一場面だけだが、野江は手塚への思慕を募らせる。そこに農民への圧政が加わった構成だ。

昨今の時代小説、とくに市井《しせい》ものの多くは江戸時代を庶民が生き生きと暮

【ネタバレ注意！】

なぜハッピーエンドなのか？

重臣を誅殺した手塚は赦免されるのか、それとも処刑されるのか。篠原監督はその答えを映像の中に忍ばせている。

ポイントは帰国した藩主が乗っている駕籠だ。一般の時代劇で見かけるような漆塗りの豪華な乗り物ではなく、木肌がむき出しの質素な駕籠が到着する。これは藩主が華美と贅沢を廃し質実を尊ぶ気質である証拠。牢獄の手塚の申し立てに耳を傾け、ハッピーエンドを迎えることを暗示している。

野江と手塚が出会うのは一場面だけ。あとは回想によって野江の気持ちが表現されている。手塚がしゃべるのもこの場面のみで、手塚の母を訪ねた野江にもこれといったセリフがない。言葉を極力省略したため、観客に登場人物の気持ちを想像させ

らすパラダイスに描いているが、現実の農民は年貢と労役に苦しめられていた。東京・目黒の権之助坂の名はこの地の名主・菅沼権之助に由来する。元禄時代、貧しい農民のために年貢軽減を願い出た権之助はお上の怒りを買い、磔刑《たっけい》に処せられた。天保8年（1837）には大坂で町奉行与力だった大塩平八郎が民衆とともに蜂起、鎮圧されて自爆死している。

本作の手塚は大塩のような存在だ。わが身を顧みず悪政の巨魁を成敗した。野江はその姿に感じ入り、婚家に見切りをつけた。自分の真の伴侶は手塚なのだと気づいたとき、その男が罪人となっていたという皮肉。

それでも野江は勇気を振るって閉門中の手塚家を訪ね、その母と親しむ。母は息子が野江に好意を寄せていたことに気づいており、「あなたを心待ちにしておりました」と手を取って迎え入れる。

そこにあるのは、人は一度の結婚では幸せに巡り合えないのかも知れないという教訓だ。野江のように数度の試みによって、運命の人を見つけることもある。それは現代の男と女も同じだろう。

映画のラストで藩主が江戸から帰国する。賢君であれば手塚を許すだろうが、ジャーナリスト殺害疑惑のムハンマド皇太子であれば処刑するだろう。観客の思いが幸と不幸で揺れる中、野江と手塚を引き合わせた山桜は、今年も美しく咲き誇っているのだった。

（18年12月26日掲載）

る効果が生じた。

嫁ぎ先の磯村の義母は野江に露骨な嫌味を言い、夫は刀を向ける。彼らを大げさなほど悪役に仕立てた筋書きが農民の幼い娘の病死と相まって、江戸時代の「不条理」を突きつけてくる。そのため野江と手塚の行動の正当性が際立った。

本作は無言で惹かれ合う男女がともに目の前の壁を打ち破るストーリー。ラストの一青窈の歌にセリフがなかったら完璧だった。惜しい。

山桜（バンダイナムコアーツ）

死ぬ女は美しい

近松物語

1954年　溝口健二監督

近松門左衛門の『大経師昔暦《だいきょうじむかしごよみ》』を『雨月物語』の溝口監督が映画化した。

京都の大経師以春《いしゅん》（進藤英太郎）の店で働く腕利き職人の茂兵衛《もへえ》（長谷川一夫）は、以春の若妻おさん（香川京子）から金銭の相談を受ける。おさんは実家の兄が借金の利子の支払いに困っているため、夫の以春に頼んだが、にべもなく拒絶されたのだ。忠誠心の篤い茂兵衛はおさんのために店の印判を使ってカネを調達しようとする。取引先から借りた形にしていずれ返しておこうと考えたのだが、運悪く手代の助右衛門（小沢栄太郎）に目撃されてしまう。

茂兵衛は助右衛門に対して印判を使ったことを素直に諦め、あらためて以春にカネの融通を頼むが激怒され、底意地の悪い助右衛門の告げ口によって納屋に監禁される。納屋を抜け出し、おさんに別れを告げる茂兵衛。その姿を助右衛門に目撃され、間男の疑いを掛けられたため逃走する。おさんも家を飛び出し、路上で遭遇した茂兵衛に実家に戻りたくないという。かくして逃避行が始まるのだった。

【蛇足ながら】

不義密通は重ねて四つに斬る

江戸時代、不義密通は大罪で、「姦夫姦婦を重ねて四つに斬る」などと言った。浮気をした妻と間男が上下に重なっているところを大刀でまっぷたつ。4体にばらけるとの意味だ。

武士などが妻に浮気された場合は、密通した妻を殺した上で相手の間男を斬ることによって面目が保たれるとされた。これを「女敵討《めがたきうち》」と呼ぶ。

映画では近松門左衛門の『鑓《やり》の権三《ごんざ》重帷子《かさねかたびら》』をもとにした『鑓の権三』（1986年、篠田正浩監督）。出雲国松江藩の鑓の名人で美男の笹野権三（郷ひろみ）が江戸に単身赴任中、浅香市之進の妻おさゐ（岩下志麻）に茶道の伝授を請い、2人が深夜に揉めているところを同僚に目撃されて悲劇の逃避行となる。

『夜の鼓』は58年に今井正監督が撮

冒頭の若い男女が処刑前に裸馬で引き回しにされる姿が物語のテーマを暗示している。封建時代は奉公人が主人の妻と関係するような不義密通を犯しただけで2人とも死罪になった。今の日本だったら多くの国民が磔《はりつけ》にされるだろう。

茂兵衛をみれば、男にはあまたの敵がいることが分かる。吝嗇家《りんしょくか》の以春は妾にしようとした女中に袖にされ、その女中が茂兵衛に惚れていたため彼を恨む。助右衛門は自分の出世のための得点稼ぎとして仲間を平気で讒訴《ざんそ》した。茂兵衛はおさんを見捨てることができず、彼女の付き添いをして深みにはまる。「なあ茂兵衛、人の運ほど分からんものはないなあ」と、おさんは嘆く。

そのとおりだ。善意の行動が命取りになることは現代のサラリーマンも同じ。助右衛門のように他人の足を引っ張って出世を狙う恥知らずがどこの職場にもいる。いつの時代も正直者は馬鹿をみるのだ。

見どころは茂兵衛とおさんが舟から身投げしようとする場面。茂兵衛の口から恋慕の告白を聞いたおさんは「死ぬのは嫌や。生きていたい」とすがりつく。政略結婚の人身御供《ひとみごくう》だった女は初めて純愛を味わい、生への執着にかられる。人間の愛と性の葛藤が生々しい。その結果、悲劇のラストとなるが、最期を迎えるおさんの顔は実に晴れやかだ。土壇場に女の幸福を見いだす不条理。このシーンの香川京子は美しくも、恐ろしい。

（17年10月25日掲載）

った作品で、こちらも原作者は近松門左衛門（「堀川波鼓《ほりかわなみのつづみ》」）。鳥取藩の武士・小倉彦九郎（三國連太郎）が江戸詰めを終えて帰国し、妻のお種（有馬稲子）が宮地源右衛門（森雅之）という鼓師と不義密通を犯したと知る。お種は否定するが、噂の出どころを探り当てて再び迫ると、今度は覚悟の上ですべてを告白するのだった。いずれも女性の立場が弱かった時代ならでは不条理な物語である。

近松物語（KADOKAWA）

強風の夜に残したフーテンの無念

男はつらいよ　寅次郎恋唄

1971年　山田洋次監督

昔は年末になると『男はつらいよ』のテレビCMが流れたが、1996年に渥美清が68歳で亡くなってからそれも終わった。本作はシリーズ第8作。マドンナは池内淳子だ。

寅次郎の妹・さくら（倍賞千恵子）の夫・博（前田吟）は「母危篤」の知らせを受けて岡山に帰省。母は死去し、葬儀の弔問に寅次郎が現れる。葬儀後も寅次郎は町に留まり、博の父の飈一郎《ひょういちろう》（志村喬）の家に居候暮らし。飈一郎から「人間は運命に逆らってはいけない」と諭されて柴又に戻り、喫茶店を経営する未亡人の貴子（池内）に一目惚れするのだった。

物語のテーマは「旅」だ。博は父に向かって亡き母が大型客船で外国に行ってみたかったが、結婚でそれを諦めたことを明かす。飈一郎は寅次郎に、かつて信州に旅したとき、食事中の農家の家族団欒を垣間見て「これが本当の人間の生活だ」と涙を流した体験を語る。その姿は学究生活を続けてきた自分の半生を悔いているようでもある。貴子は女学生のころ、貧しい旅役者と結婚して苦労しながら田舎を回る暮らしを夢みたという。みんな旅に憧れ

【蛇足ながら】

家族だけの寂しい葬儀だった

渥美清（本名・田所康雄）が亡くなったのは1996年8月4日。享年68だった。死去の事実は3日後の8月7日に松竹から発表された。当時はまだ医療機関が患者の個人情報を秘匿するという意識が希薄だったため、渥美が入院した順天堂大学医学部の付属病院から情報が漏れなかったことにマスコミは感心させられた。

渥美の葬儀は近親者だけで執り行われ、遺体は東京・荒川区の町屋斎場で荼毘にふされた。国民的スターの訃報に世間がショックを受け、報道が加熱する中、筆者はかつて東映の女優だった人から「私、渥美さんのお葬式を目撃したわよ」との連絡を受けた。

渥美が荼毘にふされた当日、彼女は町屋斎場で知人の葬儀に参列。火

ているのだ。

劇中で飄一郎の「庭一面に咲いたりんどうの花。明々と明かりのついた茶の間で賑やかに食事する家族」の話が幾度も語られ、寅次郎はその情景を思い描いて結婚願望を強める。「苦労したかった」という貴子はおそらく恵まれた家庭に育ったのだろう。だから旅先で「お腹がぺこぺこ」になるほどのひもじい思いをしてみたかった。だがお嬢様育ちの素人商売がうまくいくはずもない。そのことが寅次郎との別れにつながる。

「男はつらいよ」は寅次郎がマドンナに惚れ、二枚目男が現れてトンビに油揚げの要領でかっさらっていくのがいつものパターンだが、本作は趣が異なる。金策に悩む貴子を助けるべく寅次郎は商売に励み、「持ってけ泥棒」と古本を売ろうとするものの、警官に職質されたりでさっぱり稼げない。その夜、りんどうの鉢植えを携えて貴子を訪ね、自分の不甲斐なさをかみしめつつ、風に誘われるように柴又を去っていく。

貴子との出会いを運命と受け止めたが、その日暮らしのフーテンに春は巡ってこなかった。「お兄ちゃん」と引き留めるさくらに「また振られちゃったよ」と笑う寅次郎の後ろ姿が胸にしみる。夜の町を吹き抜ける風の音が、男の無念さを際立たせるのだった。

（15年12月16日掲載）

葬のとき、離れたところに母とその息子ら数人で死者を見送る家族を目にした。祭壇の名前は「田所」と掲出されていた。彼女は経営するスナックの常連客に田所という人物がいたため気になって、しばらくその家族を見ていたという。

「数人で見送るなんて、ずいぶん寂しいお葬式ねと思ったけど、実は渥美さんの遺体を荼毘にふしたのね」

彼女は芸能人と幅広い人脈を持っているが、渥美の葬儀の目撃者になったことで珍しく興奮していた。

男はつらいよ　寅次郎恋歌（松竹）

昏睡レイプ魔は内田裕也の原点か

水のないプール

1982年　若松孝二監督

先日亡くなった内田裕也が本格的な映画出演を果たした作品。実際の事件をドラマ化した。中村れい子の裸体が美しい。

地下鉄職員の男（内田）は夜の公園でじゅん（MIE）をレイプ魔から助け、謎めいた女みく（浅岡朱美）によって水のないプールに導かれる。ある日、男は昆虫採集の注射器で女性を眠らせることを思いつき、中学の理科教師のふりをして薬局でクロロホルムを入手。じゅんの部屋の窓から注入して実験に成功する。男は以前から目をつけていたウエートレスのねりか（中村）を眠らせて肉体をもてあそぶ。味をしめた男は他の女性たちも次々と毒牙にかけるが、ねりかの部屋で防塵マスクを外して昏睡してしまうのだった……。

男が行ったのは悪質な強姦行為。今この映画を作ったら女性団体などから抗議を受けるだろう。それでも本作に引きつけられるのは男とねりかの間に連帯感が生じるからだ。彼女は朝目覚めたときに自分の股間を触って誰かにいたずらされたと意識する。だが侵入者は彼女に朝食と紅茶を用意。同じこ

【蛇足ながら】

中村れい子の和姦場面

本作のモデルになったのが1980年に宮城県仙台市で起きた「仙台クロロホルム連続暴行魔事件」。映画では窓から室内にクロロホルムを注入しているが、実際は鍵穴からだった。

本作の翌年に内田裕也が主演したのが『十階のモスキート』。こちらも実際に起きた元警官による強盗事件がモデルだ。内田扮する現職警官は昇進試験に落ち、別れた妻には養育費と慰謝料を払えと迫られ、カネに困って競艇で稼ごうとするが、ことごとく読みが外れたためサラ金に駆け込む。その返済に追われてあちこちの金融業者から借りまくる。

そんなおり高校生の娘が友だちを連れてカネの無心に。この生意気娘を演じるのが当時アイドルだった小泉今日子。やがて借金漬けになった

とが続くうちに、ねりかは幼女のような笑みを浮かべ、男の到来を待つようになる。一方、男もねりかへの気持ちを強め、風呂掃除や洗濯まで始める。

こうして眠れる美女とレイプ魔の間を疑似的な恋愛感情が流れていく。男は独占欲も発揮。デート中のねりかを尾行し、映画館のトイレで恋人の顔を便器の中に押し込んで脅す。この恋人の職業が笑わせてくれる。

もちろん実際の被害女性が犯人に心を寄せるわけがない。本作はねりかの淡い喜びを含めて男の願望を物語化しただけだ。お叱りを覚悟で言うなら「男のメルヘン」。90年代に出現した「夜這いプレー風俗」はこうした願望の具現化だった。

内田裕也は「自分は何でもできる。許される」という全能感を漂わせた人で、「ロケンロール」を繰り返しては都知事選に出たり政治の現場を見学したりした。本作の男はヒトラーを思わせる制服の警備会社社長（原田芳雄）の大言壮語を聞いて犯行に向かう。眠らせた女性をハーレムのように支配し、「町を守っている」と妻に宣言。罪の意識はない。これもまた全能感。作中の男がリアル世界の内田本人に乗り移ったようだ。

男がプールの中で寝そべり、舌を出すラストはその後の内田裕也の方向性を暗示している。赤い舌で「これからも世の中を引っかき回してやる」と挑発しているのだろう。

（19年4月3日掲載）

主人公が暴走するのだった。

一人の人間が借金や元妻、上司との関係で追い詰められていく過程を描いている。終盤まで派手なアクションもなく、警官の日々を淡々と描いただけだが、実に面白い。『水のないプール』では内田から一方的な性行為を受けた中村れい子が『十階のモスキート』では和姦の濡れ場を好演。ビートたけしによる予想屋のコミカルな演技も懐かしい。崔洋一の監督デビュー作だ。

水のないプール（ハピネット）

観客を引き込む父と娘の「無言劇」

眉山

2007年　犬童一心監督

原作はさだまさしの同名小説。「しょせん歌手の余技だろ」とくさすなかれ。余技も犬童監督の演出フィルターを通り抜けると一級の映画に昇華されるのだ。

東京の旅行会社に勤める咲子（松嶋菜々子）は四国の徳島に住む母・龍子（宮本信子）の病状を案じて帰郷。担当医の寺澤（大沢たかお）から、母が末期がんであると告げられる。咲子は32年前に龍子が生んだ私生児で、彼女は父親の名前も顔も知らない。

帰省中、咲子は板前の松山（山田辰夫）に呼ばれ、彼が龍子から預かった箱を渡される。咲子は箱を開き、父が東京に住む篠崎（夏八木勲）という人物と知るのだった……。

主人公は不倫愛で生まれた私生児で母は重病。そこに青年医師とのロマンスが加わる昼メロさながらの展開。しかも龍子は威勢よくタンカを切る江戸っ子と、原作も映画も芝居くささがいささか気になるが、それでも魅力的な作品だ。

【蛇足ながら】

累積赤字4億3000万円の衝撃

映画『眉山』の特徴はこの種のドラマにありがちな湿っぽさがないことだ。母親の龍子はどこかがらっぱちな雰囲気で、身重の自分と別れて妻の元に戻った篠崎を恨むことなく、爽やかな笑顔をスクリーンに振りまく。だから観客は彼女の人生の悲劇性に陰うつさを感じず、晴れやかな気分で劇場を出ることができる。龍子の飄々としたキャラづくりが重要なポイントであり、宮本信子の演技力が最大限に生かされたと言える。

日本の夏の風物詩である阿波おどりに近年、暗い影が差している。2017年、累積赤字が4億3000万円と報じられたのだ。毎年100万人の観光客を集めているというのに、その内実は火の車。しかも観光協会の会長が市長を公務員職権乱用罪などで徳島地検に告発状を提出す見どころは終盤の阿波おどり大会だ。衰弱した龍子が病院の許可を得て踊りを見学し、その会場に篠崎が現れる。市民が練り歩く流れを挟んで父と母は30年ぶりに互いを見つめる。「お父さん」と叫んだ娘は人々の奔流の中に立ちすくみ、無言の両親を交互に振り返る。犬童監督は人の流れを天の川として演出した。織女も彦星も目で語るだけ。見事な無言劇だ。

原作にはないが、映画は中盤に咲子と篠崎の対面シーンを設けている。篠崎は小さな医院を営む開業医で、咲子は患者として訪ねる。ここでも父と娘は名乗らず、沈黙の中で互いの愛情を確かめ合う。夏八木の演技が冴える。

最近の日本映画は登場人物に号泣させ、大声でわめかせる。それも鼻水まじりで。プロデューサーも監督も役者を演技過剰にすれば観客が感動すると妄信しているわけだ。この傾向は長らく続いている。

一方、本作は余計な言葉を封じることによって、観客が父と母、娘の心情に思いを寄せる効果を生んだ。だから篠崎と別れなければならなかった龍子の気持ちや対面する父娘の胸の内が痛いほど分かる。これぞ映画である。チープな涙はテレビドラマに任せておけばいいのだ。

ただし「不倫は許されない」との観点から本作を否定する人がいるのも事実。彼ら・彼女らは「感情移入できない」とはねつける。「不倫は文化だ」と思うのだが……。

（15年11月4日掲載）

る騒動も起きた。

18年は阿波おどりのハイライトである「総踊り」が実行委員会の判断で中止になった。これに対して中止を不服とする有志1500人が路上で総踊りを強行する騒ぎも。誰かが阿波おどりで利益を受け、その結果、大赤字を生み出した。アジア太平洋戦争のように、みんなでワイワイやっていたら抜き差しならぬ事態に陥ったということか。

眉山（東宝）

ダメ男と深情けの女、「相互依存」の悲喜劇

洲崎パラダイス 赤信号

―1956年 川島雄三監督

舞台は「洲崎パラダイス」と呼ばれた東京の色街。酌婦上がりの蔦枝《つたえ》（新珠三千代）と無職の義治《よしじ》（三橋達也）は40円のタバコを買い、釣銭の60円が全財産の流れ者カップルだ。2人は色街の入り口にある一杯飲み屋にふらりと入り、蔦枝は主人のお徳（轟夕起子）に頼んでこの店で働き始める。義治はお徳の口利きで近所のそば屋に住み込みで雇ってもらい、店員の玉子（芦川いづみ）は彼に興味津々だ。

そんな中、蔦枝はラジオ商の客に見初められたため、頼りない義治を見限ってドロン。ラジオ商の愛人になる。置き去りにされた義治は雨の中、狂ったように蔦枝を捜し回るのだった。

公開された56年は敗戦後11年。男はたくましくあれとの気風がいまだ強く、「黙って俺についてこい」の強引さが求められた。義治のように女を頼りにする優柔不断な男は少数派だった。世間がこうした男に寛大になったのは、大地真央が12歳年下の男性と結婚した2007年以降だろうか。そのあたりから年上女性に甘えたがる男が市民権を得た感がある。当たり前の話だが、

【蛇足ながら】

ヒモは「別れてくれ」で女をその気にさせる

恥ずかしながら、筆者は本作をDVDでしか見たことがなかった。そのため2016年6月に「飯田橋ギンレイホール」のオールナイト上映で鑑賞する機会に恵まれたときは少しびっくりした。大画面で見たことで蔦枝が笑うときの微妙な表情がスクリーンに浮かび上がってきたのだ。

とくに終盤の土砂降りの夜に交番で義治と再会する場面。蔦枝の目と唇が小悪魔のように動いて微笑みかけ、義治を誘っている。やはり映画は劇場で見ないと演技の細部が分からないと痛感させられた。それにしても新珠の表現力はすごい。大女優と呼ぶべきだ。

おそらく義治と蔦枝は別れることができず、義治はこの先もヒモのような人生を送るのだろう。

本作の封切りのころは草食系男子という概念も存在しなかった。

作品に流れるのは人間の「相互依存」だ。駄目男の義治は勝ち気な性格の蔦枝を諦めきれない。彼が蔦枝を「パンパン」呼ばわりしたお徳に逆上したのはわが身の不甲斐なさを噛みしめている証拠だ。一方、蔦枝も義治が気になってしょうがない。

常連の年増の娼婦はこの町から抜け出しながら舞い戻ってきた理由を「男が欲しくなったから」と説明。お徳は若い娼婦と駆け落ちした亭主の帰りを待っている。亭主は妻子の元に戻るが、捨てられた娼婦が意趣返しをするなど、男と女の依存の連鎖が続く。

結末は人間の腐れ縁の妙を表している。義治は蔦枝を諦めてそば屋で真面目に働き始めた。そのままいけば玉子といい関係になり、ゆくゆくは2人でそば屋を開業したかもしれない。だが蔦枝が戻ってきたため彼の独り立ちの目は消えた。義治より蔦枝のほうが依存心が強いと考えていい。

別れたいけど別れられないのが人間の性《さが》であり、この時代の女は情が深かったともいえる。新珠の客あしらいのうまさ、芦川いづみの可憐さ、小沢昭一のすっとんきょうな出前持ちも本作の魅力だ。

洲崎パラダイスは現在の東陽町駅付近にあった。地元の人によるとかつて20軒前後の遊郭があり、娼婦は純情で優しかったという。（16年6月15日掲載）

先日、知り合いのライターから「ヒモは自分から別れを切り出す」という話を聞いた。「俺みたいな甲斐性なしの男に関わってると、おまえは人生を棒に振ってしまう」と言われるほど、女性は情にほだされて「何言ってるの。あんたくらい私が働いて食べさせてあげる」と面倒をみる気になるそうだ。情婦に捨てられたら餓死するしかない切羽詰まったヒモほど「別れよう作戦」を使うという。女はしつこい男を嫌い、身を引こうとする男に引き寄せられるらしい。

洲崎パラダイス 赤信号（日活）

その他の名作

ジョゼと虎と魚たち
（2003年　犬童一心監督）

主人公は大学生の恒夫（妻夫木聡）と自分をジョゼと呼ぶ歩行困難のくみ子（池脇千鶴）。2人は路上で出会い、恒夫はジョゼと祖母の貧しい家に招かれる。彼はジョゼの食事のおいしさに引かれて深い仲に。恒夫の恋人の香苗（上野樹里）は嫉妬にかられ、乳母車に乗ったジョゼを平手打ちするのだ。

原作は田辺聖子の短編小説。恒夫とジョゼは動物園と水族館を見学し、ジョゼは幸せな眠りにつく。一方、映画は新たに香苗を登場させるなど大幅に改編。結末はほろ苦いバッドエンドだ。本作を「健常者が障害者を捨てた」と批判する声もあるが、物語から立ち上るのは人間の「心変わり」だ。恒夫はジョゼを愛していたが、途中で自信を失う。障害者用トイレで彼女にすがりつく姿はその葛藤を表している。

好きだけど別れた――。誰でもこんな経験があるだろう。男は別れた女の笑顔を思い出して自責の念にかられるもの。だから恒夫は香苗の前で泣き崩れた。悪意はなくても現実は忍び寄り、人は後悔に追い詰められる。「ウチはあんたと一番エッチなことをするために海の底から泳いできた」というジョゼは独りきりになり、今日も気丈に魚を焼くのだ。

素敵な人生のはじめ方
（2006年　ブラッド・シルバーリング監督）

映画出演から遠ざかっている有名俳優（モーガン・フリーマン）が新作の役作りのために郊外のスーパーを見学する。店内では頭はいいが気の強いスペイン移民の女性店員スカーレット（パス・ベガ）がレジを担当。俳優はスカーレットのクルマで自宅まで送ってもらうが、実は彼女は大手企業の面接試験を控えていた。俳優は彼女に新しい洋服を買い与え、面接のリハーサルを試みるのだった。

他人と打ち解けるのはうまいが久しぶりの映画出演に乗り気でない初老の男。貧しい境遇から抜け出したいと願っている男運の悪い女。どちらも孤独を抱えている。役者の嫌みのない助言によってスカーレットのトゲのある雰囲気が穏やかになるのが見どころだ。人生経験豊富な初老の男が美女のコンプレックスを取っ払い、柔和な笑みを取り戻させた。終盤に流れるポール・サイモンの「ダンカンの歌」、互いを見つめ合うエンディングなど、これぞ大人のドラマである。

夜行列車（1959年　イエジー・カヴァレロヴィッチ監督）

バルト海に向かう夜行列車に人々が乗り込む。サングラスをかけて他人との関わりを避けるイエジー（レオン・ニェムチック）や若いカップル、老弁護士とその妻など。イエジーが2人用の一等個室に入ると、マルタ（ルチーナ・ヴィニエツカ）という美女が座っていた。マルタはある男に切符を譲ってもらったと説明。揉め事を嫌がるイエジーが承諾したことから見知らぬ男女が同室して列車は夜を走り続けるが、まもなく警官が乗り込むのだった。

重厚なモノクロ画面に女性ボーカルの気だるいスキャットが流れる。マルタはイエジーに心を開くが、彼は殺人の疑いをかけられる。彼女は切符を譲ってくれた男を発見し、真犯人ではないかと警官に通報。犯人は野原を逃走し、乗客が総出で逮捕する。

初対面の男女が互いを探り合うのが本作のテーマ。マルタの揺れる恋心に女の情念がにじんでいる。犯人を追いかける群衆に漂う正義感の空々しさ、隣室の多情な人妻と彼女を狙う男たちなど、欺瞞と野次馬根性を乗せた列車は人間社会の縮図。愛欲の誤想を孕《はら》んで、人は時の流れを突き進んでいく。

地獄門（1953年　衣笠貞之助監督）

カンヌ国際映画祭グランプリに輝いた名作。源義朝らが平家の転覆をはかった平治の乱。御所から上西門院を救うため、袈裟《けさ》（京マチ子）という女が身代わりを務める。警護の武者・盛遠《もりとお》（長谷川一夫）はその美しさに魅せられ、論功行賞で褒美に袈裟を所望する。だが袈裟は御所の侍・渡辺渡（山形勲）の妻だ。諦めきれない盛遠は彼女を呼び出し、「自分のものにならなければ夫の渡を殺す」と脅す。承諾した袈裟は盛遠に夫を殺すよう頼むのだった。

　男が他人の妻に懸想《けそう》するのは永遠の文学的テーマ。天智天皇は弟から額田王を奪い、夏目漱石の「それから」の主人公は親友の妻に恋慕した。ダビデ王は兵士ウリヤの妻を妊娠させたあげく彼を最前線で戦死させた。

　本作の盛遠は無法のストーカーだ。袈裟は彼を恐れて夫の身代わりになる覚悟を決めた。「夫に頼んで盛遠を斬ればよかった」との声もあるが、それでは袈裟の心情を理解できない。注目は袈裟が上西門院の身代わりを買って出たこと。敬慕する人物に命がけで尽くすのが彼女の生き方である。また、渡が盛遠を成敗したら武家同士の争いに発展し、渡が不利になるかもしれない。袈裟は無益な闘争を避けるために我が身を犠牲にしたのだと解釈したい。女性の立場が弱い時代だった。

シェルブールの雨傘（1964年　ジャック・ドゥミ監督）

21歳だったカトリーヌ・ドヌーヴの出世作。セリフがすべて歌で構成されたミュージカルで主題曲はあまりにも有名だ。

　1957年、フランスのシェルブールに住む自動車整備工のギイ（ニーノ・カステルヌオーヴォ）とジュヌビエーブ（ドヌーヴ）は結婚を誓い合った仲。だがギイはアルジェリア戦争の召集令状を受けて戦場へ旅立つ。まもなくジュヌビエーブは自分が妊娠していると知って動揺。そんな折、宝石商のカサールが現れ、結婚を申し込む。ジュヌビエーブはギイを慕いながらもカサールと結婚しシェルブールを去る。

　翌年、ギイは帰還したが酒浸りに。だが顔見知りの女性マドレーヌによって立ち直り、彼女と結婚してガソリンスタンドを開業する。数年後のクリスマスの夜に偶然にもジュヌビエーブが給油に立ち寄り、2人は再会する。クルマの助手席には美しい幼女が。彼女の名前は2人が約束した「フランソワーズ」だった……。

バイオレンス&スペクタクル

ウィラードは1945年のマッカーサーか

地獄の黙示録

1979年　フランシス・フォード・コッポラ監督

カンヌ国際映画祭パルムドールを受賞。原案はジョセフ・コンラッドの小説『闇の奥』だ。

1969年夏、ウィラード大尉（マーティン・シーン）はベトナム・サイゴンの情報司令部に呼ばれ、元作戦将校カーツ大佐（マーロン・ブランド）を暗殺せよと命じられる。カーツは伝説的な歴戦の英雄だが、ジャングルの奥地に潜入して消息を絶ち、今は現地の部族を支配しているという。ウィラードは哨戒艇に乗り込み、カーツの王国を目指すのだった。

ウィラードは要人暗殺の経験が豊富な〝殺し屋〟。彼の独白に「欺瞞」という言葉が何度も出てくる。ベトナム戦争を欺瞞と感じている大尉が同じ考えで姿を消した大佐を殺しに行くという皮肉な暗殺話。米国はこの侵略戦争を聖戦としたが、実は「ウソで固めたベトナム戦争」だった。

これまで幾多の研究リポートが発表された。カーツの名は原作の「クルツ」の英語読みで、『ワルキューレの騎行』はヒトラーが好んだワーグナーの曲。M・ブランドが破格の出演料を要求しながらセリフを覚えず肥満体だ

【蛇足ながら】

阿久悠が感じた「人は戦いつづける」

フランシス・フォード・コッポラ監督がベトナム戦争を米国の暴虐ととらえていることは早朝の村への襲撃でわかる。平穏な村に敵機来襲の知らせが届き、子供たちが年長の女の子に手を引かれて避難する。その後に大人たちがバタバタとヘリの攻撃で殺されていく。静から動に転じる変化はベトナム人の平和な暮らしを米国が蹂躙したのだと訴えているようだ。

公開時のパンフレットに著名人の感想が掲載され、2回続けて本作を鑑賞した立花隆は「二晩の孤独な反芻が必要な映画」と評した。

気になったのが作詞家・阿久悠のコメントだ。

「戦争を見た。戦争の恍惚と地獄とを見た。そこに美意識と魅惑と恍惚

ったため、苦肉の策で結末を書き換えた。コッポラは200時間分の映像を撮り、編集で悩んで自殺も考えたなど、さまざまな話が伝わっている。

　見どころは数多いが、有名なのはヘリの軍団が平和な村を襲う場面。従来の戦争映画と違って空と地上をひとつのフレームに写し込むカメラワーク、クラシック曲を響かせて殺戮する心理作戦の非情さが観客を圧倒した。サーフィンを楽しむために村を全滅させるとはいかにもベトナム戦争らしい。

　ラストのカーツ暗殺は公開当時「意味不明」の声があがり、筆者もいまだによく分からない。ただ、公開の10年後にビデオで見て「あれっ？」と思った。カーツを殺して階段を降りてくるウィラードが、45年8月に厚木基地で飛行機「バターン号」のタラップから降り立ったマッカーサーに思えたのだ。ウィラードを迎えた部族民は新王を讃えるように道を開け、次々と武器を放棄していく。一方、マッカーサーの到着で日本は武装解除し、国民から「マッカーサー様、日本の天皇になってください」との声まで沸き起こった。

　コッポラ監督は「この物語は時代を超えて、文明が原始と遭遇するいかなるジャングルにおいてでも起こり得るものだ」と語っている。本作が欧米人から見た原始と文明の出会いであるなら、天皇主権から国民主権に変質した日本人も西洋文明に頭《こうべ》を垂れたことになる。戦前の日本は未開部族だったのか。


（19年8月28日掲載）


が存在する限り、人は戦いつづけるのではないか、と思った」

　作詞界の大御所は戦争を否定や批判するのではなく、人間は闘争への憧憬を放擲《ほうてき》できないと喝破した。昨今の北朝鮮の飛翔体発射によって、日本人の中に「北朝鮮を攻撃せよ」との声が起きた。そこにも阿久悠が言う「美意識と魅惑と恍惚」があるのかもしれない。

地獄の黙示録（KADOKAWA）

「任侠」と「水戸黄門」で描くベトナム帰還兵の疎外感

ランボー

1982年　テッド・コッチェフ監督

仁侠映画と水戸黄門を合体させた作品だ。米国の田舎町を訪ねたランボー（シルベスター・スタローン）が保安官ティーズル（ブライアン・デネヒー）の横暴で逮捕される。ランボーは乱暴を受けても我慢するが、ベトナムの悪夢がよみがえって脱走。山中で反撃するのだった。

理不尽な迫害に耐えた末に爆発するのは健さんでおなじみの任侠映画さながら。元グリーンベレー隊員の身分が判明し、警官をビックリさせるのは水戸黄門に似ている。2つの要素を組み合わせたことがヒットの要因だろう。

グリーンベレーは米陸軍特殊部隊。1人が歩兵200人に相当するという。ハリウッドのタカ派ことジョン・ウェインが主演した『グリーン・ベレー』（1968年）では特殊部隊がベトコンの罠に行く手を阻まれ、隊員が竹やりで全身を刺されて惨死する。

一方、本作はランボーがゲリラ戦で警官を撃退。007のジョーズみたいに絶対に死なないのはやや作り過ぎな気がするが、木の枝で罠を作ったり、麻酔なしで傷口を縫うシーンには「さすがは特殊部隊」とうなってしまう。

【蛇足ながら】

自衛隊はヘビを食べる

本文でも触れたが、ランボーは体の傷を自分で縫う技術を身につけている。これが『ランボー3／怒りのアフガン』（1988年）ではさらに進化。脇腹に入った弾丸を取り出して貫通した穴に火薬を注ぎ入れ、火をつけて内部を燃やす。殺菌のためなのだろう。なにしろグリーン・ベレーは訓練の厳しさで有名だ。

日本の自衛隊も厳しい訓練を受けている。以前、現役の隊員にレンジャー訓練について聞いたら、「広い樹海を数日かけてA地点からB地点に移動し、途中で生きたヘビを捕まえて食べる」と話してくれた。

「ヘビの首のあたりを歯で噛んで傷をつけ、皮をビーッと剝ぐんです。これでヘビは尻尾まで白い身だけになる。それをらせん状にして木の櫛で刺す。ヘビは蚊取り線香みたいな雨の中で警官たちが恐怖で冷静さを失い、ランボーの作戦に翻弄される姿は痛快だ。

　本作が日本の観客に受け入れられたのはランボーが疎外感に苦しんでいるからだ。ベトナム戦争が米国による侵略戦争だったことは日中戦争を「支那《しな》事変」と呼びたがる人々だって知っている。ランボーも侵略行為の一環としてベトナムで赤ん坊を殺したのだろうが、帰国したら「駐車場係の仕事にもありつけない」という窮状は同情の余地があった。彼は旅先の悪代官に痛めつけられる座頭市みたいな存在なのだ。

　だが続編『怒りの脱出』は戦争の負の部分が消え、ベトナムを舞台にドンパチを繰り広げる。第1作でドンゴロスをかぶって体を保護することを忘れなかったランボーは続編では上半身をむき出しにして銃を乱射。子供が喜ぶ活劇の世界に行ってしまった。本作と続編3作を見比べるのも一興だ。

　ベトナムの後遺症を取り入れた映画は『ソルジャー・ボーイ』（72年）や『タクシードライバー』（76年）、『ディア・ハンター』（78年）など数多くある。『ソルジャー・ボーイ』はベトナムから戻った4人の帰還兵が米国内を旅する中で市民に白眼視され、ある町の人々を皆殺しにしてしまう話。72年にいち早く帰還兵問題に焦点を当てた。『ランボー』はその二番煎じという見方もある。

（15年2月3日掲載）

恰好になります。これを焼くのですが、煙が立つと敵に発見されるので草の葉を上にかぶせ、とろ火で蒸し焼きにする。焼きあがったら、訓練開始のときに支給された塩をかけて食べます。塩は少量しか持たされないのでほんのわずかしか使えません。味ですか？　まあ食べないほうがいいでしょう（笑い）」

　訓練の前に段ボール箱に大量に入ったヘビを上官が〝放流〟するそうだ。

ランボー（KADOKAWA）

カエルの子は毒蛇だった

ゴッドファーザー

１９７２年　フランシス・フォード・コッポラ監督

公開から43年。いまもマフィア映画の最高峰に君臨する名作だ。ニューヨークのマフィア組織のドン、ビトー・コルレオーネ（マーロン・ブランド）が麻薬取引を断ったことから対立組織の襲撃を受け、三男のマイケル（アル・パチーノ）が敵対するボスと悪徳警官を殺害、ドンの座を受け継ぐ物語だ。

瞬間湯沸かし器のように激昂する長男のソニー（ジェームズ・カーン）。父が襲撃されて狼狽し、拳銃を手から落としてしまう二男のフレド（ジョン・カザール）。そして大卒のインテリ青年の三男マイケルと、ドンの息子たちのキャラの違いが面白い。この違いがパートⅡの悲劇につながっていく。

マイケルはレストランのトイレに隠した拳銃で警官の額に弾丸を撃ち込む。ソニーは妹が殴られたと聞いて逆上、ボディガードも連れずにクルマを走らせたため料金所で無数の銃弾を浴びてしまう。銃弾で蜂の巣になり、体をよじらせて苦しむ映像がショッキングだった。一家の養子で弁護士のトム（ロバート・デュバル）は人気歌手の映画出演の交渉を任されてハリウッドのプロデューサーの屋敷に乗り込み、相手の愛馬の首を切ってベッドに放り込む。

【蛇足ながら】

しょせんは因果なヤクザ稼業

続編の『ゴッドファーザー　PARTⅡ』が公開されたのは１９７４年だった。それまで続編は前作よりレベルが落ちるというのが映画界のセオリーだったが、『PARTⅡ』は違った。アカデミー賞の作品賞、監督賞など6部門を獲得し、助演男優賞のロバート・デ・ニーロをスターダムに押し上げた。『ゴッドファーザー』と『PARTⅡ』はともに作品賞と監督賞を受賞している。

『PARTⅡ』はドンことビトー・コルレオーネが若いころギャングを殺して頭角を現した過程と、マイケルが家族の裏切りにあい身内を始末するという苦悩のドラマを描いている。

マイケルは自分を銃撃した黒幕が大親分のハイマン・ロスだと知りつつロスに接近。ところが銃撃の手引

ちなみにこの歌手はフランク・シナトラと言われている。

本作のテーマを「カエルの子はカエル」と評す向きもいるが、それでは説明不足。「カエルの子は毒蛇」のほうがしっくりくる。警官をおっかなびっくりで射殺したマイケルは2代目を襲名するや豹変。ラスベガスを支配するモー・グリーンに「引退しろ」と詰め寄り、ほかのボスたちとともに葬り去る。グリーンがサウナで右目を撃たれるシーンを覚えている人も多いだろう。マイケルはゴッドファーザーとして妹の子の洗礼式に立ち会っている時刻に、配下のヒットマンたちにライバルを次々と射殺させる。神聖な儀式と大量殺人をコラボさせた手法はきわめて斬新だった。しかもマイケルは洗礼を受けた赤ん坊の父親まで始末する。

マイケルはなぜ本作で虐殺に走ったのか。映画では分かりにくいが、マリオ・プーゾの原作ではドンを継いだ際、ほかのファミリーや仲間がマイケルから離れる動きを見せる。そこで「オレに逆らったらこうなるぞ」と脅しをかけたのだ。

そういえば金正恩はこの3年半で80人の幹部を粛清したとか。正恩もマイケルも若き暴走の動機は同じ。権力基盤の弱さを殺しで補った。殺し方は残忍なほうが見せしめになる。さて正恩のＰＡＲＴⅡはどのような結末を迎えるのか？

（15年5月25日掲載）

きをした裏切り者が実兄のフレドだと気づき、最後は兄を殺害して筋を通そうとする。だが前作で夫を胡散《うさん》くさいと見ていた妻のコニーはさすがに我慢の限界で、愛想を尽かして出て行く。

父ビトーの遺訓に従って政治家とのつながりまで構築したコルレオーネ一家だが、どんなにハクをつけてもしょせんはヤクザな商売というわけだ。

ゴッドファーザー（パラマウント）

牧師は神に何を見出したのか？

ポセイドン・アドベンチャー
―1972年　ロナルド・ニーム監督

先月、韓国のセウォル号が全羅南道の観梅島沖で引き揚げられた。高校生ら295人が犠牲になった痛ましい事故だった。

本作は1970年代のパニック映画ブームの先駆けとなった記念碑的作品。ストーリーはご存知だろう。主人公は「苦しいとき神に頼るな」と主張する異端のスコット牧師（ジーン・ハックマン）。乗船したポセイドン号が高波を受けて転覆してしまう。スコットは「救助を待つべきだ」とするパーサーの意見をはねのけ、乗客9人を連れて船底を目指すのだった。

『タイタニック』（97年、ジェームズ・キャメロン監督）のようなCG技術がない時代、船内が上下180度の逆さまになる大型セットを作って転覆の惨状を映像化した。大ホールの上部からテーブルが垂れ下がった光景に当時の観客は「船の転覆とはこういうものか」と度肝を抜かれた。

本作はパニックを背景にした人情劇。人物造形が秀逸だ。ニューヨークの刑事ロゴ（アーネスト・ボーグナイン）は主導権争いでスコットと衝突。その妻リンダは元娼婦で、昔の客と出会うことを恐れている。ユダヤ人の老夫婦

【蛇足ながら】

神が人間を創ったのではない

1970年代に映画館に通っていた人は憶えているはずだ。この『ポセイドン・アドベンチャー』がパニック映画の火付け役になったことを。このあと『大地震』（74年）や『タワーリング・インフェルノ』（74年）などが封切られた。一方、『ジョーズ』（75年）や『グリズリー』（76年）のような動物パニックものも出てきた。『オルカ』（77年）、『テンタクルズ』（78年）など数えだしたらきりがない。

船の沈没を扱った映画に『タイタニック』（97年）がある。気の進まない結婚をさせられる女性と風来坊の青年が熱愛に至るストーリー。これに対して『ポセイドン――』は牧師の哲学が前面に提示される。彼は力尽きる前に神を否定する。

75年公開の仏映画『追想』を思い

は孫に会うことを楽しみにし、妻のベル（シェリー・ウィンタース）は孫にプレゼントするペンダントを大切にしている。15歳のスーザン（パメラ・スー・マーチン）はスコットに恋心を抱き、弟のロビン少年はいつもチョロチョロ。パメラの美脚が妙に艶《なま》かしい。

見どころはスコットが一命を投げ捨てて脱出口を確保するラストだが、老女のベルが彼を助ける場面も感動的だ。スコットは水中で鉄板に挟まれ身動きできなくなる。このままでは溺死してしまう。若いころ潜水の記録保持者だったベルは肥満体型ながら、勇敢にも水に飛び込み、スコットの救出に成功。その結果ベルは「私も役に立ちたかった」と言い残して絶命する。

スコットは冒頭場面の乗客への説教で「内なる神に祈れ」と自力本願を主張し、結末では「何人生贄が欲しいのか？」と神を罵る。キリスト教のことはよく知らないが、彼は聖職者であるがゆえに、実はこの世に神がいないことを知っていたのではないか。もし神が存在すれば、戦争も殺人も船の転覆も起きないはずだと。

スコットは土壇場で何を見いだしたのか。それを語る前に彼はあえなく命を奪われる。炎の中に落ちたのは地獄の業火に身を焼かれたということだろうか。

（17年4月26日掲載）

出してほしい。妻と娘をナチに殺されたと聞いた外科医は教会のキリスト像を床に叩きつけて破壊する。彼は言葉にはしないが、弱い者が無慈悲に殺されたというのに神は何をしていたのかと怒りをぶつけたのだろう。この世に神は存在するのか、存在するならなぜ見殺しにしたのかと。「神が人間を創ったのではない。人間が神を創ったのだ」という言葉がずしんと響いてくるのだ。

ポセイドン　アドベンチャー（20世紀フォックス・ホーム・エンターテイメント）

銃撃戦で味つけした人間再生のドラマ

駅馬車

1939年　ジョン・フォード監督

スカッと爽やかな映画を見たい――。こんなときにオススメなのが本作。ジョン・ウェインの代表作であり、西部劇の不朽の名作だ。

19世紀の終わり。アリゾナ州からニューメキシコ州ローズバーグに向かう駅馬車に7人の客と保安官が乗り合わせる。男たちは脱獄囚のリンゴ（J・ウェイン）と銀行家、飲んだくれの医師、いわくつきの賭博師、酒のセールスマン。女は騎兵隊大尉の夫に会いに行くマロリー夫人と、風紀を乱したという理由で婦人のグループによって町から追い出された娼婦のダラス（クレア・トレバー）だ。リンゴが脱獄したのは自分の家族を殺したプラマー兄弟への敵討《かたきう》ちのためである。

旅の途中、アパッチ族が襲撃してくるとの情報がもたらされる。護衛の騎兵隊は本隊に合流するために馬車を離れるが、乗客は予定通り目的地を目指す。だが途中駅でマロリー夫人が夫の負傷を聞いて倒れる。妊娠中の彼女は産気づき、酔いどれ医師によって女の子を出産。生まれた赤ん坊を抱くダラスの姿を見たリンゴは彼女に母性を見い出して結婚願望を抱きプロポーズす

【蛇足ながら】

先住民虐殺を描いた『ソルジャーブルー』

ジョン・ウェインは「ハリウッドのタカ派」と呼ばれる共和党支持者だった。赤狩りと戦うダルトン・トランボの半生を描いた『トランボ　ハリウッドに最も嫌われた男』（2015年、ジェイ・ローチ監督）にも共産主義者叩きの急先鋒として登場。このとき赤狩りに協力した俳優が後に大統領になるドナルド・レーガン（共和党）である。

ジョン・ウェインは1968年の映画『グリーン・ベレー』で監督と主演をつとめた。この作品はベトコンが現地の村人を拷問したという話を盛り込み、正義の味方の米兵が野蛮なベトコンに行く手を阻まれるといったアメリカ帝国主義礼賛のプロパガンダ映画として知られる。

映画『ソルジャーブルー』（70年、

る。ダラスは娼婦の自分が幸せになれるだろうかと迷い、医師に助言を求める。まもなく馬車は出発し、アパッチの待ち伏せを受けるのだった……。

子供のころ本作を見た人はアパッチの襲撃シーンしか覚えていないかもしれないが、実は人間の再生を描いた人情劇だ。ダメ医者は出産を手がけることで医師としての自信を取り戻す。リンゴは娼婦に惚れ、娼婦は自分も幸せになれると実感。自尊心の強いマロリー夫人は自己の偏狭な考えを悔い改めたように娼婦に心を開く。ここにリンゴを逮捕した保安官の心情と人々の対立、銀行家の悪事、アパッチの襲来、プラマー兄弟との撃ち合いなどが重箱料理のように積み上がり、痛快なエンディングになだれ込む。

銃撃戦も見応えがある。逃げる駅馬車、追いかけるアパッチ。銃弾が尽き、賭博師はもはやこれまでと諦め、神に祈り続けるマロリー夫人のこめかみに銃口を向ける。誰もが死を覚悟している。そこに近づいてくる騎兵隊のラッパ。見事なまでにドラマチックな演出だ。ローズバーグの町では陰影を巧みに使った映像に、悪党どもとリンゴの3対1の決闘を見守る人々の緊張感がみなぎっている。ラストの爽やかさはまさにアメリカ映画ならではだ。

わずか99分の中に人間ドラマと銃撃戦を無理なく詰め込んだ傑作。その完成度の高さは公開から79年経った今もいささかも色あせていない。やはり先達のわざは偉大である。

（18年6月6日掲載）

ラルフ・ネルソン監督）によって米国で白人が先住民を惨殺した過去を反省する風潮が起きたときも、ジョン・ウェインは自分たちの非を認めようとしなかった。

『ソルジャーブルー』は１８６４年にコロラド州サンドクリークで騎兵隊が先住民の女子供５００人を虐殺した事件を描いている。騎兵隊が強姦した女の乳房をナイフで切り、切断した手足を持って踊り狂う。身の毛がよだつ作品だ。

駅馬車（コスミック出版）

どんでん返しの爽快感

ユージュアル・サスペクツ

1995年　ブライアン・シンガー監督

友人にこの映画を勧めたら、「正月休みに見た。落ちにビックリした」と連絡をもらった。どんでん返しは見終わったときに「あれが伏線だったのかぁ」とダマされた快感を味わえなければ本物ではない。最近の映画は因果関係が希薄な人物が「オラが犯人だぁ」と現れるパターンが多い。おいおい、伏線もなしに出てくるなよ。そんなの素人でも書けるぞ!

ある犯罪の容疑者として集められたキートン（ガブリエル・バーン）ら5人の男が徒党を組んで強盗をやり、ちょっとした手違いが原因で裏社会の黒幕カイザー・ソゼの怒りを買ってしまう。ソゼの弁護士を名乗る男コバヤシ（ピート・ポスルスウェイト）から麻薬密輸船の襲撃を命じられた彼らはコバヤシの殺害を画策。だが、自分たちの個人情報をつぶさに調べ上げた資料を突きつけられて逃れられないことを知る。

かくして襲撃は実行された。生き残ったのは詐欺師のキント（ケビン・スペイシー）のみ。物語は彼と関税局捜査官クイヤンの取り調べを軸に進み、5人がどういう経緯でソゼと関わりを持ったかがミステリアスに明かされて

【ネタバレ注意!】

見るたびに謎が生まれる

この映画には伏線と謎を見つける楽しみがある。

たとえばキートンが恋人を遠くから見下ろす場面。迷っている彼の肩にキントが手をかけたのは「俺と一緒にロスに行こう」とせっついているようだ。また、ロスでキートンがレッドフットに「おまえの友人をムショで殺したのは俺だ」と明かした話は、クイヤンにキートンを悪人と思い込ませようというキントの目論見があるかもしれない。

弁護士のコバヤシが初登場する場面で、他のメンバーはカイザー・ソゼの名前とその経歴を知っているが、キントだけは知らない。それなのにキントはクイヤンの取り調べのときはソゼについて饒舌にしゃべり、「フッと消えた」とまるで見てきたかのように説明する。フェンスター

いく。ソゼとは何者か。5人を操ったのは実は仲間のキートンではないのか——。

真実を探る中、キントは保釈される。だが、ここでクイヤンは気づく。自分が虚構の会話にもてあそばれていたことを。ソゼは実在したと気づいたクイヤンは往来を走るが……。

これが日本映画なら、

「デカ長、逃げられましたね」

「バカ野郎、ヤツを捜せ！」

とセリフが入るところだが、さすがはハリウッド作。無言で結末を迎える。

本作は2度見ることをお勧めする。随所に張り巡らされた伏線を発見する楽しみを味わえるからだ。たとえば、冒頭の船上でコートを着た男が左手でライターを使うシーン。男の動作を見てキートンが自嘲気味に笑う理由に気づくだろう。あるいはクイヤンによる取り調べの場面。椅子に座ったキントはクイヤンが持つマグカップの底を下からじっと見つめている。われわれ日本人としては洋風の顔をした弁護士が「コバヤシ」を名乗った時点で何かに気づくべきだった。

この物語はどこからどこまでが真実なのかさえ分からない。分かっているのはひとつだけ。ソゼは「フッと消えた」のだ。

（14年2月3日掲載）

が海辺で殺されたのが事実なら、殺したのは身近にいたキントということになるだろうか。あるいはコバヤシ、それともソゼの部下か？

パトカー襲撃、地下駐車場での麻薬密売人殺し、エレベーター内のボディガード射殺は実際に起きたのか。コバヤシが5人の調査資料を突きつけたのは事実か。もしウソなら彼らはどんな経緯で麻薬密輸船の襲撃に加わったのか……。う〜ん、考えれば考えるほど謎が生まれる！

ユージュアル・サスペクツ（パラマウント）

女性捜査官が立ち向かう「人間の暗部の具現化」

羊たちの沈黙

1991年 ジョナサン・デミ監督

第64回アカデミー賞の主要5部門を受賞したヒット作。ジョディ・フォスターが2度目の最優秀主演女優賞に輝いた。

FBI訓練生のクラリス（ジョディ）が連続殺人犯バッファロー・ビル事件の捜査員に抜擢される。彼女は手がかりを得るために、服役中の精神科医レクター博士（アンソニー・ホプキンス）と接触。レクターは頭脳明晰ながら自身も猟奇的な殺人を犯したため収監されているのだ。レクターの指示で訪れた貸倉庫でクラリスは女装した男の頭部のホルマリン漬けを発見する。

そんな折、女性上院議員の娘が誘拐される。議員がレクターに協力を要請するも、彼はビルの本名を明かそうとしない。クラリスはレクターの誘導尋問によって幼いころに目撃した子羊の解体を語るのだった。

ホルマリン漬けの生首、全裸死体の検視、レクターの異常なカニバリズム。公開時、観客は目を覆いながら、物語の進展に引きつけられた。本作によって犯罪捜査の心理プロファイリングが一般に知られ、専門誌も発刊された。

印象的なのはアンソニー・ホプキンスの演技だ。刑務所の独房でガラス越

【ネタバレ注意！】
『悪魔のいけにえ』にも

本作を最初に見たときは面白さに感激した。だが2度目では「突っ込みどころ満載だな」と思った。たとえばレクターが逃走する場面。彼は文具のクリップで手錠を外したわけだが、果たしてそんなことが可能なのか、大昔の刑事ドラマならともかく、現代の手錠がそんなにヤワなのかという疑問だ。また、彼が殺害した警官の死体が十字架のように吊されているのは一幅の絵画のように印象的な映像だが、あの作業をたった一人で短時間のうちにやるにはどうすればいいのかをつい考えてしまう。

だが3度目の鑑賞では、そんな些末なことはどうでもいい、この犯罪者と若きFBI捜査官のやり取りをじっくり堪能しようという気分に傾いた。何度見ても面白いものは面白

しに対面したクラリスを言葉で追い詰めていく。物静かで博識な学者が発散する視線と声の抑揚だけで、観客はクラリスと同じ不気味さを味わうことになる。ジョナサン・デミ監督の演出力が光っているが、やはりホプキンスの狂気じみた演技力のたまものだ。

アンソニー・ホプキンスが「人間の暗部の具現化」と語るバッファロー・ビルは、エド・ゲインやテッド・バンディなど実在した殺人犯をモデルにしている。『私は目撃者』（サンリオ）によると、１９５７年、ゲインの家で15体の死体が発見。彼は殺害した女性の皮膚でハンドバッグやベストなどを作っており、映画『サイコ』のモデルになった。テッド・バンディは腕のギプスに仕込んだ金テコで若い女性を殴って気絶させ肛門性交でレイプ、死体を切断した。12歳の少女を含む35〜60人が殺害されたという。『FBI心理分析官』（早川書房）には犠牲になった美女たちの写真が掲載されている。

見どころはレクターの脱走やクラリスとの息詰まる折衝だが、ラストも魅力的だ。特別捜査官を拝命し、祝いのパーティーを楽しむクラリスにレクターが電話をかけ、自分を冷遇したチルトン医師への復讐を暗示して映画は終わる。南米の田舎道を歩み去るレクターと町の風景が流れるエンドロールに、観客は「もう少し見たい」と思ってしまう。映画はこうありたいものだ。

（14年12月8日掲載）

いのだ。

バッファロー・ビルのモデルのエド・ゲインを日本人が知ったのは『悪魔のいけにえ』（日本公開は1975年2月）からだろう。パンフレットの解説にはゲインの名前はないものの、20年前にウィスコンシン州で墓から死者の骨を採取した上に、殺した人間の皮膚などで椅子やテーブルを作っていた男の事件を素材にしたと記されている。

羊たちの沈黙（20世紀フォックス・ホーム・エンターテイメント）

「9・11」は米国の陰謀だったのか？

エグゼクティブ・デシジョン

1996年　スチュアート・ベアード監督

アテネ発ワシントン行きジャンボ旅客機がイスラム過激派にハイジャックされた。テロリストは機内に化学兵器を持ち込み、2001年の「9・11同時多発テロ」と同様に米国中枢への攻撃を試みる。

米国防総省は特殊部隊を出動させる。部隊を率いるトラビス中佐（スティーブン・セガール）は屈強な男だが、隊員が輸送機から旅客機に潜入した瞬間、空中に投げ出されてしまう。ヒーロー不在の人質奪還作戦。しかも爆弾処理担当のキャピーは脊髄を負傷して動けなくなる。一緒に乗り込んだ米軍情報部のグラント博士（カート・ラッセル）が部隊に加わって活躍するが、屈強とは程遠いメガネの一般人だ。

爆弾処理は難航。グラントは美しき客室乗務員（ハル・ベリー）の力を借り、客席で起爆装置を操る犯人を捜す。だが旅客機は確実にワシントンに接近していく。「エグゼクティブ・デシジョン」は「最終決断」の意味。大統領は旅客機の撃墜という最終決断を下す。乗客全員を爆殺する決定によってグラントらは前門の虎、後門の狼の大ピンチに陥るのだった……。

【蛇足ながら】

テロリストは計算して突っ込んだという見方

あくまでも根拠のない話をひとつ。

筆者の知り合いに難関大学の建築科を出た人がいる。2001年の同時多発テロの直後、彼はこんな説を教えてくれた。

あのテロでは世界貿易センタービルが倒壊、灰塵に帰したわけだが、テロリストは計算してビルに突っ込んだというのだ。アメリカン航空11便は北棟の93―99階に衝突。ユナイテッド航空175便は南棟の77―85階に衝突した。彼は「この位置に衝突することで建物すべてを破壊することができた」とこう説明した。

「世界貿易センタービルは南北の両棟とも110階建てだ。これを崩壊させようと思ったら、普通の感覚では根本に近い低層階に突っ込むだろう。だが上層階に突っ込んだ。なぜ

冒頭の展開を見ていると、セガールが陣頭指揮をとって悪い奴らをなぎ倒し、最後は狭い機内でお得意のカンフーによる大立ち回りを演じるものと思ってしまうが、案に相違してセガールはあっという間に飛んでいく。最後に叫ぶ「頼む」という命令がいかにも武術家のセガールらしい。

9・11のとき、日本のテレビコメンテーターは「米国は空からの攻撃を予期できなかった」と解説したが、そんなはずはない。すでにハリウッドは96年公開の本作でアラブ系の自爆テロを描き、米国民もその危険性を知っていた。そのため「9・11は『エグゼクティブ・デシジョン』のパクリだ」「米国首脳部が対テロ戦争を始めるために犯人にやらせた」という声が今も聞かれる。真珠湾攻撃（41年）と同様のやらせ疑惑だ。こうした陰謀論者は捜査当局が犯人グループを泳がせたと主張。世界貿易センタービルに接近する旅客機を戦闘機が迎撃しなかったこともその理由としている。

デヴィッド・レイ・グリフィンの『9・11事件は謀略か』（緑風出版）によると、95年にフィリピンで見つかったアルカイダのコンピューターにハイジャック機を世界貿易センターやホワイトハウスのような標的に激突させる「ボジンカ」という計画が残され、その内容は米国にも報告されていたという。果たして真相は……。

（15年4月6日掲載）

か？　低層階は上部の重さがかかっているので飛行機がビルの奥に食い込むことができない。だが上層階なら機体が貫通するほど奥まで突入でき、建物の損傷が大きくなる。損傷が大きいから、その階が崩壊する。その衝撃で上の階がドンドンドンと壊れ、同時に下層階も壊れる。だからビルがクシャッとなった。テロリストは建築の専門家から突入する箇所を指示されたのだろう」

もう一度言うが、この話に根拠はない。

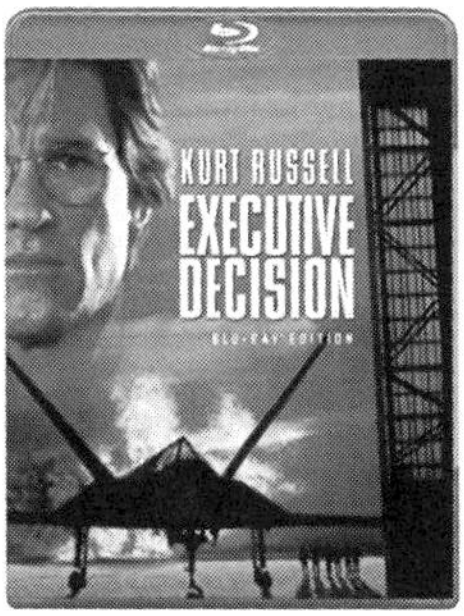

エグゼクティブ・デシジョン（ワーナー・ホーム・ビデオ）

ヒーローは死んだのか？

シェーン

―1953年　ジョージ・スティーブンス監督

アラン・ラッド主演の名作。結末の別れのシーンで有名だ。ワイオミングの開拓地を訪れたガンマンのシェーン（A・ラッド）は開拓民のスターレット（バン・ヘフリン）と出会い、彼の農作業を手伝うことに。この地にはライカー兄弟というならず者がいて、スターレットは以前から嫌がらせを受けていた。シェーンは酒場でライカーの子分に言いがかりをつけられ、スターレットとともに大立ち回りを演じて多勢に無勢の喧嘩に勝つ。

まもなくライカーは殺し屋のウィルスン（ジャック・パランス）を呼び寄せ、農民の一人を殺害。スターレットは銃でけりをつけようとするが、シェーンは彼を殴り倒して決闘の酒場に向かうのだった。

銃の音に敏感なシェーンは人を撃った経験のある凶状持ちだろう。彼が単身で決闘に臨んだのは堅気のスターレットに銃を抜かせないためだった。だから「人殺しの烙印は一生消せない」と息子のジョーイを諭す。

本作は一粒で3度おいしい。3つの要素で構成されているのだ。ひとつはガンマンの活躍。昔読んだ資料には、アラン・ラッドは早撃ちが不得手だっ

【蛇足ながら】

『座頭市物語』との共通点

大昔のアメリカ製の西部劇は銃を撃ち合う場面がそれほど多くなかった。本作でシェーンが発砲するのはジョーイに腕前を披露する場面とラストのライカー兄弟を撃退するシーンのみ。その後出てきたイタリア製の西部劇、いわゆるマカロニウェスタンに比べると派手さのボルテージは低い。マカロニに触発されたのか、70年前後から本場のアメリカ製もドンパチの場面が増えた。

それは日本のチャンバラ映画も同じで、たとえば勝新太郎の座頭市シリーズの第1作『座頭市物語』（62年）は市と平手造酒（天知茂）が命がけで戦うラストに斬り合いを集約させている。その後、座頭市の殺陣シーンは増えていき、北野武版はうんざりするほど斬りまくる。

『シェーン』のラストでは銃弾を浴

たが特訓の結果、銃を抜いて構える動作を5分の3秒まで短縮できたと書かれていた。銃撃場面はいま見てもかっこいい。

2つ目はジョーイとの交流だ。幼子は銃に興味を抱き、シェーンは地面の石ころに連射して早撃ちを披露。少年はシェーンに憧れ、別れを惜しんで「カムバック!」と叫ぶ。

3つ目は昼メロだ。スターレットの美しい妻アリソン（ジーン・アーサー）はシェーンの強くて寡黙な雰囲気に魅せられる。だから2人は別れの際に距離を縮める。ジョーイが「ママ」と呼ばなかったら接吻していたはずだ。つまりシェーンは殺しの汚名を一人でかぶり、夫婦愛を守るために立ち去った。この地にとどまることは許されなかったのだ。歴史の「イフ」ではないが、もしスターレットが死亡していたら、シェーンはこの地にとどまっていたかもしれない。

シェーンの死亡説も根強い。銃撃のあとジョーイは「シェーン、血が出てるよ」と言う。彼が手傷を負ったのは間違いない。2階からライフル弾を浴びたのであれば深手を負ったはずだ。エンドロールがかぶさるラストの映像でシェーンは左腕をだらりと下げた格好で山を越える。腕を撃たれたのか、あるいは肩をやられたのか。生き延びたのか、それとも……。その生死はいまだに議論されている。

（18年10月24日掲載）

びたジャック・パランスが後方に吹っ飛ぶ。たった1発なのにこの迫力。大胆な演出だ。撃ったあとのシェーンの足の運びは能楽師のようにゆっくりとして趣があり、何度見てもうっとりさせられる。

ジョーイが叫ぶ「Come back!」の字幕は「帰ってきて!」と直訳で表示されたり、「行かないで!」になったりして、最近は「カムバック!」とそのままの映像もある。あまりに有名なセリフだ。

シェーン（メディアディスク）

あの戦争に官兵衛がいてくれたら…

七人の侍

1954年　黒澤明監督

戦国時代、野武士に食べ物と女を強奪された農民が侍を雇って戦う物語。

主役は菊千代役の三船敏郎ということになっているが、ご存じのように三船は狂言回しに過ぎない。主役は観客が自分の好きなキャラクターを選べばいいのだ。侍と農民全体を指揮する勘兵衛（志村喬）や寡黙な剣客の久蔵（宮口精二）、美少年の勝四郎（木村功）など、どれもこれも個性的な人物ばかり。なかでも人気が高いのは勘兵衛と久蔵だろう。

本作が製作されたのは日本が太平洋戦争に敗れた9年後。当時の観客は「あの戦争で勘兵衛みたいな指導者がいてくれたら」と思っただろう。40騎の野武士を相手に勘兵衛は綿密な作戦を立てる。部下を無駄死にさせるようなまねは決してしない。「生きて虜囚の辱を受けず」の「戦陣訓」を押し付けた東條英機や、インパール作戦を立案して7万人以上の犠牲者を出した牟田口廉也《れんや》らとは真逆に位置する。勘兵衛は東條や牟田口と同様に戦で生き残るが、先頭を切って戦ったし、そもそも勘兵衛のような指導者がいたら、日本はあの無謀な戦争に突入しなかっただろう。彼が指導した農民の戦いはあ

【蛇足ながら】東宝の重役は撮影中止を命じた

映画の前半に勘兵衛が頭を剃って僧侶に扮し、子供を人質にして納屋に立てこもった盗人を成敗する場面がある。勘兵衛は握り飯を投げ入れ、相手が隙を見せた瞬間に飛び込んで斬り倒した。実はこの場面は戦国時代の剣豪・上泉《かみいずみ》伊勢守信綱《いせのかみのぶつな》の逸話を拝借している。だが、あまりに『七人の侍』のイメージが強いため、信綱が登場する時代小説の中にはわざわざ「映画『七人の侍』で使われた手法」と説明しているものもある。

この場面以降、勘兵衛はラストまで髪を剃り、何かにつけて頭を撫でるしぐさを見せる。役柄は60年輩に見えるが、公開当時、志村僑は49歳だった。久蔵を演じた宮口精二はまだ41歳。一方、最後まで少年扱いされる勝四郎役の木村功は31歳だった。

本作の撮影が延びたため、東宝本

くまでも防衛戦争であり、中国侵略で自ら泥沼にはまり込み、真珠湾に突っ込んでいった大日本帝国とは本質が違うのだ。

その勘兵衛が初めて刀を抜くのが休憩の直前だ。戦闘訓練の中、橋向こうの農民たちは地理上の理由で自分たちの離れ家を守ってもらえないと聞き、「おらたちはおらたちで自分の家を守るだ」と竹槍を投げ捨てる。ここで勘兵衛は抜刀し、彼らの前に立ちふさがる。

「この部落を踏みにじられて離れ家の生きる道はない。おのれのことばかり考える奴はおのれをも滅ぼす奴だ」

勘兵衛の一喝に農民は身をすくめる。前半が終わる重要な場面で、勘兵衛は村人が一丸となって戦わなければ信頼関係が崩れて滅ぼされてしまうと教えた。温厚な勘兵衛が一度だけ鬼の形相になった名場面だ。

野武士との戦闘のさなか、勝四郎は農民の娘・志乃（津島恵子）と結ばれる。映画は勝四郎が志乃のために村に残ることを暗示して終わる。野武士は壊滅したが、いずれまた新しい野武士が現れるだろう。そのときもし勝四郎が武士の身分を捨てて村にとどまっていたら、今度は彼が防衛戦争のリーダーとして戦うはずだ。「先生」と慕う勘兵衛の薫陶を受け、その戦術を学んだ勝四郎がどんな戦いを見せるか。想像するだけで楽しくなるではないか。

（14年5月8日掲載）

社が撮影中止を命じた話は有名だ。そこで黒澤監督は撮影済みのフィルムを編集して重役連中に見せた。フィルムは菊千代が屋根の上で野武士を見つけて「来やがった〜！」と叫ぶ部分で終わり。重役たちは続きを見たい一心から「存分にお撮りください」と白旗を上げた。黒沢はこうなることを見越して、一番の見どころである最後の雨の決戦シーンの撮影を後回しにしたそうだ。

七人の侍（東宝）

愚かな親分のせいで若者が血を流す

仁義なき戦い

―1973年　深作欣二監督

　A薬にB薬を混ぜるとC薬ができ、これをA薬に戻すとD薬が生まれて沸騰。B薬を加えると大爆発を起こした――。『仁義なき戦い』は人間が織りなす化学変化の物語だ。

　敗戦直後の広島で復員兵の広能《ひろの》（菅原文太）がやくざ社会に身を投じ、抗争に明け暮れるストーリー。梅宮辰夫、松方弘樹、渡瀬恒彦らが演じる下っ端やくざに黒幕の大親分や悪徳の市議会議員が絡み、複雑怪奇な負の連鎖が展開する。

　次から次へと極道が登場して、ある者は仲間を裏切り、ある者は組織の掟を破って粛清されるといった具合に、切った張ったを繰り返しながら若者が死んでいく。任侠映画は義理人情で観客を魅了するが、本作のような実録ものは仁義もクソもない。

　なぜこうなるのか。

　話を面白くしているのは広能の上に立つ山守親分（金子信雄）のエゴだ。「指を詰めい。そのほうが銭を使うよりましじゃ」と吝嗇《りんしょく》ぶりを発揮。かと

【蛇足ながら】

三国か、それとも金子で揉めた山守組長

『仁義なき戦い』の公開は1973年1月。発端はのちに東映社長となった岡田茂が週刊サンケイの編集長から「面白い獄中記がある」と広島の暴力団抗争の当事者である元組長・美能幸三の手記を紹介されたことだった。岡田の回顧録『悔いなきわが映画人生』（財界研究所）によると、主役の広能の役は菅原文太に決まっていたが、山守組長の役を三国連太郎にするか金子信雄にするかで揉めたという。金子に決まったことを岡田はこう説明している。

「あれは結果的によかったね。あの役は笑いがなかったらダメだ。金子はやっていることが喜劇だし、岡山出身だから広島弁もできる」

『仁義なき』シリーズはヒットが続いたため第5作の「完結編」を作っ

思えば「わしを男にしてくれえ」と女房とともに泣き落としにかかり、広能を人殺しに追い込む。任侠映画では見かけない小心で狡猾な親分のせいで「神輿《みこし》」を担ぐ子分どもが大量の血を流す。これが本作のメインテーマだ。

広能は出来の悪い親分に冷遇されダマされながらも、親分を見限ることができない。間抜けなほど尽くそうとするのだ。そう考えると、本作の主人公は山守親分で、広能は物語の中心人物ではあるが狂言回しの色合いが強いともいえるだろう。

本作が公開されたころ、テレビでは『木枯し紋次郎』（1972年1月〜73年3月）が高視聴率を稼いでいた。紋次郎は特定の親分を持たず、「あっしには関わりのねえことでござんす」と他人を突き放す。当時、このセリフは会社人間たるサラリーマンの逃避願望とも解釈された。

山守のしがらみから逃れられない広能は紋次郎の対極に位置する。一匹狼の紋次郎に対して広能は会社に尽くすサラリーマンだ。実際、気が進まないながら上司の命令で贈賄や食品偽造、社員への嫌がらせに手を染めさせられたサラリーマンはごまんといる。

だが、その広能も我慢の限界を知っている。最後は葬式の祭壇に向かって発砲し、「山守さん、弾はまだ残っとるがよ」の名ゼリフを吐くのだ。笠原和夫の脚本あってこその傑作である。

（15年2月23日掲載）

たあとも登場人物と役名を変え、第9作まで完成させた。ただし実録路線はブームが終息するのも早く、「実録路線は一年くらいは驚くほど興行収入がよかったのだが、落ちるのも早かった。実際に実録路線が全盛を極めたのは三年ほどと、それほど長くなかったと記憶している」

実録路線とは安藤昇主演『やくざと抗争　実録安藤組』（73年）や高倉健主演『山口組三代目』（73年）などを含んでいる。

仁義なき戦い（東映ビデオ）

199人が犬死した雪山の惨劇

八甲田山

1977年　森谷司郎監督

1902（明治35）年に青森県八甲田山で起きた雪中行軍隊の演習遭難事故を描く。神田大尉（北大路欣也）が率いる青森第五連隊と徳島大尉（高倉健）の弘前第三十一連隊が別々に出発して八甲田を踏破する計画。10泊11日を予定した三十一連隊は全員が生還したが、2泊3日の第五連隊は隊員210人のうち199人が死亡した。

新田次郎の原作『八甲田山死の彷徨』もこの映画も、神田大尉の上官である山田少佐（三國連太郎）が作戦に口出ししたことを遭難の原因として描いている。本来は神田大尉が指揮権を持つのに山田少佐は彼を無視。三十一連隊にライバル心を抱いて隊を大規模に編成し、案内人の村人を「おまえたちは案内料が欲しいのだろう。われわれには磁石がある」と追い返す。道に迷うと夜間に無謀な出発を命じ、さらに泥沼にはまってしまう。無能な上官に神田大尉は反対できない。

分岐点になったのは初日（1月23日）の作戦会議だ。行軍のさなか、暴風雪を案じて訓練中止を提案する軍医に、下士官のひとりが「不可能を可能と

【蛇足ながら】

高校球児が死亡したワケ

日本陸軍が八甲田山で雪中行軍の演習を実施したのはロシア戦を意識してのことだった。陸軍は1894年の日清戦争において冬季寒冷地での苦戦を迫られた。そのためロシアとの戦いに向けて兵士の服装の適不適や行軍方法などについての研究もしようと考えたのだ。

その結果、下士官の精神論もあって無理をしてしまった。ヤクザ映画を見れば分かるように「売られたケンカを買わないのは男じゃねえ！」と暴走するのはきまって若者たちだ。若いがゆえに、また階級が低いがゆえに「男になってやる」と粋がってしまう。かっこよければ死んでもいいのだ。

筆者は九州の出身なので若いころ、こうした馬鹿げた精神論に接していた。中学・高校時代は部活の練習中

するのが日本の軍隊だ」と精神論を主張。ほかの下士官もこれに同調し、山田少佐は「前進！」と号令をかける。アジア太平洋戦争でもそうだったように、日本の軍隊は撤退を卑怯な行為と考えて兵を犬死にさせてしまうのだ。

　このことは2つの問題を孕んでいると思われる。ひとつは下士官の〝やせ我慢〟だ。彼らも本音は「危険だ」と察知していただろう。本音は引き返したい。だが大和魂の男がこんなことで引き返すのは恥だと考えた。

　もうひとつは日本人は後戻りできないということだ。西村京太郎は「日本人は戦争に向いていない」と主張している。一度戦い始めたら、「もうやめよう」と言えないのが日本人だ。現代の原子力発電も同じ。危険だとわかっているのに安倍政権も国民も「やめられない、止まらない」に陥っている。

　公開時に報じられたことだが、神田大尉の言葉「天はわれわれを見放した。こうなったら露営地に引き返して全員自決しようではないか」も問題だ。作戦の生存者は「あの言葉で兵はがっかりして力が抜けてしまった。大尉が生き抜くために頑張ろうと激励したら、あれだけの犠牲者は出なかったのではないか」と証言したという。リーダーとは何かを考えさせられる話だ。

　ちなみに、行軍に成功した徳島大尉のモデルとなった福島泰蔵はこの3年後、日露戦争の黒溝台会戦で戦死した。軍隊も戦争もむなしいものだ。

（15年4月27日掲載）

に教師から「水を飲むな」と命じられた。水を飲むとばてるのだそうだ。高校の学校行事で真夏の久住山に登ったときは体育の教師が「水を飲んだら山は登れんぞ～！」と叫び続けていた。後年、ある老人に話したらこう説明してくれた。

「それは旧陸軍が中国に侵攻した場合、飲み水を確保できる保証がないので訓練で水を飲まずに歩けと指導していた名残りだよ」

　70年代は高校野球の選手が練習中に死亡する事故がよくあった。

八甲田山（東宝）

ヤクザ渡世の森友疑惑

アウトレイジ

2010年　北野武監督

人気シリーズの第1作。人間と人間の絡み合いによって不思議なドラマを構成しているため、退屈する間もない。掛け値なしに面白いのだ。

関東の広域暴力団「山王会」で末端の小さな組織を率いる大友（ビートたけし）は古参組長の池元（國村隼）から、村瀬組を締め上げるよう命じられる。池元は山王会本家若頭の加藤（三浦友和）が自分と村瀬の蜜月を不快に思っているため、仲たがいを装いたいというのだ。大友は子分を使って村瀬組のボッタクリバーにわざと引っかかり、ゴタゴタを起こす。ところがこの部下が村瀬組に殺されて抗争に発展。子分が次々と殺されるのだった。

まさに裏切りの連続。そのため「21世紀版の仁義なき戦い」と評されるが、北野武監督らしく、いくつかの要素を複合させて物語に広がりを持たせている。アフリカの大使館員を脅しての裏カジノ開業や覚醒剤の密売、警官の汚職など。覚醒剤の売人が人通りのある住宅街でブツを売りさばくのは実際に行われていた行為。売人は警察の盲点をついてわざと住宅街を選んだ。

小日向文世が演じる警官は大友の後輩で、ヤクザからお駄賃の裏金を堂々

【蛇足ながら】

ヒットマンは捕まらない

本作の冒頭にヤクザの親分たちが乗る黒色のベンツが数珠繋ぎで走行するシーンがある。1970年代まではヤクザのクルマはキャデラックかリンカーンコンチネンタルのイメージが強かったが、80年代に勃発した山口組対一和会の抗争のあたりから、ベンツに乗るようになった。キャデラックに乗るとヤクザのクルマだとアピールすることになり、敵のヒットマンに狙われやすい。だからチェンジしたのだ。

ところが現在のヤクザはベンツではなく大型のワンボックスカーに乗っている。その理由をヤクザ業界に詳しい人に聞いたところ、「警察の締め付けで抗争が減り、幹部が殺されなくなったから」と教えてくれた。幹部が長生きして高齢化したため、乗り降りの際に腰に負担がかからな

と受け取る。警官がヤクザ組織に情報を流して処分された事件は本作公開のあとも実際に起きた。これらに適度な笑いを加味して北野監督特有の「滅びの美学」になだれ込んでいく。ボッタクリバーは北野監督ならではの笑える設定。つかみはオッケーというところだろう。

大友は配下の者を次々と殺されても涙を流さない。自分も命の危険が迫っているのに、「おまえ、これ持って逃げろ」と子分に拳銃を渡す。淡々とした演技。『仁義なき戦い』に流れるお涙ちょうだいの浪花節を排除したところが現代の映画ファンに受けた。

大友の境遇はサラリーマンにとって他人事ではない。嫌な仕事を押し付けられて事態が泥沼化した上に、山王会の関内会長（北村総一朗）と加藤に抗争をたきつけられて泥沼にはまる。同じことは現実に起きている。森友疑惑もしかり。首相夫妻をかばった財務省の佐川クンが文書改ざんで自分を追い詰めて失職。それでも証人喚問で「首相夫妻の関与はなかった」と渡世の義理を果たして社会的信用を失った。大友の顔が佐川クンに、若頭の加藤が丸川珠代に見えてくる。ドンの関内会長は安倍晋三か。

続編の『ビヨンド』では関西ヤクザが暗躍し、「最終章」では韓国ヤクザが出てきて大戦争に発展。いずれもヤクザ界のしがらみと保身、裏切り、残酷シーンによって見どころ満載だ。

（18年4月18日掲載）

いワンボックスカーを選ぶようになったのだ。そういえば17年9月に任侠山口組の組員がヒットマンに殺害されたときも、現場にワンボックスカーはあってもベンツはなかった。

映画の中で自転車に乗ったヒットマンが敵の幹部を撃つ場面がある。こうしたヒットマンは軍隊を経験した外国人が多く、彼らは午前中に仕事を終え、午後の航空便で母国に帰って中国などの山奥に身を隠す。殺害依頼は複数の人間が仲介しているため、日本の警察が特定するのは至難のわざだという。

アウトレイジ（バンダイナムコアーツ）

汝の信ずるところに憤怒を知れり

野獣死すべし

―1980年　村川透監督

大藪春彦のデビュー作にして、これまで何度も映画化されている名作ハードボイルド。本作で松田優作が演じる伊達邦彦は東大経済学部を出て通信社の記者を務めたという設定。インテリが銀行を襲うストーリーだ。

公開当時、「銀行襲撃シーンが荒唐無稽すぎる」との声もあったが、34年経って改めて見ると、それほど違和感を感じない。なぜなのか。

筆者は脚本の丸山昇一が引用した萩原朔太郎の詩「漂泊者の歌」に意味があると思う。この詩は劇中で2度朗読される。伊達がトマトジュースをなめながら娼婦のストリップを見る場面と射撃訓練の場面だ。詩の一説にこうある。

「かつて何物をも信ずることなく　汝の信ずるところに憤怒を知れり。」

伊達は中東戦争の取材中に幼い少女を強姦している兵士を銃撃した過去がある。戦争に対するいびつな憤怒を抱き、精神を病んだのだろう。銀行襲撃は憤怒に突き動かされた狂気のゲームなのだ。だから、ためらいもなく引き金を引くことができた。

【蛇足ながら】

仲代版の野獣と『青春残酷物語』

本作の原作となった大藪春彦の小説『野獣死すべし』が出版されたのは1958年。翌59年には仲代達矢主演で映画化された（監督は須川栄三）。

仲代版では主人公の伊達邦彦は真面目な大学生を装っている。父親が上役の汚職の罪を着せられて自殺したという身の上で、天皇を罵った記事を書いて叱責されたことがある。彼は「歪んだ社会への怒り、自分の未来に信じられない苦しみ、人間を予想される暗い影。街にはヒロイックに人を殺しかねない連中があふれている」とアナーキーな論を吐く。拳銃を奪い、恩師を巻き添えにして殺し、自分の大学の経理課からカネを強奪する。

この映画公開の翌年、大島渚監督が『青春残酷物語』を発表した。社

現代にも同じようなことが起きている。2008年の秋葉原通り魔事件では7人が死亡、10人が負傷した。昨年の山口連続放火事件では5人が殺された。どちらも憤怒による大量殺人。本作が現実化したともいえるだろう。

伊達は襲撃を決行するにあたって、相棒の真田（鹿賀丈史）に恋人（根岸季衣）を殺すよう命じ、真田はフラメンコを踊る彼女を射殺する。例の詩に「石もて蛇を殺すごとく　一つの輪廻を断絶して　意志なき寂寥《せきれう》を踏み切れかし。」とある。「輪廻」は「転生」を表す仏教用語だが、この映画では女に対する執着・煩悩と解釈していい。

実際、伊達は真田に「あの輪廻という忌まわしい長い歴史をたった一発の銃弾で君は否定したんだ」と語る。伊達も、思いを寄せるOLの令子（小林麻美）の胸を撃ち抜く。伊達も真田も宿痾《しゅくあ》のようにとりついた女のしがらみを断ち切った。この心理は昨今、痛ましい犠牲者を出しているストーカー殺人の犯人と共通するかもしれない。未練はときに忌まわしい記憶として男の気持ちにまとわりつくものなのだ。

ラストシーンで伊達は、真田が暴走族の女をレイプする姿を見ながら中東の悲惨な体験をまくし立てる。彼が目撃した光景がフラッシュバックされる。スティーブン・スピルバーグ監督の『ミュンヘン』（05年）のラストに似ている。もしかしてパクられたか？

（14年5月19日掲載）

会に怒りを向ける大学生（川津祐介）が女子高生と組んで美人局に走るストーリー。おやじ狩りの映画だ。敗戦から15年。窮屈な精神主義から民主主義に転換した日本において、若者は自由な発想ができるようになった分、やり場のない怒りをためこみ暴走したということか。『野獣死すべし』『青春残酷物語』の劇場に人々が足を運んでいるとき、国会議事堂は安保反対のデモ隊に取り囲まれていた。

野獣死すべし（KADOKAWA）

暴力的快進撃の原動力は日中戦争にあった

やくざ戦争　日本の首領《ドン》

1977年　中島貞夫監督

山口組が揉めている。内部対立の末に組織が分裂し、抗争に発展する可能性も出てきた。そこで見たくなったのが本作だ。原作は飯干晃一の小説で、主要人物は大阪に本拠地を置く中島組の佐倉親分（佐分利信）。この人物が山口組の田岡3代目をヒントにしていることは有名だ。

上場企業・アベ紡績の社長が暴力団共和会が仕掛けた美人局《つつもたせ》に引っかかり、高額の金銭を要求された。同社の専務・島原（西村晃）は佐倉に相談して処理を依頼する。もともと中島組は共和会を面白く思っていなかったため渡りに船とばかり協力し、若頭・辰巳（鶴田浩二）の武闘派部隊はたちまち共和会を壊滅させる。中島組はこれを弾みにして多方面に勢力を伸ばしていく。

注目はやくざが常に抗争を求めていること。原作を読むとそれがよく分かる。日本のドンになる野望を抱く佐倉にとって美人局の処理はまさに「天啓」で、アベ紡績に恩を売って利権にありつくとともに共和会を殲滅《せんめつ》する絶好の口実となった。さらに抗争に参加しなかった子分たちが奮起したため、中島組の縄張りは拡大していく。まさに一石三鳥だ。

【蛇足ながら】

ヤクザは公共予算で飼われていた

ヤクザは戦後の経済成長とともに勢力を拡大してきた。今では考えられないことだが、かつては公営ギャンブルの用心棒を引き受けていた。公共事業の予算から堂々と金銭を受け取っていたことになる。その裏では中央政界や地方議会の議員が暗躍していた。

以前、大手新聞社の記者にこんなことを教えられた。ヤクザは暴対法の施行とともに警備会社を経営するようになったという。彼は「警備会社が強盗にあうのはヤクザ同士の内ゲバの可能性もある」と言っていた。事実かどうかは知らない。

ただ、筆者が80年代に勤めた都内の編集プロダクションは大手教育出版社の編集業務を行いながら、この出版社の警備業務も担当していた。編プロの社長はヤクザと知り合いな最近は暴力団対策法と暴力団排除条例でやくざは落ち目の三度笠だが、昔はやくざがやくざを殺した場合、数年の懲役刑で釈放された。企業や一般の個人を脅迫しても被害者はお礼参りを恐れて警察に通報しようとしなかった。警察と内通している組織も少なくなかったし、地方の議会には現役やくざの議員も存在した。やくざはやり放題だった。

東映は本作の続編として『日本の首領』の野望篇と完結篇を製作し、いずれもヒットした。続編は発展途上国の石油開発を狙ってその国の独裁者に美女を捧げ、サイパン島開発の獲得のために大物政治家を使って米国の上院議員に賄賂をおくるなど、やくざが政界、財界とずぶずぶになっていく過程が面白い。

中島組の強さは佐倉の右腕である辰巳の戦術のたまものだ。辰巳は日中戦争で八路軍と戦い、敵が駆使するゲリラ戦が最も有効な戦闘法であると悟った。そこでやくざの抗争では従来の集団同士のケンカをやめ、組員を3人1組の密殺チームに分けて相手の縄張りに送り込み、敵に打撃を与える戦法を考案した。3人は互いに面識がないので万一逮捕されても仲間の素性を白状する心配がない。この攻撃法が中島組の機動力となり組織拡大に貢献した。実際に山口組がこの手法で快進撃を続けたことは言うまでもない。あの愚かな戦争が暴力団をより狂暴にしたということか。

（15年9月9日掲載）

のが自慢。千葉県のK市で都市開発をめぐって大手百貨店と地元商店街が対立したとき、百貨店の幹部の前で「ヤクザを使えば簡単に解決できる」と豪語していた。都市開発の是非が焦点の市議選が行われた際は百貨店をせっついて怪文書を配ろうとしたが、直前で百貨店が後難を恐れてストップした。筆者はその文案づくりを手伝わされそうになったのだ。

やくざ戦争 日本の首領（東映ビデオ）

その他の名作

ノーカントリー（2007年　ジョエル・コーエン　イーサン・コーエン監督）

1980年の米国。貧しい暮らしのモス（ジョシュ・ブローリン）はギャングの死体と現金200万ドルを発見。このカネを持ち去ったため、殺し屋シガー（ハビエル・バルデム）に命を狙われ、ベル保安官（トミー・リー・ジョーンズ）の追跡を受けるのだった。

大金をくすねて妻を喜ばせようとした男の逃走が中心線。高度の演出でアカデミー賞作品賞と監督賞など4冠を獲得した。注目はシガー。高圧ボンベでドアを壊し、人の頭部を破壊する。、顔をニヤつかせて死体の山を築いていく姿が不気味だ。銃撃で負傷するや路上のクルマに放火、騒ぎに乗じて薬品と注射器を盗み、自己治療を行う。

さらに完成度を高めたのが無音の描写。荒野に横たわるギャングと犬の死体、音を殺して襲ってくる銃弾、札束に埋め込まれた発信器、送風口に残されたカバンの痕跡、風に揺れるカーテンなど、映像だけで事態の進展を物語る。さすがはコーエン兄弟。日本人監督にはできない芸当だ。

設定はベトナム敗戦の5年後。モスは帰還兵で銃器の扱いに慣れているため殺し屋と互角に渡り合う。ドアの隙間のかすかな光からシガーの動きを読み取る姿はゲリラと戦う兵士さながらだ。

狼よさらば（1974年　マイケル・ウィナー監督）

「う〜ん、マンダム」で丹頂の社名をマンダムに変えたチャールズ・ブロンソンが主演。

ニューヨークで愛妻と暮らす設計士カージー（ブロンソン）を不幸が襲った。強盗の襲撃で妻が殺害、娘がレイプされたのだ。悲嘆のカージーはアリゾナ州に出張。射撃をやり32口径の拳銃を贈られた彼は、夜の街で強盗を射殺するのだった。

カージーは人殺しが嫌で朝鮮戦争では医療部隊に所属。そんな平和主義者が自警団を意識して殺人を始める。彼は理性的な男だから最初の殺しで罪悪感に苦しむ。だが慣れとは怖いもので、殺しを続けるうちに明るさを取り戻す。

ただし問題がある。通常の仇討ちは敵を成敗すると決着がつく。江戸時代の仇討ちも本懐を遂げたら報復は終わった。ところがカージーは真犯人が誰なのか分からないため不特定多数を射殺するしかない。悪人殺しで気は晴れるが、際限なく獲物を求め続ける。シャブ中のキメセクのように延々と喜びが続くわけだ。

しかも市民の支持が心地よい。心理学者が言う「テロリストは大衆の反応を気にして行動を起こす」となる。

かくしてカージーは血に飢えてしまう。警察から自分が疑われていると警告されながらも包囲をかいくぐって強盗狩りに出掛けるのは衝動を抑えきれないからだ。そこには死にたい願望もあるのだろう。

ジャッカルの日（1973年
フレッド・ジンネマン監督）

1962年、フランスのドゴール大統領は右翼の「秘密軍事組織（OAS）」に命を狙われていた。OASはスナイパーのジャッカル（エドワード・フォックス）に暗殺を依頼。仏政府はルベル警視に全権を与えて捜査を開始するが、ジャッカルは包囲網をかいくぐってパリに潜入するのだった。

中盤の見どころは銃を試射する場面。立ち木に手際よくロープを巻きつけて銃身を固定、スイカを撃ちながら照準器を調整する。さらにアルファロメオのエンジン音をとどろかせて疾走。大藪春彦ファンなら感涙ものだ。

警察が電気拷問を行うシーンがあるが、当時は普通のことだった。61年のアルジェリア民族解放戦線のデモではパリ警察の拷問と銃撃で200人以上が死亡。70年代に日本人がパリで事件に巻き込まれたとき、「警察に殴られた人もいて、『ジャッカルの日』と同じだった」と証言していた。

フレデリック・フォーサイスの原作本によると最後の狙撃場面でジャッカルとドゴールの距離は130メ

ートル。式典でドゴールが身をかがめたのは退役軍人に接吻するためで「この接吻は、フランス、その他のラテン系民族の習慣なのだが、アングロ・サクソンであるジャッカルは、不覚にもそれに気づかなかった」とある。なるほどね。ちなみに本作は実在の殺し屋カルロスをモデルにしたフィクションだ。

実録 東声会 初代 町井久之 暗黒の首領
（2006年 辻裕之監督）

敗戦後の東京で愚連隊からヤクザ組織「東声会」を起こした町井久之の半生を描く。後編の「完結編」と2巻で構成され、小沢仁志が町井を演じた。

町井は在日朝鮮人2世で朝鮮名は鄭建永。大物右翼・玉城誉志人の力を背景に勢力を伸ばし、プロレスラーの竜道山（小西博之）、自民党副総裁の広木伴和などの知遇を得る。玉城は児玉誉士夫、竜道山は力道山、広木は大野伴睦と考えていい。

注目は竜道山だ。竜道山は「俺は日本人だ」と言い張るが、町井を信用すると自分が在日同胞であることを明かす。竜道山は韓国行きを希望するが、町井は国籍が知られると日本の英雄の座から転落すると案じて阻止しようとする。城内康伸のルポ『猛牛（ファンソ）と呼ばれた男』によれば、若き町井は朝鮮出身者同士の内ゲバに駆り出され、大山倍達（崔永宜）も参加。2人の前に相手グループは総崩れになったという。

後編では町井は関西と関東の対立に巻き込まれる。そんな折、手下が右翼の畑中正厳を銃撃してしまう。畑中は63年に襲撃された田中清玄がモデル。後年、田中はこの事件を政治絡みとし、

「あの時、児玉はもう一度、岸の独裁政権をつくろうとして、河野一郎並びに米国のCIAと組んで動いていた。岸は戦前からの軍をバックにした強権主義者の頭目で、害毒の最たるものだった。軍部的なものの復活ですよ」（『田中清玄自伝』）

と語っている。岸信介政権に反対したせいで命を狙われたという。政治の裏側はドロドロだ。

世の中は不条理だ

閉鎖病棟で行われる非道な人間支配

カッコーの巣の上で

1975年　ミロス・フォアマン監督

第48回アカデミー賞で作品賞、監督賞、主演男優など主要4部門を受賞。

舞台は1963年の米オレゴン州の精神科病院。刑務所で詐病を使った囚人マクマーフィ（ジャック・ニコルソン）が精神鑑定のために入院してくる。精神疾患の患者たちはラチェッド看護婦長（ルイーズ・フレッチャー）の管理の下、従順に暮らしているが、彼の出現によって気持ちが変化していく。集団で病院を抜け出して海釣りに出かけたり、病院に若い女を連れ込んで乱痴気騒ぎを起こしたり。やがて、こうしたマクマーフィの行動が問題視され、衝撃的な結末を迎えるストーリーだ。

まあ、これだけ破天荒をやれば睨まれるのも仕方ないと思っていたら、婦長は患者を厳しい口調で脅し、医師は懲罰の手段として電気けいれん療法を行うなど非人間的な行為に走る。大人数人で押さえつけて行う電気ショックはまるでフランス警察の拷問だ。正常な治療とは思えない。

『es［エス］』（01年）というドイツ映画がある。米スタンフォード大で行われた実験をドラマ化。20人の被験者に刑務所の看守役と囚人役を演じさせ

【蛇足ながら】

精神病院は監禁の場か？

本作と同じようなテーマを扱ったのが韓国映画『消された女』（2017年、イ・チョルハ監督）。仕事を干されたテレビディレクターが、義理の父親を殺した疑いで収監されている女性の手記を入手。彼女は路上で拉致されて精神病院に入れられ、病院は患者の体内から臓器を取り出して売買していたという血生臭いエンターテインメント作品。野蛮な行為などが描かれたあと、さらに一段の落ちがあるという仕掛けだ。

政治的な色合いなのが2015年の『コロニア』（フローリアン・ガレンベルガー監督）だ。1973年にチリのアジェンデ政権がピノチェトのクーデターで崩壊した際の実話をもとにしている。

このクーデターでは反体制派の活動家が多数殺害され、生き残った者

ているうちに、看守役が攻撃的になって暴走する。人は閉鎖的な管理社会にいると、支配する側と支配される側に立場が明確化するようだ。

公開当時、ラチェッド婦長を「中年女の母性」とする論評があった。図体の大きな子を母親がしつけているというのだ。だが、ここに描かれているのはそんな生やさしいものではない。ラチェッドは患者たちの自由を認めず、仮に認めたとしても自分の意思の下での自由に抑える。彼らを制圧することで支配者の安心感を得ていると考えてよい。もし彼女の中に母性があるとしたら、それは登場人物のビリーが恐れる母親のようないびつな母性だろう。

本作のマクマーフィはビリーを追い込んだラチェッドを許せず、彼女の首を絞める。そのためロボトミー手術によって廃人にされてしまう。本来なら裁判を受けて服役するところだが、支配者は彼から人格を奪ってしまった。脳を破壊したのは結末を衝撃的にするためかもしれないが、支配する立場の病院がこっそり手術を行ったのなら、ラチェッドや病院長、介護士らがマクマーフィに対して「恨み」を晴らしたとも解釈できる。

本稿を書くために38年ぶりに本作を見た。その夜、映画『デッドマン・ウォーキング』（95年）のラストを夢に見た。死刑囚が処刑される場面だ。死刑は国家が行う復讐、ロボトミー手術は病院が行った復讐。恨みを晴らすという点で何がどう違うのだろうか。

（14年3月19日掲載）

の一部は「コロニア・ディグニダ」という農業コミュニティに収容される。ここはピノチェトと結びついた拷問施設。収容された人々は薬漬けにされ、思考能力を破壊される。その悪魔の施設に、客室乗務員のレナ（エマ・ワトソン）が恋人の消息を探るため単身で潜入するという展開だ。ピノチェトがコロニアを訪れて毒ガスを依頼する場面もある。日本ではあまり注目されなかったが問題作である。

カッコーの巣の上で（ワーナー・ホーム・ビデオ）

トランプ勝利の今だから見たい「米国の正義」

アラバマ物語

―1962年　ロバート・マリガン監督

ジャズ奏者ジョン・コルトレーンに「アラバマ」という名曲がある。1963年9月、アラバマ州バーミンガムの教会で差別主義者のダイナマイトによって黒人の少女4人が殺害された。コルトレーンはこの事件に衝撃を受け、悲しみと怒りをこめて「アラバマ」を作曲した。本作はその前年に公開された。

1932年、アラバマ州の田舎町で弁護士のアティカス（グレゴリー・ペック）は幼い息子ジェムとその妹スカウトの3人で暮らしている。近所には「ブー」という青年を監禁しているという噂の屋敷があり、ジェムは夜間に侵入して内部の様子を探ろうとするなど冒険を楽しんでいた。

そんなある日、アティカスは白人女性をレイプした容疑で逮捕された黒人青年トムの弁護を引き受ける。スカウトが学校で「黒人の仲間」と中傷される中、アティカスは正義を貫こうとするのだった。

見どころはアティカスがトムを弁護する裁判だが、その前夜も重要だ。町の男たちは銃を持って裁判所に押しかけ、不穏な空気を察知して不寝番をし

【蛇足ながら】幼児の視点とメルヘン

米国人は裁判映画が好きだ。その理由が推理小説やミステリー映画への興味と同根にあることは説明するまでもない。米国には陪審員制度があり、いつ自分が指名を受けて有罪・無罪を判定する仕事を要請されるか分からない。そうした緊張感が国民に推理小説への関心を持たせた。裁判映画への興味も喚起し、『十二人の怒れる男』（1957年）、『評決』（82年）、『エリン・ブロコビッチ』（2000年）など数多くの名作を生んできた。

この『アラバマ物語』の特徴は弁護士アティカスの裁判劇にとどまらず、幼い姉弟を描いていることだ。姉の目から見た民衆の貧しさと偏見、父への尊敬の念。弟の目から見たブーが住む古い屋敷の不気味さと男子の冒険心。こうした幼児の社会的視

ているアティカスに「トムを渡せ」と迫る。彼らの目的がリンチであることは明らか。その場に居合わせた娘のスカウトは群衆の中に農民のカニンガムがいることに気づく。カニンガムは息子に弁当を持たせられないほど貧乏だ。要するに極貧の男たちが弱い黒人を蔑み、憎む構図。彼らはトムが無罪であると知っている。それでも白人の優位性を示し、貧しさへの鬱憤を晴らすという2つの目的のために、トムをリンチしようとするのだ。この愚かさを日本人は笑えない。日本でも抑圧された民衆に貧しき農民が石を投げる差別が歴史的に繰り返されてきた。東も西も差別の精神性は同じなのだ。

　それにしてもトムのレイプ裁判の茶番にはあきれてしまう。トムは白人女の性のはけ口にされそうになり、拒絶した。にもかかわらず女の作り話が通って逮捕された。黒人の命と人権は虫けら以下なのだ。

ラストで登場するブーを演じたのは、当時31歳のロバート・デュバル。この不条理な物語を無言の人間愛で締めくくった。デュバルは本作の10年後『ゴッドファーザー』で脚光を浴びた。この作品で演じたのは弁護士で、役名は『アラバマ物語』の黒人の被告と同じ「トム」だった。一方、ロバート・マリガン監督は71年に『おもいでの夏』という佳作を撮った。

　米国はいま隠れトランプによって白人優位の社会に戻りつつある。本作を見て米国の正義に立ち返ってもらいたいものだ。

（16年11月16日掲載）

点とメルヘンを盛り込みつつラストになだれ込む。

　本作に感動した人にお薦めしたいのがジョン・フォード監督の『太陽は光り輝く』（53年）。こちらもアメリカ南部の差別的偏見を描いた力作だ。ジョン・フォードはジョン・ウェインなどを起用した西部劇の監督のイメージがあるが、『太陽は光り輝く』や『怒りの葡萄』（40年）のような社会性の強い作品も生み出している。

アラバマ物語（NBCユニバーサル・エンターテイメント）

赤狩りに立ち向かう女の信念

追憶

1973年　シドニー・ポラック監督

本作をレンタル店の恋愛コーナーで見かけて首をひねった人もいるだろう。男女の恋愛映画だが、本質は「赤狩り」を描いた社会派ドラマだ。

1930年代に同じ大学で学んだケイティ（バーブラ・ストライサンド）とハベル（ロバート・レッドフォード）。2人の学生時代は対照的だった。共産主義にシンパシーを抱き政治活動に取り組むケイティ。ハベルは文学的才能はあるが、一種のスポーツばか。2人は第2次大戦中に再会して恋愛、結婚に至る。ハベルはハリウッドの脚本家に出世するが、ときは冷戦時代。全米でジョセフ・マッカーシー上院議員の赤狩り旋風が吹き荒れている。そのためハベルたち映画人の集まりも当局に盗聴される。

正義感の強いケイティはハリウッドの赤狩りに抗議し、マスコミの標的にされてしまう。その結果、夫婦は離婚。数年後、ニューヨークの街角で再会するラストは映画史に残る名場面だ。

主要テーマは、確固たる政治意識を持つ妻と時勢に流される夫の生き方の不一致である。夫は妻の高邁な思想と行動を理解できない。その象徴がケイ

【蛇足ながら】トランボが映画に潜ませたメッセージ

ジョセフ・マッカーシーが1940年代後半に赤狩りを開始した当初、米国民は彼の追及に拍手を送った。一部の良識あるマスメディアは民主主義の崩壊につながるとの危機感を抱いていたが、マッカーシーの報復を恐れてだんまりを決め込んだ。

このとき起ち上がったのがジャーナリストのエドワード・R・マローだった。彼はテレビ番組にマッカーシーを呼んで自分への疑惑を語らせ、マッカーシーの作り話に冷静に反論した。これによって及び腰だった他のマスメディアもマッカーシーに対立する姿勢を取るようになり、民主主義を守ることができた。その経緯は映画『グッドナイト&グッドラック』（2005年、ジョージ・クルーニー監督）に描かれている。

ティが抗議活動から戻る場面だ。夫婦は空港でヒステリックな罵声を浴びせてくる群衆を避け、2人きりで話し合う。「政治家に勝てるはずがない。赤狩りはほっとけ」という夫に、妻は「主義こそ人間の糧よ」と譲らない。

ふつうのカップルは妻のほうがノンポリだが、本作は逆。妻が「主義」すなわちイデオロギーを貫き、夫はイデオロギーを理解できず妻を守れないという構図である。厳しい言い方をすると、もともとこの2人の組み合わせは無理があった。最初のパートナー選びが間違っていたのだ。だが、互いの思想信条を考慮せずに恋愛に走ってしまうのが人間の弱いところ。水と油が交われないように、男と女は永遠にすれ違う。

ラストで抱き合い別れの言葉を交わしたあと、ケイティは「原爆反対」を叫んでビラを配る。幸福な結婚生活を犠牲にしても信念を曲げない彼女の姿に、観客は胸を打たれるのだ。ケイティは『チャイナ・シンドローム』（79年）や『シルクウッド』（83年）のヒロインの原型ともいえる。

赤狩りによって多くの映画人がパージされる中、エリア・カザン監督だけは仲間を売って第一線にとどまった。彼が『エデンの東』（55年）を撮れたのは、ユダへのご褒美だった。そのため今も米国では『エデンの東』に違和感を抱く映画人が少なくない。

（15年7月8日掲載）

赤狩りで活躍の場を奪われたのが脚本家のダルトン・トランボ。ロバート・リッチという偽名で原案を書いた『黒い牡牛』（1956年）がアカデミー賞原案賞を受賞したが、素性を隠しているためトランボは授賞式に出席できなかった。牡牛が闘牛場で殺されそうになるものの、観衆の「殺すな」というコールで命を救われる物語。トランボは自分を牛に見立てて、米国民の集団ヒステリーを批判した。

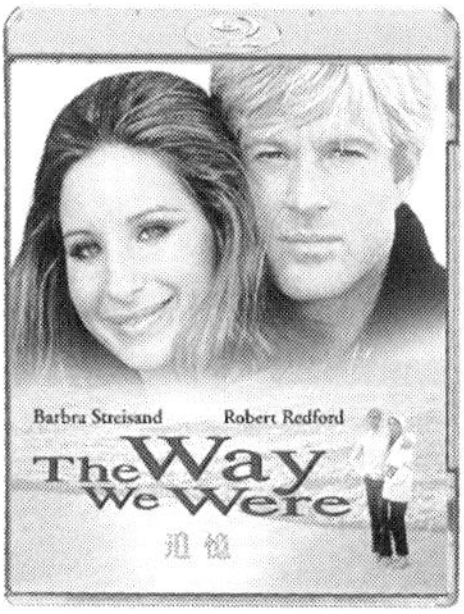

追憶（ソニー・ピクチャーズエンタテインメント）

弱者への冷笑を反省したくなる意欲作

I am Sam　アイ・アム・サム

2001年　ジェシー・ネルソン監督

2002年の日本の映画興行収入は1位が『ハリー・ポッターと賢者の石』（203億円）。以下『モンスターズ・インク』（93億円）、『スター・ウォーズ　エピソード2』（93億円）と派手な作品ばかりだった。その中でぽつんと9位に入ったのが本作。34億円の大健闘だった。

サム（ショーン・ペン）はスターバックスで働きながら7歳の娘ルーシー（ダコタ・ファニング）を育てる中年男。ハンディがある。知能が7歳程度の障害者なのだ。そのため行政官によって養育能力がないと判断され、ルーシーは施設に収容されてしまう。わが子を取り戻すためにサムが頼ったのが金持ちしか相手にしない弁護士のリタ（ミシェル・ファイファー）。彼女はサムの依頼を断ろうとするが、自分が社会奉仕もできる弁護士であることを示すために渋々ながら弁護を引き受けるのだった。

サムの仲間たちは映画好きで、同じ知的障害を抱えながら、ルーシーをわが子のように可愛がる。こうした貧しいコミュニティーの中で育てられているからこそ、引き離された女の子とサムの痛みがヒシヒシと伝わってくる。

【蛇足ながら】

単なるヒモだと思ったら……

今さら言うのも変な話だが、ショーン・ペンがハリウッド俳優として登場したとき、筆者は単なるチンピラ役者だと軽く見ていた。身長173センチで痩せ型。米国人としては小柄なこの男は1985年に当時人気絶頂のマドンナと結婚。大物食いに成功したため「どうせヒモみたいなもの、すぐに別れてハリウッドから干されるよ」と思ったら、さにあらず。マドンナとは4年後に離婚したものの、役者としてメキメキと頭角を現した。2003年に『ミスティック・リバー』で、08年には『ミルク』でアカデミー賞主演男優賞を受賞するなど数々の栄誉を手にしている。どちらも熱演だった。

一方、ダコタ・ファニングはこの『アイ・アム・サム』でロサンゼルス映画批評家協会賞新人賞を受けた。

しかも行政は手厳しい。売春婦のカモになりかけたサムを前科持ちに仕立て上げる。サムに協力してきたアニー（ダイアン・ウィースト）が外出恐怖症を乗り越えて法廷で証言するや、父親との関係が良好でなかった過去まで攻撃。善意のアニーは失意に沈んでしまうのだ。父と娘の望みは2人で一緒に暮らすこと。だが無情な行政はそれを許さない。客観的に見れば、ルーシーを裕福な里親に預けるのは良策だろう。行政の措置は「鬼手仏心」と言えなくはない。それでも観客はこの愛情に満ちた父親を応援したくなる。

ショーンはけなげに生きる障害者を好演。当時7歳のダコタは大人顔負けの演技力を見せつけた。サムに向けるまなざしは母親のように優しい。離れ離れになるや「2人で逃げよう。名前を変えてどこかで暮らそう」と提案する。娘を持つ親なら、誰もが泣けるセリフだろう。ミシェル・ファイファーも秀逸。傲慢な弁護士のつくり笑いといら立ちをコミカルに表現した。子役のダコタにショーンとミシェルが触発されて演技を競い合っているようだ。

子供の靴を買うカネもない男と豪邸に住む弁護士。アッパーとロウアーが打ち解ける展開はいささかメルヘンチック過ぎるきらいはあるが、心温まる結末に救われる。ラストのルーシーの笑顔が素晴らしい。かつて日本には障害者をさげすむ風潮があった。弱い人々を冷笑したことを反省させられる意欲作である。

（17年4月12日掲載）

誰もがビックリする天才的な演技力である。

ダコタの妹のエル・ファニングも演技派。しかもかわいい。10年公開の『SOMEWHERE』（ソフィア・コッポラ監督）では両親が別居中の少女を好演。親の都合で父親に預けられ、やがて父親との生活を希望する。父親との別れを泣いて嘆く姿がなんとも切ない。筆者は泣きの演技はあまり好きではないが、エル・ファニングなら涙も鼻水も許せるのだ。

アイ・アム・サム（ワーナーブラザース ホームエンターテイメント）

人間性を破壊する凄絶拷問

1984

1984年　マイケル・ラドフォード監督

ジョージ・オーウェルのディストピア小説を映画化。公開時、「暗い映画だ」と紹介する記事をいくつか見かけた。

1984年、オセアニア国では国民が権力者によって洗脳支配されている。人々は自宅に設置した双方向テレビなどによって常時監視され、反逆者の映像に怒声を浴びせて支配者の「ビッグブラザー（偉大なる大兄）」を崇拝。役所勤務のスミス（ジョン・ハート）の仕事は過去の事実を改竄《かいざん》することだ。彼は国家権力の支配を疑問視し、禁じられた日記を書いている。ある集会でジュリア（スザンナ・ハミルトン）と出会い、2人は法を破って肉体関係に。逢瀬を重ねたある日、密会中を思想警察に踏み込まれるのだった。

オーウェルは48年にスターリンへの批判としてこの小説を書き上げた。映像も音楽もかつてのソ連を思わせる。とくに主題曲のメロディーは秀逸だ。

この映画が放つのは強烈な集団催眠だ。民衆は公開処刑で「殺せ殺せ！」の大合唱、ビッグブラザーに感激の涙を流す。民衆が家畜のように飼い慣らされた姿は現代の北朝鮮やかつての大日本帝国を思わせる。思想警察の襲撃

【蛇足ながら】

父親を密告したパブリク少年

本作の終盤で娘に密告された中年男が登場する。これは1930年代のソ連が子供に自分の親を密告するよう奨励した事実をもとにしている。当時のソ連には「ピオネール」という少年少女の組織があり、10～14歳の子供たちが指導を受けていた。ピオネールは「スターリンがキミたちを幸せにしてくれる」と洗脳し、親を密告するよう働きかけた。

その中で伝説的に語られたのが13歳のパブリク・モロゾフ少年だ。31年秋、パブリクは父親を悪質な富農であるとして当局に告発。模範少年として称賛された。味をしめたパブリクは9歳の弟を使って村人の密告を開始。だが32年9月、弟とともに刺殺された。密告に対する親族の報復で殺されたとみられている。

スターリンの大粛清が始まったき

場面から恐怖のボルテージが増す。ヘリの爆音の中、鉄かぶとの警官が全裸のジュリアを暴行。スミスは「党」の幹部オブライエン（リチャード・バートン）から凄絶な拷問を受ける。

オブライエンはスミスが日記に書いた「自由とは2＋2＝4と言えること」という文言を追及し、「党は答えを3にでも5にでもできる」と言いくるめようとする。スミスはあくまでも「4」と答え、そのたびに苦痛を浴びる。カラカラに乾いた口を歪めるジョン・ハートの苦悶の表情と、穏やかな口調で尋問するリチャード・バートンの冷酷な演技が見事。

その先に待つのは拷問部屋「101号室」だ。ここでスミスは狂暴なネズミによる拷問にさらされる。この拷問ではネズミが人間の目玉をかじり、頬に穴をあけて舌をむさぼるという。スミスは恐怖に耐え切れない。その結果、裏切りの叫びを上げるのだ。

スミスはテロリストではなく、支配体制に不信感を抱いた一市民にすぎない。それだけのことで痛めつけられる。彼の友人は知らずに反逆の片棒を担がされ、娘に密告された。家族が国家を妄信し、実の父親まで売ったのだ。本当は反逆組織など存在しないのに。

日本は共謀罪が施行され、国家権力が気に入らない国民を摘発できるようになった。『1984』の暗黒郷は確実に近づいている。（17年7月19日掲載）

っかけは34年1月の共産党大会だった。中央委員を選ぶ選挙でスターリンを書記長から解任して政治局員のセルゲイ・キーロフを後任に据えようとする動きが起きた。同年12月、キーロフはレニングラード党本部で至近距離から射殺された。これがきっかけでスターリンの「大粛清」が始まり、2000万人もの国民が殺されたのである。

1984（TCエンタテインメント）

劇場で悲鳴が上がった腹切りのむごたらしさ

切腹

１９６２年　小林正樹監督

時代劇の最高傑作。滝口康彦の原作を橋本忍が脚本化した。

寛永年間。井伊家の江戸屋敷に切腹の場を借りたいという男（仲代達矢）が現れる。元福島家家臣・津雲半四郎と名乗る男に、家老の斎藤勘解由《かげゆ》（三國連太郎）は先日、千々岩《ちぢいわ》（石濱朗）なる浪人が同じように門前での切腹を申し出たと明かす。千々岩の持つ竹光の脇差《わきざし》で無理やり腹を切らせたというのだ。半四郎はその話に臆することなく、「それがし、見事に腹をかっさばいて見せまする」と応じ、家中で評判の使い手３人による介錯を頼む。勘解由はこれを了承。ところが３人とも休みを取っているとの報告を受け、勘解由は動揺するのだ。

公開時、仲代は29歳、三國は39歳。この若さで老獪な中年男を演じた。仲代、三國の言葉の応酬は火花が飛び散るほど鬼気迫るものがある。時間の経過によって中庭に差し込む建物の影が長く伸びていくなど丁寧な描写。屋内で斬り合った場合の勝負を侍同士が論じ合うのも新鮮だ。

設定は大坂夏の陣から15年後の寛永７（１６３０）年。戦国時代が終わっ

【蛇足ながら】

直木賞に６回ノミネート

本作の原作『異聞浪人記』を書いた滝口康彦にはもう一作、映画化された小説がある。本作と同じ小林正樹監督がメガホンを取った『上意討ち　拝領妻始末』（１９６７年）だ。殿の側室だった美女を妻として押しつけられた侍が後に妻を返上するよう命じられて藩の重役たちに反発、父と共に城からの討っ手に立ち向かうストーリー。主人公の父親を三船敏郎が、拝領妻を娶った息子は加藤剛が演じている。妻役は司葉子だ。城からの討っ手を迎えるにあたって、血のりで足が滑らないよう畳をすべて裏返しにするなど、実際の斬り合いが生々しく伝わる演出が素晴らしい。『切腹』に劣らず評価が高く、67年のベネチア国際映画祭で国際映画評論家連盟賞を受賞。キネマ旬報の日本映画部門で１位に輝いている。

て平和の世になり、人が血なまぐさいものを求めているせいか、介錯の沢潟（丹波哲郎）は竹光で腹を十文字に切れと千々岩を弄ぶ。その最期のむごたらしさは劇場で悲鳴が上がったほどだ。

千々岩の差し料はなぜ竹光だったのか。彼を追い込んだ男たちはその後どうなったのか。真相がミステリーのように明かされる。動揺する重臣に半四郎が意味深な笑いを放ち、勘解由が「斬れ」と命じるなど緊迫場面が続き、気がついたら終わっていた。それほど見応えのある映画だ。

半四郎が仕えた福島正則は関ケ原の合戦で東軍として活躍しながら、幕府の難癖で改易された。その家臣が徳川の名門・井伊家の家老と対峙するのがミソ。同じ東軍だった者が片や高禄の家老、片や食い詰め浪人という対比は家康と正則の力関係にも似ている。

半四郎は「しょせん武士道はうわべだけのもの」と勘解由を批判し、勘解由はこれを嘲笑う。だが騒動が終わり、勘解由が下した処断こそがまさにうわべを取り繕うものだった。要するに武士道なんてのは建前を優先して人間性を蔑ろにする理不尽な哲学だ。最近、日本人が「俺たちには武士道がある」と胸を張る姿を目にする。だが筆者は武士道が士農工商という身分制度が生み出したナルシシズムとマゾヒズムに思えてならない。それほど美しいものだろうか。

（18年3月7日掲載）

滝口康彦は1924年に長崎県に生まれ、その後佐賀県に移って郵便や運送の仕事をしながら小説を書き続けた。58年に『異聞浪人記』でサンデー毎日大衆文芸賞を受賞。直木賞に6度ノミネートされながら、受賞に至らなかった。『綾尾内記覚書』（59年、オール讀物新人賞）など優れた短編を残しており、武士道の不条理を探究するストーリーが多い。滝口のファンは時代小説通と言ってもいいだろう。

切腹（松竹）

深窓の令嬢がファシズムの憎悪に立ち向かう

わが青春に悔なし

―1946年　黒澤明監督

原節子が亡くなった。1962年以来、「伝説の女優」として敬愛された人だった。本作は彼女の代表作のひとつだ。

1933年、国内には帝国主義的侵略のために軍事ファシズムが台頭し、京大の八木原教授（大河内伝次郎）は大学を追われる。教え子のうち野毛（藤田進）は左翼運動に身を投じ、糸川（河野秋武）は検事に。八木原の娘・幸枝（原節子）は野毛の妻となるが、夫とともにスパイ容疑で逮捕されるのだ。

京大事件（33年）とゾルゲ事件（41年）を合成した人間の変節と進歩の物語だ。糸川は転向して権力側の人間となり、政治を「退屈な話」と敬遠していたお嬢さまの幸枝は侵略戦争に反対する野毛の思想に共鳴する。44年公開の戦意高揚映画『加藤隼戦闘隊』で加藤建夫隊長を演じた藤田進が左翼スパイに扮しているのはご愛嬌。軍需工場で働く女子挺身隊員をたたえる『一番美しく』（44年）を撮った黒澤監督は時機到来とばかりに本作を手掛け、戦前の暗黒時代を糾弾した。

【蛇足ながら】

原節子は右翼だったのか？

昔から映画評論家などの間で語られていることだが、原節子には「反動」の側面があった。彼女は自分を映画界に導いた映画監督・熊谷久虎の影響を受けていた。熊谷は原節子の義兄にあたる。大分県中津市の出身で、戦時中、国粋主義の思想団体「スメラ学塾」のメンバーとして積極的に活動していた。

スメラ塾は西洋諸国を牛耳り共産主義を広めたのはユダヤ民族であるとし、敗戦が濃厚になるや、天皇を九州に迎えて独立国家を創設しようと考えていた。原節子もユダヤ人謀略説を信じ込み、熊谷の活動を手伝っていたという。

民主主義を讃える映画に出演していた原節子からは考えられない狂信的かつ右翼的なイメージ。ということは原節子は熊谷によって注入されそしてなにより進歩したのは幸枝を迫害した民衆だ。幸枝は獄死した野毛の故郷に行き、弱気になっている老親の田んぼを耕す。そんな幸枝を、政府と軍部に洗脳され言いなりになっている村人は「非国民」と呼んで白眼視。幸枝は泥にまみれながら嫌がらせに毅然と立ち向かう。痛々しさの中にも幸枝の姿が頼もしくも見える場面だ。

かくして45年8月、「敗戦の裁き」が下り、自由がよみがえった。八木原教授は大学に復帰し、野毛の名誉も回復された。幸枝は「顧みて悔いのない生活」を求めて村に戻る。昨日まで憎悪むき出しだった村人がトラックの荷台から幸枝に手を差し伸べてほほ笑むラストは、平和国家として歩み始めた新生日本の希望を物語っている。

本作は幸枝という女性の苦難を通じて日本国民の愚かさと戦後の覚醒を描いた。「村の女の人たちの生活を良くするのが私の生きがい」と語る幸枝は、これから農村文化運動の指導者として尽力するだろう。民主主義によって天皇制ファシズムの呪縛から解放された人々の期待に応えるように、原節子は『青い山脈』（49年、今井正監督）で若き女教師を演じた。女子校の封建的な校風と戦う原節子もまた新時代の象徴なのだ。『わが青春に悔なし』『青い山脈』と続けて見ると、民主主義の崇高な精神がよく分かる。

（15年12月2日掲載）

た自分本来の右翼思想と、映画で見せる民主主義思想のギャップ、つまり密教と顕教のはざまで悩んでいたのかとさえ思えてくる。もしそうなら、それが１９６３年に43歳で引退した理由だったのかと妙に勘繰りたくなるのだ。

原節子と熊谷のただならぬ関係についてはノンフィクション作家・石井妙子の労作『原節子の真実』（新潮社）に詳しい。

わが青春に悔なし（東宝）

大人のエゴで子供が苦しんで死ぬ

誰も知らない

2004年　是枝裕和監督

是枝裕和監督の『万引き家族』がカンヌ国際映画祭のパルムドールを受賞した。同監督の代表作のひとつがこの『誰も知らない』だ。柳楽優弥が14歳でカンヌの主演男優賞を受賞した。

東京の安アパートに12歳の明（柳楽）たち4人の子供が母けい子（YOU）とともに引っ越してくる。4人はけい子の子だが、父親はそれぞれ違う。全員が学校や幼稚園に通わせてもらっていない。けい子は働きながら子供を育てるが、ある日仕事と称して出ていく。実は新しい男をつくって相手の家に入り浸っているのだ。だから1カ月後に帰宅しながら、すぐに出ていく。長男の明に「彼にあなたたちのことを話して一緒に暮らせるようにする」というが、明はその言葉を信じていない。やがてけい子は音信不通になり、明たちは電気、ガス、水道を止められるのだった。

大人のエゴが子供を苦しめる物語だ。けい子は際限なくセックスしては子供を産み、新しい恋愛にのめり込んでいく。明が抗議すると「私が幸せになっちゃいけないのぉ？」と口をとがらせて逆ギレ。男のもとに入り浸りで帰

【蛇足ながら】
実際の事件のほうが悲惨

この映画は1988年に東京で起きた「巣鴨子供置き去り事件」をモデルにしている。現実の母親が生んだのは5人（男児2人、女児3人）。次男は生後まもなく死亡し、死体はマンションの押入れで白骨化していた。

88年4月、三女が泣き止まないことに腹を立てた長男の不良の友だちが暴行。三女は死亡し、秩父市の山に埋められた。三女が空腹のあまり、不良が買い置きしていたカップ麺を食べたため殴られたという説もある。

マンションの大家から部屋の様子が変だとの通報を受けて警察が調べ、事件が発覚。ニュースを見た母親が警察に出頭して、前年に恋人と同棲するために家を出たことを明かした。彼女は懲役3年執行猶予4年の有罪判決を受けている。

って来ないため明が電話するが、SOSの無言電話がわが子からのものだと想像することができない。見ていてゾッとさせられる場面だ。

子供たちの父親はタクシー運転手（木村祐一）やパチンコ店員（遠藤憲一）で、明に援助を求められると逃げ口上で責任を回避しようとする。明をはじめ子供たちはけい子の言いつけを守って行政の援助を求めようとしない。汚れた衣服を身にまとい、腹をすかせる姿が哀れ。要するに母は子供たちを捨てて幸せになり、子供たちは母に捨てられて苦しむわけだ。

本作の公開後、同じような事件が発生した。2010年の「大阪2児餓死事件」では23歳の風俗嬢が恋人と遊興にふけり、3歳の女児と1歳9カ月の男児を置き去りにして飢え死にさせた。その後もDV男が同棲相手の連れ子を虐待死させるような事件が頻発している。事実は小説よりも残虐だ。

けい子のような、親になってはいけない連中がいま、犠牲者予備軍の子供を次々と産んでいる。そこにあるのは大人が快楽を貪れば、罪もない子供が惨死するという図式だ。その悲劇を周囲の大人たちは誰も知らない。

こうした育児放棄、虐待をテーマにした映画は少なくない。なかでも邦画『長い散歩』（06年）と米映画『ゴーン・ベイビー・ゴーン』（07年）は一見の価値ありだ。

（18年5月30日掲載）

昔から「女は弱し、されど母は強し」という。女性はかよわいものだが、母となれば我が子を守るために困難に立ち向かうとの意味だ。ところが近年はこの言葉を覆す事件が多すぎる。ネグレクトだけでなく、暴力男と同居し、我が子がなぶり殺しにされるのを静観する事件も頻発している。19年に千葉県野田市で起きた栗原心愛さん虐待死事件は筆舌に尽くし難いほど悲惨だった。

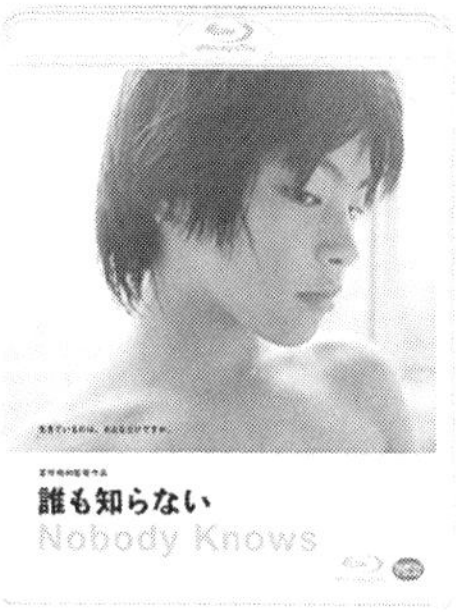

誰も知らない（バンダイナムコアーツ）

バカ殿に苦しむ封建社会の不条理

必死剣 鳥刺し

2010年 平山秀幸監督

原作は藤沢周平。サラリーマンにとって身につまされる物語だ。

海坂藩の物頭を務める兼見三左エ門（豊川悦司）は衆人環視の中で、若き藩主右京太夫（村上淳）の美貌の側室・連子《れんこ》（関めぐみ）を殺害する。三左エ門は打ち首を覚悟するが、処分は1年の閉門という軽いもので、閉門後は近習頭取に抜擢される。

一方、領内の農民たちは圧政に苦しんでいた。右京太夫と縁続きの帯屋隼人正（吉川晃司）は農民に同情的で、圧政を課す右京太夫とたびたび対立。そんなおり、三左エ門は家老の津田（岸部一徳）から藩内に右京太夫を暗殺する動きがあると知らされ、「殿をお守りせよ」と命じられるのだった。

三左エ門が連子を殺したのは彼女が政治に口出しして実直な勘定方役人を切腹させるわ、農民の首を刎《は》ねるわとやり放題だったからだ。彼女を寵愛している右京太夫は見て見ぬふりである。

現代でも似たことは起きている。社長の愛人になったOLがわが物顔で社内を闊歩し、社員を苦しめるなんて話はざらにある。人に聞いた話だが、都

【蛇足ながら】
「包丁人味平」との共通点

見どころは絶命した三左ェ門が家老の津田を殺害するラストだ。平山監督は本当に事切れた人間が攻撃できるものかと思い、何冊もの本を読んで研究したという。

そういえば、筆者が子供のころに読んだ漫画『包丁人味平』の連載第一回目に味平の父親でベテランの板前が客の目の前で鯉をさばく場面があった。包丁を入れられ三枚に下ろされた鯉は自分が頭と骨だけになっていることに気づかず、水槽の中を悠々と泳ぐのだった。

こんな物語がある。江戸時代、無実の武士が罪をなすりつけられて切腹に追いやられた。武士は切腹の場で自分を陥れた者たちを憎み、「あの世で呪い殺してやる」と言う。

そこで介錯人が「それほど憎いなら、首を切られた瞬間、目の前にあ

内にある中堅出版社の社長の愛人は日舞を習っている。彼女は同門会が近づくと女子社員に「あなたたち、明日から稽古よ」と無理やり日舞を習わせ、女子社員は同門会の当日、愛人のバックで踊らされるそうだ。

封建制度では生まれによって為政者の権力が授けられたため、無能な藩主が出現した。今の政界も同じ。親の跡目を継いで議員になり、原理主義的な正論を吐くだけで「将来の総理大臣」と持ち上げられている。

三左エ門は農民を擁護する隼人正と凄絶な斬り合いを展開する。平山監督は隼人正を原作よりも慈悲深い人物として描いた。そのため悪政を見過ごせない者、つまり正義を貫こうとする者同士が命を奪い合うという悲劇を迎える。

死闘の揚げ句、三左エ門は相手を倒すが、その先にもう一幕が待ち構えていて、最後は三左エ門の「必死剣」が劇的に締めくくる。これがなんともやりきれない。三左エ門の怒りの一撃は津田に向かい、右京太夫は無傷で終わる。かくして陰湿で酷薄なバカ殿は安泰。この先も家士《かし》や農民を人と思わない傍若無人ぶりを発揮するのだろう。本作はサラリーマンの悲哀の縮図だ。『武士の一分』『蟬しぐれ』『山桜』など藤沢文学の映画化は数あるが、本作のように主人公が死ぬのは珍しい。それだけに封建社会の不条理がズシンと迫ってくるのだ。

（15年6月24日掲載）

る岩に噛みついてみよ」と一間（約2㍍）も先にある岩を指さした。武士は岩を睨みながら首をはねられた。その瞬間、胴体を離れた彼の首は宙を舞い、見事に岩に噛みついた。

介錯人は「これでよい」と呟いた。「岩に噛みつくことでこの者の恨みは果たされた。もはや黄泉の世界から誰かを呪い殺すことはない」

岩を使って怨念までも奪い取ってしまったというわけだ。非情な話である。

必死剣 鳥刺し（ポニーキャニオン）

刑事、検事、裁判官が痴漢をでっち上げ

それでもボクはやってない

2007年　周防正行監督

電車内の痴漢行為が問題化している。川口駅では隣の女性に痴漢に間違われたと勘違いした男性が線路を逃走。平井駅で中国人女性が男性のヒジがぶつかったことに腹を立てて痴漢呼ばわりした際の映像はテレビで何度も流れた。痴漢冤罪は「凶器」である。

就活中の金子徹平（加瀬亮）は電車で女子中学生に痴漢と間違えられる。取り調べで「やってない」と主張するが検察官は起訴を決定。徹平は荒川弁護士（役所広司）や母親（もたいまさこ）らとともに裁判を闘う。潔白を証明するために車内を再現して映像に記録。母親は目撃者を見つけるためビラを配るのだが……。

刑事はヤクザのように怒鳴り、検事は「いつまでも否認してただで済むと思うなよ。絶対に落としてやる」と恫喝。刑事と検事そして裁判官までが無《む》辜《こ》な若者を有罪にしようとする。人権無視の職業的冤罪製造システムだ。われわれもいつこの落とし穴にはまるか分からない。

江戸時代の十手持ちは手柄を上げるために人の命を平気で犠牲にした。放

【蛇足ながら】

「おっかさん、まだ最高裁があるんだ！」

冤罪事件の被告人と弁護団の法廷闘争を描いた作品は少なくない。本書で紹介した『帝銀事件　死刑囚』のほかに有名なのが『真昼の暗黒』（56年、今井正監督）だ。1951年に山口県熊毛郡麻郷村（当時）で起きた老夫婦殺害（八海《やかい》事件）がモデル。

事件と無関係の青年が身に覚えのない殺人容疑で逮捕された。彼が捕まったのは真犯人が4人の男を共犯者として名指したからだった。警察は供述を鵜呑みにして逮捕。弁護士は主人公の濡れ衣を晴らすために活動するが、地裁と高裁の判決は被告全員を有罪とした。主人公が母親と面会して「おっかさん、最高裁があるんだ！」と叫ぶラストは有名だ。

『にっぽん泥棒日記』（65年、山本

火事件が起きると無宿人の袖に火打ち石を入れて番所に連行。着物から火打ち石を取り出して「おまえが火をつけた証拠だ」と下手人に仕立て上げた。無宿人は火責め水責めの拷問に耐え切れず嘘の自白をし、火あぶりで殺された。

本作の登場人物は「裁判官が無罪判決を出すのは警察と検察への否定。国家に盾突くと出世できないので無罪判決を出すには大変な勇気が要る」と語る。忖度と保身の暗黒裁判だ。「袴田事件」や「大崎事件」を思い出す。

ネタバレになるが、注目は小日向文世が演じる室山裁判長だ。良識派の裁判官が若手に「刑事裁判の最大の使命は無実の人を罰してはならないということです」と持論を述べる光景を離れたところから見つめる。同じ裁判官でも人によって考え方が大きく違う。その結果、室山が下した判決は見せしめだった。一流大を出た司法試験合格者は江戸時代の十手持ちと変わらない。

ただ、本作によって痴漢の扱いは変わった。10年前は弁護士も「無実でも罪を認めて示談にしたほうがいい」と勧めていた。ところが本作の公開後は無罪判決が出たり、被害者の女が恐喝目的で痴漢をでっち上げたと判断されるようになった。映画が冤罪体質に勝利したともいえるだろう。平井駅で同乗者が男性に有利な証言をしたこともこうした変化と無関係ではあるまい。

（17年6月14日掲載）

薩夫監督）は60年に起きた松川事件をモデルにした。『約束～名張毒ぶどう酒事件　死刑囚の生涯～』（12年、齋藤潤一監督）は61年に三重県名張市で起きた毒殺事件で逮捕された奥西勝死刑囚の半生をドキュメンタリータッチで描いている。

『BOX　袴田事件　命とは』（2010年、高橋伴明監督）は警察の暴力的な取り調べを問題視。この事件では警察が小細工をしたのではないかとの疑いがもたれている。再審が決定され、しかもDNA鑑定で無実が明らかになった今も、判決は留保されたままだ。

それでもボクはやってない（東宝）

半世紀以上も前の〝アッキード事件〟

金環蝕

1975年　山本薩夫監督

モリカケ疑惑で安倍内閣の支持率がガタ落ちした。本作は総理大臣の収賄疑惑を描いた問題作。石川達三が実話を基に書いた長編小説を映画化した。

1964年、税金で運営する「電力開発」の財部総裁（永井智雄）は九州・福流川ダムの工事を建設各社に入札させる方針を打ち出す。だが同社副総裁の若松（神山繁）は懇意の竹田建設に落札させようと工作。背景には与党・民政党への贈賄があった。

竹田建設は星野官房長官（仲代達矢）に別荘を愛人ごと贈呈するほどズブズブの関係。工事費から寺田首相（久米明）に賄賂を贈ろうと画策しているのだ。若松は建設大臣と結託して財部総裁を引退させ、工事費を増額。竹田建設に金額を知らせて落札させる。かくして寺田首相に5億円の賄賂が渡るが、同じ民政党の神谷代議士（三国連太郎）がその証拠をつかみ国会で追及するのだった……。

64年に起きた汚職事件がモチーフ。寺田首相のモデルは池田勇人、福流川ダムは福井県の九頭竜川ダムだ。佐藤栄作や田中角栄らしき人物も登場する。

【蛇足ながら】

右も左もカネまみれ

本作でがっかりさせられるのが財部総裁が実は青山組から利益供与を受けていたことが判明するくだりだ。一見すると清廉潔白そうな人物だが、それでも賄賂という魔力には抗うことができない。人間の欲望には限りがないのだろう。

2018年に逮捕され、その後逃走した日産のカルロス・ゴーン元会長は年に10億円もの報酬を得ながら、自分の損失を会社に付け替えたり、結婚式の費用を会社に負担させたとされる。事実であれば度を越した守銭奴ぶりだ。

さらに、そのゴーンを追い出した格好の日産の西川廣人も19年9月に社長を辞任した（取締役は留任）。理由は不正報酬問題。SARと呼ばれる株価連動型の報酬を受け取る際に権利行使の日付をずらすことで本

物語を面白くしているのが金融業の石原（宇野重吉）だ。内閣官房秘書官が2億円を借りにきたことから汚職の匂いをかぎつけ、部下を使って真相を解明。探偵映画のようにミステリータッチに展開する。

見どころは神谷の国会追及だが、寺田の妻峯子（京マチ子）の役割も面白い。峯子は財部に秘書官を派遣し、「竹田建設をよろしく」と書いた名刺を渡す。「あの出しゃばり女」と陰口を叩かれる峯子が余計なことをしたため政権が窮地に陥り、この名刺が絶望的な結末につながる。首相夫人の軽率な行動が疑惑発覚を招くとは今回のアッキード事件にそっくりではないか。

しかも峯子は名刺の存在を漏らしたとして秘書官を叱責。自分がしでかした過ちを官僚の責任にするのは文科省の文書問題にも通じる。あげく秘書官は殺されてしまう。寺田首相を守るため関係者が知らぬ存ぜぬを貫き、真相を知る石原が当局の家宅捜索を受けるのもどこかで見た光景だ。

ネタバレになるが、神谷という男は実に胡散臭い。当初は大声を張り上げて疑獄を追及しながら、民政党の幹事長に2000万円を提示されると、ころりと変節。一気に矛先を収め、カネをもらって外遊に出てしまう。これで追及は終息する。政治家は真相究明よりも自己の利益、権力者への忖度のほうが重要らしい。昔も今も政治の世界はドロドロ。モリカケ問題に憤慨している読者にぜひ見てほしい作品だ。

（17年6月21日掲載）

来より4700万円多い金額を受け取っていたという。ゴーン批判の急先鋒の西川ですら、裏側はこの体たらくだ。なんだか財部総裁とだぶって見える。

19年に発覚した関西電力の賄賂問題では福井県高浜町の助役によって関電幹部などに大金が渡り、1人で1億円以上を懐にした幹部もいた。県の職員の中には小判をもらった者もいたというから、まるで「水戸黄門」だ。

金環蝕（KADOKAWA）

槍持ちに託した「武士道に非ず」

血槍富士

1955年　内田吐夢監督

内田吐夢監督は敗戦後も中国にとどまり、中国共産党の映画製作に協力、1954年に帰国した。本作は彼の戦後第1作だ。

権八（片岡千恵蔵）は若殿・酒匂小十郎（島田照夫）の槍持ちとして仲間の源太（加東大介）とともに江戸への旅を続け、渡し船に乗り合わせた人々と親しくなる。子連れの女芸人おすみ（喜多川千鶴）のほか、娘おたねの身売りに悩む与茂作、中年の巡礼、大金を持っている藤三郎らだ。

小十郎は人柄はいいが酒乱の気があり、封印していた酒を口にして泥酔してしまう。権八とともに泥棒の六右衛門を捕縛し代官から感状を受けると、家臣の手柄を横取りするのは間違っていると意見するのだった……。

同じ面子によって道中の物語が進行。おすみの気立ての良さ、おたねに手を差し伸べる藤三郎の善意など味わい深い人情劇にまとまっている。雨がやみ、人々が宿から出発する終盤は『雨あがる』（2000年）を思わせるが、そこには思いもよらぬクライマックスが待ち受けている。

ここからネタバレ。本作を武士道の忠義ものと解説する向きもあるが、む

【蛇足ながら】

「海ゆかば」のせいで引っ越し

本文でもふれたが、内田監督は本作のラストに「海ゆかば」を流した。この歌は大伴家持の和歌に音楽をつけた軍国主義を象徴する国民歌謡。「天皇のために海でも山でも喜んで死にますよ」と主張した歌詞で1937年に発表された。同じ年に完成した曲に「愛国行進曲」がある。

『血槍富士』は内田の中国からの帰国第1作のため、彼が身を寄せていた引き揚げ者の地域の人々は反軍国主義的な内容、反国家主義的な映画を期待していた。ところが軍国主義礼讃《らいさん》の「海ゆかば」を使ったため、内田は住人との間に軋轢《あつれき》が生じ、引っ越しをせざるをえなくなったという逸話が伝わっている。

中間が武士と戦う作品では1963年の『この首一万石』（伊藤大輔監督）がある。大川橋蔵扮する槍持

しろ人と人の信義の物語だろう。小十郎は足のまめで難儀する権八を気づかい、おたねの身売りを押しとどめるために家宝として伝わる槍を売ろうとまでする。特権階級の武士が庶民に迷惑をかけていることを痛感。身分制度に疑いを抱き、「下郎とて同じ人間だ」と言い放つ。だから使用人の手柄は主人の手柄という考え方を受け入れることができない。

権八はこうした小十郎を慕っている。現代でいえば、思いやりのある上司を敬慕する若手社員だ。だから小十郎を斬った5人の侍に立ち向かった。彼の行動は『武士道残酷物語』（63年）のような封建社会の妄信的な忠誠心によるものではない。純粋に、敬愛する主人の仇を討とうとした。だが権八が主君の遺骨を抱いて帰郷するとき、町人たちは彼を褒めたたえる。

中国から戻った内田監督はこのラストシーンに何を託したのか。

勝手に解釈すれば武士道批判だ。権八の敵討ちを、当時の日本人が抱いた天皇に対する「七生報国《しちしょうほうこく》」精神ではなく、殿への友情、あるいは同志愛として描いたのではないか。人々に見送られる権八は「武士の鑑だ」との称賛を浴びながらも、その表情は戦後、外地から引き揚げてきた日本軍兵士のように複雑だ。BGMに「海ゆかば」のメロディーが流れてはいるが、内田監督は権八を通して「武士道に非《あら》ず」と訴えているのだろう。

（17年9月13日掲載）

ちの権三《ごんざ》が小藩の参勤交代に加わる。旅の途中で侍たちが本陣を、譲る譲らないで大藩の家臣と対立。自分たちの面目を保つために、権三が預かっている槍が神君由来の名槍《めいそう》だと嘘をつき、この嘘がばれてしまったため、権三に責任を押しつけて切腹させようと企む。権三はこの槍を手に居並ぶ侍たちを撃退。最後は鉄砲の標的になる。こちらも武家社会の不条理を描いた力作だ。

血槍富士（東映ビデオ）

ハンセン病に向けられた差別と偏見

あん

2015年　河瀨直美監督

旧優生保護法の下で不妊手術を強制された障害者が国を訴えた裁判が始まり、注目されている。本作は難病に人生を奪われた女性の物語。樹木希林の飄々《ひょうひょう》とした演技のおかげで説教くささを感じさせない。樹木の孫である内田伽羅の純朴な演技も好感が持てる。

千太郎（永瀬正敏）はどら焼き屋の雇われ店長。店には母子家庭で経済的に恵まれない中学生のワカナ（内田）が出入りし、いつも出来損ないのどら焼きをもらって帰る。ある日、千太郎の前に徳江（樹木）という老女が現れる。バイト募集の張り紙を見て、時給は半分以下でいいから働かせて欲しいと頼むが、千太郎は断る。だが徳江が置いていったあんこのおいしさに衝撃を受けた千太郎は彼女を雇い、一緒にあんこ作りを始める。徳江のあんこは「おいしい」と評判になり、店は行列ができるほど繁盛。

ところが店のオーナー（浅田美代子）は徳江がハンセン病の施設に住んでいるという話を聞きつけて問題視する。やがて病気の噂が広まって客が寄り付かなくなり、徳江は静かに身を引くのだった……。

【蛇足ながら】

『砂の器』『ふたたび』『パピヨン』

ハンセン病が登場する映画で有名なのが『砂の器』（野村芳太郎監督、加藤剛主演）。東京・蒲田で起きた殺人事件を刑事が捜査し、被害者の素性を調べるうちにその昔、彼が面倒をみた巡礼の父子の存在が浮かび上がる。原作は松本清張の推理小説だが、差別と偏見を背景にした社会派ドラマとして味つけされ、1974年に公開されて大ヒット。配給収入7億円を稼ぎだした。

財津一郎主演の『ふたたび swing me again』（2010年、塩屋俊監督）はハンセン病療養所を出て息子の家に引き取られた老人と大学生の孫のふれあいの話。老人は若いころジャズトランペッターだったが、病気のため長らく隔離生活を送った。だが老いてなお情熱を失わず、かつての仲間たちと交わした約束を果た卓越した技術を持つ老女とやさぐれた店長、大人たちに謙虚に接する貧しい少女。少女は高校に進学できるかもおぼつかない状況と、それぞれがつらい日々を送っている。そんな中、老女は人生の締めくくりのように千太郎にどら焼きづくりの面白さを教える。最初は老女を見下し、ぶっきらぼうだった千太郎が言葉を敬語に改め、徳江の弟子のように働き始めるのがミソ。小豆に愛情を注ぎ、鍋に向かって「頑張りなさいよ」と語りかける徳江の姿はコミカルでありながら、やはり感動的だ。「老成人を侮るなかれ」（書経）という言葉が胸に響いてくる。

しかし世間の風は冷たい。ハンセン病への差別と偏見で客は遠ざかる。徳江は千太郎にこう書き送る。

「こちらに非はないつもりで生きていても、世間の無理解に押しつぶされてしまうことがあります」

これは国家によって不妊手術を強制された人々の叫びでもあるだろう。徳江が千太郎に声をかけたのは彼の目の奥に哀しさを見いだしたからだ。そこには千太郎をわが子のように思う徳江の不幸な過去があった。

春から春へ。たった1年の物語だが、老いたる女性の知恵と経験が周囲を成長させたことを暗示してドラマは終わる。千太郎とワカナはこれからどんな人生をたどるのだろうか。

（18年4月4日掲載）

そうとする。それは憧れのジャズクラブで演奏することだった。

スティーブ・マックイーンの『パピヨン』（73年、フランクリン・J・シャフナー監督）では主人公のパピヨンが逃走中にハンセン病患者の島にたどり着く。身体にダメージを受けた患者のリーダーが吸っている葉巻をふかしたことでパピヨンは信頼を獲得。別れの際にこのリーダーがカネを分けてくれる。リーダーの好意に無言で感謝するパピヨン。劇中で最も感動的な場面だ。

あん（ポニーキャニオン）

侵略戦争に翻弄される父と子の悲劇

未完の対局

―1982年　佐藤純彌監督

佐藤純彌監督が死去した（享年86）。彼が戦後初の日中合作映画として世に送り出したのがこの作品だ。観賞に囲碁の知識は必要ない。

1924年、囲碁の名棋士・松波（三国連太郎）は中国の棋王と呼ばれる況易山（孫道臨）と出会い、彼の息子・阿明《あめい》（沈冠初）の才能に着目。阿明を日本に連れ帰って修行させたいと申し出る。易山は一度は断ったものの、我が子の将来のために承諾。阿明は鎌倉にある松波宅で囲碁の修業に励み、松波の娘・巴《ともえ》（紺野美沙子）と愛し合う。だが満州事変（31年）が起こり、日中戦争（37年）に拡大。南京事件で同胞たちが虐殺されたことを知った阿明は帰国して祖国のために日本軍と戦おうとするが、松波に反対される。

戦後、易山は息子の阿明を捜すために渡日する。そこで直面したのは阿明が憲兵隊に射殺され、巴が発狂したという現実だった。しかも松波のせいで阿明が殺されたと聞き、易山は殺意を抱くのだった……。

関東軍が領土拡大を狙って無辜《むこ》の市民を殺戮《さつりく》した侵略の暗黒時代。軍の幹部は自分たちに従わない易山に刃《やいば》を向ける。

【蛇足ながら】

南京事件を否定する人々

この映画で棋士の阿明が日中戦争で多くの中国人が殺されていることにショックを受ける場面がある。日中戦争は1937年7月に勃発。その結果起きたのが同年12月の南京事件だった。

戦後の東京裁判で、事件当時南京病院の医師を務めていたロバート・ウィルソンは40歳くらいの女性が日本軍に首の筋肉を切られた状態で運ばれたこと、8歳の少年が腹部貫通の傷を負ったこと、揚子江沿岸で多くの中国人が日本兵によって射殺され死体が河の中に投げ込まれたことなどを証言した。

日本兵が強姦しているとの知らせを受けて駆け付けると、戸の締まった裏庭に日本兵3人が銃を持って立ち、2人の日本兵が中国人女性を強姦していた。ウィルソン医師はその一方、日本では天聖位のタイトルを獲得した阿明に対して軍部が「日本に帰化して天皇の臣民になれ」と命令。阿明は拒否して命の危険にさらされる。中国人の父と子が日本の軍部の迫害に苦しめられる物語だ。松波は南京虐殺を「フェイクニュースだ」とばかりに否定する。日本人が残虐行為をするはずがないと自分に言い聞かせているのだろうが、皮肉なことにその彼も国家に裏切られたあげく、身を持ち崩してしまう。

易山が息子を日本に預けたのは明らかに判断ミスだった。いくら囲碁バカでも山東出兵（27年）や張作霖《ちょうさくりん》爆殺事件（28年）といった事実を冷静に分析すれば、日本軍のきな臭い悪計を見抜けたはずだ。日本＝関東軍は友好国ではなく、侵略者だった。ラストで幼い孫娘の華林《かりん》（伊藤つかさ）が放ったセリフこそが悲劇の真実である。

巴は阿明殺害のあと憲兵隊から解放されるが、すでに発狂していた。彼女を引き渡すときの憲兵どもの薄ら笑いを見逃してはならない。憲兵隊や特高警察が女性に性的な拷問を加えたことはよく知られている。巴も犠牲者なのだろう。残酷な時代だった。

公開時、劇場で右翼の妨害があったという。もし今、本作がリメークされたら、ネトウヨから在特会、戦闘服を着た稼業の方々までが「反日映画だ」と暴れ出すだろう。そういう意味で貴重な一作だ。（19年2月27日掲載）

女性を南京大学の避難民収容所に連れて行ったという。このほか日本兵にガソリンをかけられて火をつけられた男性が死亡したことが語られた。

保守文化人や自民党の政治家には南京事件はでっち上げだとの立場を取る人が少なくない。先日、テレビによく出ている右派ジャーナリストに「本当に南京事件はなかったんですか？」と聞いたら、「じゃあ聞くが、キミは南京事件を目撃したのか。見てないくせに断定するな」と怒られた。怖かった〜！

未完の対局（KADOKAWA）

愚かな戦争をよう見とくんや

少年H

2013年　降旗康男監督

先日亡くなった降旗康男監督（享年84）の代表作のひとつ。軍部が台頭し、国民がファシズムに向かう戦中そして戦後の世相を描いた。

1941年、神戸に住む小学生のH（吉岡竜輝）は仕立屋の父・盛夫（水谷豊）と家族4人で暮らしている。世間は戦争色が濃くなり、Hの周辺では逮捕者や自殺者が続出。盛夫も特高警察に連行される。

中学に上がると、学校は軍人が支配する世界で、「天皇陛下のおんために命を捧げよ」と叩き込まれる。爆弾を背負って敵の戦車に突進する訓練を受け、教官に意見すれば有無を言わさず鉄拳制裁だ。やがて戦況が悪化し、神戸の街はB－29の爆撃で焼かれるのだった……。

盛夫は他人を責めず正直に生きるクリスチャン。ヨーロッパから迫害を逃がれてきたユダヤ人の洋服をこっそり修理してやる。だが息子が米国の絵はがきを持っているだけでスパイ容疑をかけられ、特高の拷問を受ける。

子供は学校で天皇夫妻の写真と教育勅語を納めた奉安殿に敬礼しなければならない。キリスト教徒は神道と対立するという理由で徴兵され、危険な最

【蛇足ながら】

女子は米兵の鼻をかじり、金的を蹴り上げろ

主人公のHが爆弾を背負って戦車に突撃する訓練をくり返す場面が出てくるが、これは絵空事ではなかった。岡本喜八監督の『激動の昭和史 沖縄決戦』（71年）では上陸したアメリカ軍戦車に中学生くらいの少年が爆弾入りの箱を背負って突進し、敵戦車を大破させる。このシーンの恐ろしさは本来子供を守るべき大人が子供をその気にさせて捨て身の戦法をさせること。人間は追い詰められると倫理観を喪失するわけだ。

こうした人命軽視の戦法は軍部が想定していた本土決戦でも計画されていた。やはり年端の行かない男児に爆弾を背負って体当たりさせるよう指導し、女子にはアメリカ兵に食らいついて相手の鼻をかじれ、あるいは男子の急所である金的を蹴りあ

前線に送られる。Hがなついていたうどん屋の兄ちゃん（小栗旬）は共産主義運動で逮捕。元役者（早乙女太一）は召集されたあと軍隊から脱走し、追い詰められて自殺する。見送りの人々が「暁に祈る」を合唱し日の丸が揺れる中、ひとり暗い顔をした彼の姿が当時の出征兵士の心情を表している。

本作に描かれているのは軍部と官憲が国民を弾圧する「暗黒郷」だ。インテリの銀行員までが「お国のために」と戦争を礼賛。国民は軍部の嘘をうのみにし、憲兵と特高に怯える社会を自ら生み出した。盛夫はその危うさを淡々と語り、「いま何が起きてるんか、自分の目でよう見とくんや」と息子に教える。

かくして敗戦に至る。民主主義の到来で人の心は劇的に変化。銀行員は米兵に媚びを売り、Hを痛めつけた軍人は日本共産党の演説に拍手を送る。変わり身の早さはまるでコメディーだが、これは歴史的事実だ。

体制側にいた烏合の衆が無邪気に宗旨変えする中、Hと盛夫は逆に悩み始める。戦時下の社会を疑問視していた者が戦後、人生哲学に苦しむという皮肉が本作の見どころ。それは現代の我々にも「歴史は繰り返す」の教訓とともにいずれ降りかかってくる問題だろう。自民党の人気取り政策で国民が集団催眠に陥っている今こそ、盛夫が言うように自分の目でしっかりと現実を見ておきたい。

（19年6月5日掲載）

げろと指示。大人の男にはスコップで立ち向かえというのだ。日本に上陸してくるアメリカ兵はヨーロッパでドイツ軍を打ち負かした精鋭部隊だ。その屈強な連中が米国に帰国して十分な静養を取り、日本に攻め込んで来るのだ。スコップや金的蹴りで勝てるはずがない。

そういえば、新藤兼人が原作・脚本を担当した『陸《おか》に上がった軍艦』（2007年）では考案者の知能を疑ってしまうほど馬鹿馬鹿しい海軍の作戦が紹介されていた。

少年H（東宝）

その他の名作

悪い奴ほどよく眠る
（1960年　黒澤明監督）

主人公は土地開発公団副総裁・岩淵の娘と結婚した西（三船敏郎）。この公団は大竜建設に高額で工事を落札させ、岩淵ら重役は不正なリベートを得ている。その岩淵を西が追い詰める。クルマのライトや街灯など光の陰影を駆使した白黒映像は見ごたえ十分。岩淵はヤクザを雇って口封じをはかる。西の「巌窟王」のような復讐キャラもいい。

日本の戦後は疑獄事件の歴史でもある。1948年の炭鉱国管疑獄では田中角栄が逮捕された。福田赳夫が捕まったのは昭電疑獄（48年）。造船疑獄事件（54年）では佐藤栄作ら収賄側の大物が逃げおおせ、その後もロッキード事件やリクルート事件などが起きた。日本の保守政治家はファブリーズしても腐臭が落ちないらしい。

本作では大竜建設の幹部が社長の指示で自殺し、公団職員は火山に飛び込もうとする。いずれも口封じのためだ。公開は敗戦から15年。お国に命を捧げる自虐の喜びが残り、会社のために死ぬぞという意識が強かったのかもしれないが、その後、現実の事件で政治家の運転手や秘書が自殺したのはご存じのとおりだ。

劇中、岩淵がお偉いさんと電話で話す場面が3回出てくる。電話の相手が政治家であり、岩淵が贈賄しているのは間違いない。中堅社員らはノイローゼになり、さすがの岩淵も不眠症に陥る。だが政治家だけは快眠というわけだ。

ブレードランナー
（1982年　リドリー・スコット監督）

西暦2019年のロサンゼルス。人類はレプリカントと呼ばれるアンドロイドを地球外の奴隷労働に使っている。彼らのうち「ネクサス6型」の4体が人間を殺して地球に逃走。ブレードランナー（捜査官）のデッカード（ハリソン・フォード）が追跡する。デッカードはレプリの美女レイチェル（ショーン・ヤング）と交合し、逃走レプリのロイ（ルトガー・ハウアー）と対決するのだ。

　フィリップ・K・ディックの原作『アンドロイドは電気羊の夢を見るか？』と比べると、よくぞここまでと呆れるほど脚色されている。映画ではレプリの逃亡の目的が寿命を延ばすことになっているが、原作にそのくだりはない。原作ではロイはあっけなく殺される。デッカードは本物の羊を買って妻を喜ばせ、その羊をレイチェルに殺される。

　日の差さない空から酸性雨が降り注ぐ21世紀の映像は、白人と東洋人が行き交う人種のるつぼ。ビルには芸者の映像による「強力わかもと」の電気広告だ。

　観客が殺人レプリを憎む気になれないのは彼らが「死にたくない」と苦悶しているからだ。われわれ人間は「寿命がきたら死ぬ」と覚悟し諦める。そこには神様が寿命を決めるという考えがある。日本人が天皇の命令で戦死しても恨まなかったのは神の命令だったからだ。だがレプリは違う。製造からわずか4年の命なのは人間の都合じゃないかと訴える。考えてみれば当たり前の感情。だから観客は共感するのだ。

バードマン あるいは（無知がもたらす予期せぬ奇跡）
（2014年　アレハンドロ・ゴンサレス・イニャリトゥ監督）

　俳優のリーガン（マイケル・キートン）は20年前にヒーロー映画『バードマン』で一世を風靡したが、今はさえない。再起を期してブロードウェーの舞台を企画した。だが事故で助演男優がマイク（エドワード・ノートン）に代わり、薬物使用の過去がある娘サム（エマ・ストーン）とはしっくりいかない。ニューヨーク・タイムズの女性評論家は挑戦的だ。そんな彼をもう一人の自分が、「バカにされて笑われる。それがおまえだ」とこき下ろして勇気と自信を粉砕しようとする。リーガンは芝居用の銃を実銃に取り換えるのだった。

　カメラが長回しのように登場人物を追いかける。ドラム主体の音楽も秀逸。物語の主軸は初老男の苦悩だ。変身ヒーローの役者のリーガンは演劇界では格下に見られている。舞台という新境地で蘇ろうとするが、バードマンの囁きで自暴自棄に追い込まれる。

　ラストはバードマンと決別するリーガンの姿。人間の幸福は心の持ちようで決まる。高杉晋作は「おもしろきこともなき世をおもしろく」と詠み、野村望東尼《もとに》の結句「すみなしものは心なりけり」に「面白いのお」と呟いて29歳の命を閉じた。

　自信を回復して窓枠を越えた父と、父を探して空を見上げる娘。彼女のブルーの瞳に何が映ったのかは分からない。ただ、「あはは」という無邪気な笑い声が大団円の余韻を残すのだ。

グリーンマイル（1999年
フランク・ダラボン監督）

　1932年、死刑囚監房の看守を務めるポール（トム・ハンクス）のもとに幼い姉妹を殺した罪の黒人コーフィ（マイケル・クラーク・ダンカン）が送られてくる。ある日、コーフィは特殊な能力でポールの尿路感染症を治し、踏みつぶされたネズミを蘇らせる。彼の能力を認めたポールはコーフィをムーアズ所長の家に連れていく。所長の妻メリンダは重度の脳腫瘍だが、コーフィによって穏やかな表情を取り戻す。そんな中、ワイルド・ビルという囚人が入ってくる。コーフィはビルに腕をつかまれた瞬間、自分が関与した姉妹殺しの真相を知るのだった。

　コーフィはキリストの再来だ。原作者のスティーブン・キングは現代のキリストを黒人の巨漢に仕立てて奇跡を起こさせた。この優しい男は何の罪もなく、黒人差別で死刑に追いやられたことはポールも分かっている。だから逃げろと勧めるが、コーフィは「世界中の苦しみを感じたり聞いたりすることに疲れた」と答える。その姿は2004年の映画『パッション』（メル・ギブソン監督）のムチで肉体を引きちぎられ、殺されたキリストのようだ。『パッション』も本作も心の正しい者が苦しみながら殺される殉教の物語なのだ。

　コーフィ役のマイケル・クラーク・ダンカンは本作でアカデミー賞助演男優賞にノミネートされたが、12年に心筋梗塞で死去。54歳の死を本作のコーフィの最期とダブらせた人もいるだろう。

青春のほろ苦さ

ボクシング連盟はこの男に学べ！

ロッキー

１９７６年　ジョン・G・アビルドセン監督

日本ボクシング連盟の山根明会長をめぐる内紛を見ていたら、本作を思い出した。日本公開から41年になる。早いものだ。

三流ボクサーのロッキー（シルベスター・スタローン）は高利貸の取り立てを手伝うやさぐれ男。トレーナーのミッキーは愛想を尽かしている。ロッキーはペットショップのエイドリアン（タリア・シャイア）にご執心だ。そんなロッキーが世界チャンピオンのアポロ（カール・ウェザース）から対戦の指名を受けた。試合までわずか5週間だが、猛訓練を開始するのだった。

単なるスポ根映画ではなく、人間ドラマだ。全編１１９分のうち、ロッキーがトレーニングを開始するまで72分もかかっている。人々の生きざまをじっくり描いているから何度見ても飽きない。人間の「挑戦」の映画でもある。無名だったシルベスター・スタローンは妻とともに３日間でこの脚本を書きあげた。眠くなると互いをビンタしたという。ロッキーはチャンピオンに挑み、老いたミッキーは世界戦のトレーナーのチャンスを与えられる。内気な性格のエイドリアンはロッキーに人生を懸ける。

【蛇足ながら】

減量で人間は野生に戻る

スポーツ映画にはボクシングものが多い。洋画では『傷だらけの栄光』（１９５６年、ポール・ニューマン主演）、『レイジングブル』（80年、ロバート・デ・ニーロ主演）、『シンデレラマン』（２００５年、ラッセル・クロウ主演）など。

邦画にも現役ボクサーの福田健吾が主演した『ウェルター』（87年）や、元ボクサー・赤井英和主演の『どついたるねん』（89年）などがある。減量と生身の肉体が殴られて歪む姿を描写できるためドラマ性が高いのだろう。

元世界フライ級、バンタム級チャンピオンのファイティング原田からこんな話を聞いた。現役時代に減量をしていたとき、妻と口論になった。妻は怒って原田をひっぱたこうとした。その瞬間、原田の片腕が反射的製作チームにとっても挑戦だった。低予算のためロッキーとエイドリアンがスケート場でデートする場面のエキストラを雇えない。そこで苦肉の策として営業終了後にリンクを回る設定に変更した。結末は試合を終えたロッキーとエイドリアンが手をつないでロッカールームへ歩く後ろ姿だったが、撮了の数カ月後に撮り直しを敢行。2人がリング上で抱き合う場面に変更したおかげで映画史に残るラストシーンが生まれた。生卵をごくごく飲み、ジョギングするやすぐにバテてヨロヨロになるが、訓練を積んで全力疾走できるまで回復。リングでは強打を浴び、セコンドが止めるのを尻目にひたすら立ち上がる。試合後、エイドリアンの名を呼び続ける姿が実にいい。

ロッキーは貧しいイタリア系移民。アポロは大金をつかんだアメリカンドリームの男だ。貧しい白人VS豊かな黒人という逆説的な構図の中で、ロッキーは試合の前日、エイドリアンに「勝てない」と弱音を吐く。だがその一方でこれまでの半生を振り切るかのように「15ラウンドまで立っていられたら、俺がゴロツキじゃないことを証明できる」とストイックに立ち向かう。

問題の「奈良判定」の映像を見た後で本作を味わうと感激もひとしおだ。ボクシング連盟に巣くう山根一派はゴロツキから脱しようとするロッキーの崇高な精神に学んで欲しい。山根明は携帯の呼び出し音を「ゴッドファーザー」から「ロッキー」に変えてはどうか。

（18年8月15日掲載）

に伸びて妻の顔にフックを浴びせた。

原田はこう説明してくれた。

「殴る気はなかったが、知らないうちに手が出た。やはり人間は減量をすると野生に戻るようだ」

筆者の同級生は「『ロッキー』のテーマ曲を聞くと勉強する気になるんだ」と毎日ラジカセで聞いていた。音楽でやる気を喚起する他力本願。これで通るはずがない。案の定、彼は大学進学を諦めて専門学校に進んだ。そして彼をまねてロッキーに頼った筆者も早稲田に落ちた。惨め！

ロッキー（20世紀フォックス・ホーム・エンターテイメント・ジャパン）

母と娘、「親子どんぶり」の物語

卒業

―1967年　マイク・ニコルズ監督

若者の時代と呼ばれた1960年代を象徴する作品だ。

大学を首席で卒業したベン（ダスティン・ホフマン）は実家に戻り、両親の知人のロビンソン夫人（アン・バンクロフト）から関係を迫られる。夫人は幼なじみの美女エレーン（キャサリン・ロス）の母親だ。ベンは夫人の色香に魅せられながら深い関係に発展していいものかと逡巡。だが欲望への招待を拒絶できず、ホテルで密会し、性の喜びに浸る。

そんなベンに変革が訪れた。帰省したエレーンとドライブし、彼女に愛情を抱いたのだ。彼はエレーンに夫人との関係を告白。エレーンはショックを受けて大学に戻る。ベンは彼女を追うが、エレーンは医学部の学生と結婚することに。ベンはスポーツカーを駆って教会に向かい、結婚式に乱入するのだった……。

ロビンソン夫人の美脚を的確にとらえた見事なカメラワーク。前半のコミカルな演出。夫人の自己チューな肉食キャラ。ベンの葛藤。自宅のプールに沈んだ映像は親の言いなりのベンの姿だ。それが童貞を捨てるや、水から飛

【蛇足ながら】

取り残された男に同情するべきか

1976年のヒット曲に「ダスティン・ホフマンになれなかったよ」がある。シンガーソングライターの大塚博堂が作詞作曲した歌で、映画『卒業』『ジョンとメリー』のダスティン・ホフマンのように振る舞えなかったことを悔いる歌詞だった。花嫁を連れ去る行為は当時の若者の目にヒロイックに映ったわけだ。

だが80年代に入ると、アメリカの保守化した人々から「花嫁を横取りされた男が気の毒ではないか」との声があがったと報じられた。時代が移り変わると、さまざまな評価が出てくるものだと少し呆れた。「アリとキリギリス」の寓話について「アリは薄情で、キリギリスはかわいそう」という声が起きたのもそのころだったと思う。

それでも『卒業』は映画界に影響

び出して夫人の枕元に着地する。50年前の映画とは思えない斬新な演出だ。

見どころはラスト。教会に現れたベンはエレーンの名を連呼し、彼女を連れ去る。花嫁を強奪する展開は70年前後の「造反有理」を信条とした日本の若者にも歓迎された。理由はベンとロビンソン夫人の関係にあると思う。

ベンは夫人によって強引に不倫関係に引き込まれた。主体性のない無垢な青年が快楽の喜びに舞い上がったのだ。ところが同世代の純情娘エレーンを見て気持ちが恋愛モードに切り替わった。ごく当たり前の反応だ。だがロビンソン夫妻は寄ってたかってベンを悪者に仕立て上げる。つまりベンは大人たちのエゴに追い詰められ、最後に大逆転に出たわけだ。これぞ造反有理である。

ただし、マイク・ニコルズ監督は能天気なハッピーエンドにしてはいない。教会から逃げたベンとエレーンはバスに乗り込む。2人は声を出して笑うが、次第に顔をこわばらせ、視線を合わせずに終わる。接吻もしない。この2人、うまくいくの？　と思わせる演出だ。なにしろベンの行動は〝親子どんぶり〟だ。それが原因でいずれエレーンとの仲がこじれるかもしれない。2人の表情は未来の悲劇を暗示しているともいえるだろう。

ちなみに67年当時、ダスティン・ホフマンは30歳。夫人役のアン・バンクロフトはまだ36歳だった。夫人が色っぽいのも当然だ。（14年11月18日掲載）

を与えた。最近の日本映画では、不倫騒動で話題になった『寝ても覚めても』（18年、濱口竜介監督）。主役の東出昌大が唐田えりかの手を握って恋人の元から走り去る場面と、2人が並んで川の流れを見つめるラストシーンは『卒業』のオマージュとしてあえて考案したのだろう。この『寝ても覚めても』も力作だ。見て損はない。

卒業（KADOKAWA）

わが子を映画界に突き落としたイタリアの星一徹

ニュー・シネマ・パラダイス

1988年　ジュゼッペ・トルナトーレ監督

第62回アカデミー賞外国語映画賞など数々の賞を獲得。

戦後間もないシチリア島の村。父親のいない11歳の少年トト（サルヴァトーレ・カシオ）は「パラダイス座」の映写技師アルフレード（フィリップ・ノワレ）を慕っている。この村では映画を司祭が検閲する制度があり、キスシーンはすべてカット。そのため村人は一度もキスシーンを見たことがない。

ある日、アルフレードは映写室の火事で失明。トトが技師を任され、アルフレードの杖となる。高校生になったトトは同級生のエレナ（アニェーゼ・ナーノ）と熱愛するが、兵役についている間に彼女は音信不通になってしまう。失意のトトは村を捨てローマを目指すのだった。

映画は大人になったトト（ジャック・ペラン）がアルフレードの訃報を知らされる場面から始まる。彼はこの30年間、一度も村に帰らず映画監督として成功していた。田舎の老母が使う電話が最新デザインであることや、トトが運転中に若者にからかわれるのは時代の移り変わりを表している。

見どころはトトがアルフレードの残したフイルム映像に涙するラストだが、

【蛇足ながら】

女の残酷さを教えたアルフレード

若きトトに美しい恋人ができた場面でアルフレードがおとぎ話を聞かせる。昔々、美しい王女に兵士が恋をした。身分が違いすぎるが、兵士は「あなたなしでは生きていけない」と打ち明けた。王女は兵士の深い思いに驚きつつ「あなたが100日間、昼も夜も私のバルコニーの下で待っていてくれたら、私はあなたのものになりましょう」と答えた。兵士は喜んで実行した。

2日が経ち、10日が経ち、20日が経過した。兵士は雨と雪と風に耐え、鳥が糞をし蜂が刺してもその場を動かずじっと我慢した。王女はその姿を上から見ている。90日目、兵士はひからび、真っ白になった。彼は涙を流した。王女はずっと見守った。だが99日目の夜。兵士は立ち上がり、椅子を持ってその場から立ち去ってもっと泣けるのが駅の出発シーンだ。アルフレードはトトに「帰ってくるな。私たちを忘れろ。郷愁に惑わされるな」と言い聞かせる。わが子同然のトトと離れるのはわが身を削られるほどつらいだろう。それでも村から出したのはトトの将来のためだった。

「完全オリジナル版」は劇場版より50分長く、トトとエレナが別れたいきさつが描かれている。ネタバレになるので詳しくは書けないが、「視力は失ったが前より見えるようになった」と言うアルフレードはトトの未来が読めた。エレナの両親が猛反対する2人の恋がうまくいくはずはない。だから星一徹のような強い意志で「帰ってくるな」と突き放したのだろう。

「キミは私の娘にふさわしくない」と恋人の親から毛嫌いされた男の話は現代の日本でもざらにある。そして娘は親の言いなりになり、恋人を裏切ることもある。筆者も経験があるが、そんな女性にかぎって数十年後の再会で「あのとき私を連れて駆け落ちして欲しかった」と口上を述べる。自分の意志で別れた記憶を都合よく忘れ、悲劇のヒロインを演じたがるのだ。

アルフレードの葬儀には老いた友人たちが集まり、トトの成功を祝福する。洋の東西を問わず、死者はバラバラになった人たちを再会させてくれるのだ。

（16年4月6日掲載）

しまった――。

この話は何を意味するのか。考えられるのはアルフレードが女の残酷さを教えようとしたこと。王女のせいで兵士は苦しむ。優しい女なら、途中で「もう十分です。あなたの恋人になりましょう」と言うはずだが、王女にはその人間性がない。彼女は自分が一番の原理主義者だ。他人の痛みを理解できない。父たるアルフレードは若き息子に世の中の厳しさを教えたのだろう。

ニュー・シネマ・パラダイス（ソニー・ピクチャーズエンタテインメント）

米国に「自由」はない

イージー・ライダー

1969年　デニス・ホッパー監督

公開は1969年。ケネディ兄弟、マルコムX、キング牧師らが暗殺され、ベトナム戦争が泥沼化。若者の反体制運動が盛り上がった激動の60年代を総括する。アメリカン・ニューシネマの代表的な作品だ。

コカインの密売で大金を手にしたワイアット（ピーター・フォンダ）とビリー（デニス・ホッパー）が大型バイクを駆って米国を横断。土地に根を張って子宝に恵まれた農夫や、荒れた土地にタネをまくヒッピーのグループなどと出会いつつ旅を続ける。

こうした人々の中で重要なのが弁護士のハンセン（ジャック・ニコルソン）だ。彼は野宿の際、この映画のキモである「自由」について語る。「米国人は自由を証明するためなら殺人も平気だが、自由なやつらを見るのは怖い」と言い、米国に真の自由がないことを暗示するのだ。それを裏付けるように彼らは就寝中、暴漢に襲われ、ハンセンは撲殺される。

髪を長く伸ばし、自由に見えるという理由だけで大人は若者を憎み、害虫のように殺した。ハンセンの主張に従うなら、行動の自由と思想の自由を求

【蛇足ながら】

母親は精神病院で自殺

本作の主要人物3人のうち、デニス・ホッパーは2010年に、ピーター・フォンダは19年に死去した。残っているのは1937年生まれのジャック・ニコルソンだけ。

ピーター・フォンダはヘンリー・フォンダを父に、ジェーン・フォンダを姉に持つ芸能一家に生まれた。父のヘンリーは5度の結婚を経験。2度目の結婚相手のフランシス・ブロカウがピーターとジェーンを生んだが、フランシスはヘンリーが留守がちなため株投資で寂しさを紛らわそうとして財産をなくしたあげく、1950年に精神病院で自殺した。

ピーターの出演作で印象深いのが68年のオムニバス映画『世にも怪奇な物語』。オープニング作品の『黒馬の哭く館』（ロジェ・ヴァディム監督）で姉のジェーンと共演。わが

める若者を恐れ、その恐れが憎悪に転じたということだろう。

デニス・ホッパー監督は、自由を疑う描写をたびたび登場させている。例えば、LSDでトリップする終盤の4分間のシーン。幻覚の中で、ワイアットは女神の石像を抱いて号泣する。これは石像を自由の女神に見立てて、自由に裏切られた絶望感を表している。

また、ハンセンが語る宇宙人の話は、共産主義のことと考えていい。ベトナム戦争に反対する若者たちとアメリカ帝国主義を称賛する大人たちの双方のイデオロギー対立が中盤からあらわになり、憎悪による暴力描写として迫ってくる。

主人公の2人がライフルの銃弾に倒れるラストはご承知の通り。バイクが宙を舞い炎上する光景に、観客は凍りつくようなむなしさを嚙みしめた。ワイアットら3人の死は、64年に起きた公民権運動の若者3人の虐殺事件と重なる。映画『ミシシッピー・バーニング』が描いた事件であり、米国の病理的な暗部だ。

ちなみに本作は当初、西部劇として製作する予定だった。2人の名はワイアット・アープとビリー・ザ・キッドからきている。もし西部劇に仕立てていたら、「ハリウッドのタカ派」ことジョン・ウェインのライフルで撃ち殺されたかもしれない。（16年1月27日掲載）

ままな伯爵夫人がクールな貴族に好意を抱くが相手にしてもらえないため手ひどい仕打ちを加える話。姉妹で疑似恋愛を演じたが、さすがにキスシーンはなかった。ジェーンはこの作品のヴァディム監督と結婚した。

彼女は反体制的な意識が強く、とくにベトナム反戦の闘士として活躍。運動中、タカ派の連中によって頭に赤いペンキをぶっかけられて気絶したなどのニュースが映画専門誌で報じられたものだ。

イージー・ライダー（ソニー・ピクチャーズエンタテインメント）

青春の愛情はかくも壊れやすい

草原の輝き

1961年　エリア・カザン監督

『草原の輝き』といってもアグネス・チャンではない。時代は1920年代。高校生のバッド（ウォーレン・ベイティ）とディーニー（ナタリー・ウッド）は人が羨む美男美女カップル。デートで接吻はするが、ディーニーはそれ以上の深い関係を許さない。彼女の母はセックスを罪悪と説明。バッドの父は結婚したがる息子を「まずエール大に入れ」と諭す。父は自分の無学を息子の学歴で挽回しようとしている。バッドは悶々と悩む。

ある日、自堕落な姉がパーティー会場で男たちに色目を使ったことが原因でバッドは彼らと殴り合いに。この事件を機に彼はディーニーを遠ざけ、色目を使ってきたファニタとの不純な遊びに喜びを見いだそうとする。バッドに冷たくされたディーニーは精神に変調をきたすのだった……。

少女の母は「性の喜びは男だけのもの。女は応じるのみ」と言い、少年の父は「他の女で性欲を満たせ」とそそのかす。若い2人に高い壁が立ちはだかり、真面目なディーニーは一線を越えられない。思春期のバッドは恋人の拒否を理解できず幼児のようにすねる。だが尻軽女と遊んだところでむなし

【蛇足ながら】ナタリー・ウッドは殺されたのか？

ナタリー・ウッドは1938年生まれ。81年11月に43歳の若さで死亡した。病死ではない。『ブレインストーム』という映画の撮影中に、ロケ現場の入り江で人知れず水死したのだ。ただ、警察は事故として処理した。

このニュースに日本のファンはショックを受け、「美人薄命とはこのこと」と嘆いたが、30年後の2011年11月、再度驚かされる。新たな情報を入手したロサンゼルス警察がナタリーの死因を「水死および不確定要因によるもの」として再捜査を開始したのである。

この報道を受けて世間は「実は他殺だったのか？」と色めき立った。ロマン・ポランスキー監督の妻シャロン・テートがチャールズ・マンソ

さは消えない。それどころかディーニーへの思いは募るばかり。

とはいえ一度歯車が狂うと破局に向かうのが青春の宿命だ。愛情が強い男女ほど素直になれず悲劇を迎えるもの。その結果、バッドはエール大を中退して農夫になり、ディーニーは担当医と結ばれることに。その2人が久しぶりに再会を果たすのがポイントだ。

ディーニーの未練が漂うラストは名場面。バッドは「運命は不思議だ」と切ないセリフを吐き、ディーニーは「今でも彼を愛してる？」という女友だちの問いに無言で応じる。これほどほろ苦い青春映画はない。

ディーニーが泣きながら読んだのがワーズワースの詩。

"Though nothing can bring back the hour
Of splendour in the grass, of glory in the flower;
We will grieve not, rather find
Strength in what remains behind"

かつて翻訳家の高瀬鎮夫は「草原の輝き　花の栄光　再びそれは還《かえ》らずとも嘆くなかれ　その奥に秘められた力を見いだすべし」と訳した。名訳だ。

若々しい恋愛は消え去ったが、嘆かずに残された幸せを見つけよというメッセージは本作の哲学的テーマ。アグネス・チャンの歌は足元にも及ばない。

（18年1月24日掲載）


ンのグループに惨殺された事件を思い浮かべた向きもいたが、最終的に証拠不十分として捜査は終了した。ただし、警察当局がナタリーの死を「不審死」と見て、夫だった俳優のロバート・ワーグナーに事情聴取を要求したという話が出た。当のワーグナーが聴取を拒否したとも報じられ、この夫婦に何があったのかと、いまだにミステリアスに語られている。

草原の輝き（ワーナー・ブラザース・ホーム・ビデオ）

人妻と少年、厳《おごそ》かな「儀式」の夜

おもいでの夏

71年　ロバート・マリガン監督

思春期の少年を描いた71年公開の映画ではツルゲーネフの小説が原作の『初恋』（マキシミリアン・シェル監督、ジョン・モルダー・ブラウン主演）や、実母との近親相姦を描いた『好奇心』（ルイ・マル監督、ブノア・フェルー、レア・マッサリ）などがある。本作もそうした中のひとつ。少年の初体験を描いている。

第2次大戦中の1942年、ニューイングランドの小島で夏を過ごす15歳の少年ハーミー（ゲーリー・グライムス）には2人の友だちがいた。性に意欲的なオスキー（ジェリー・ハウザー）とオタクっぽいベンジー（オリバー・コナント）だ。ハーミーは海辺に住む美しき人妻ドロシー（ジェニファー・オニール）に憧れている。彼女は夫を戦争に取られて一人暮らしだ。

荷物運びに苦労しているドロシーを助けて親しくなったハーミーはその後も一人暮らしの彼女を訪ね、屋根裏部屋への荷物の収納などを手伝う。ドロシーからお礼のキスをされただけで有頂天になるハーミー。そんな折、ハーミーは彼女の家を訪ね、夫の訃報を知るのだった……。

【蛇足ながら】

彼女がベッドに誘った理由

最愛の夫を亡くした夜に、残された人妻が別の男に抱かれる――。これが本作の見どころだ。

やり場のない悲しみと喪失感の中、顔見知りの少年が現れる。女は彼が自分に好意を抱いていることを知っている。だから少年に身を任せることで傷ついた心を癒やしたいと思ったのだろう。

同じような場面はニコール・キッドマン主演の『コールド マウンテン』（2003年、アンソニー・ミンゲラ監督）にもある。地主の娘エイダ（キッドマン）に思いを寄せる大工のインマン（ジュード・ロウ）が戦争に駆り出され、戦場から脱走。エイダに会うために苦難を乗り越えながら故郷を目指す物語だ。

途中の村で戦争で夫を亡くした寡婦セーラ（ナタリー・ポートマン）

医学書のセックス解説を読んでメモを取ったり、ドラッグストアで避妊具を買うのに手こずったりとユーモラスな場面が盛り込まれている。浜辺で初体験するオスキーがハーミーにコンドームを借りるたびに薄着になり、最後にパンツ一枚になるシーンが笑える。男なら誰もが「美しい女性と初体験したい」と思った経験があるだろう。

　ネタばれになるが、見どころはラスト。死亡通知を受けたドロシーはハーミーと踊り、彼を寝室に誘《いざな》う。少年はぎこちない手つきで美女の柔肌を抱く。2人の営みは厳かな「儀式」である。波の音だけが聞こえる静けさの中で少年は幼い自分と決別する儀式に臨み、美しい女は悲しみを癒す儀式に身を横たえる。そして女は「昨夜のことは弁解しません」と置き手紙を残して去っていく。

　ロバート・マリガン監督は2人の儀式を別れで締めくくった。ハーミーはドロシーを一生忘れず、観客は彼と共にほろ苦い思い出を共有する。映画公開後に書かれた小説は大人になったハーミーが島を訪れて感傷に浸る話。「彼は家に帰るまでずっと泣いていた」で終わっている。音楽は『シェルブールの雨傘』のミシェル・ルグランが担当。物悲しい旋律が耳に残る。ちなみに公開当時、ジェニファー・オニールは23歳だった。

（17年2月1日掲載）

の家に宿を借りる場面がある。インマンはセーラから「あなたは夫と背格好が似ているから隣で眠って欲しい」と頼まれる。インマンが求めに応じると、彼女はすすり泣きを始める。夫を懐かしく思い出して感極まったのか、それとも夫の思い出にひたりながらも見知らぬ男に性関係を求めてしまう自分を不甲斐なく思ったのか。いずれにしても心に残る場面だ。

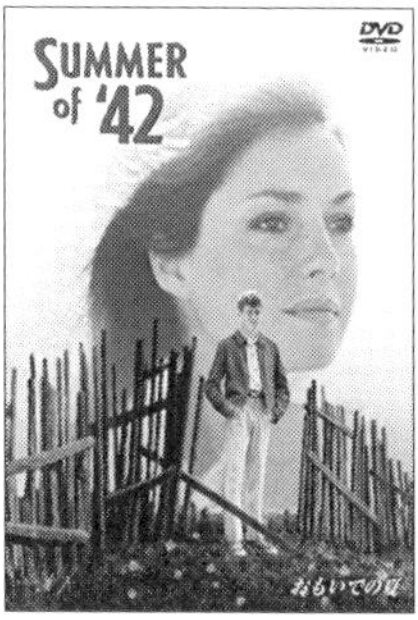

おもいでの夏（ワーナー・ブラザース・ホームエンターテイメント）

青春の疼きが蘇える

ラスト・ショー

―1971年　ピーター・ボグダノビッチ監督

本作の公開当時、映画雑誌『スクリーン』『ロードショー』の紹介記事に「古き良きアメリカ」という文字が躍っていた。何が古くて良いのかわからないが、米国の若者も悶々とした青春を送っているのかと思ったものだ。

舞台は1952年のテキサスの小さな町。高校生のソニー（ティモシー・ボトムズ）とデュエーン（ジェフ・ブリッジス）が主人公だ。ソニーは自分の学校のフットボールコーチの妻ルースを相手に童貞を捨てて不倫関係に陥り、デュエーンは交際中の美女ジェイシー（シビル・シェパード）にぞっこんだ。だがジェイシーはほかの男に色目を使い、やがてソニーをも誘惑。彼とデュエーンを殴り合いのケンカに追い込むのだった……。

ここに描かれているのは草食系男子が存在しない時代の男が味わった「青春の疼《うず》き」である。女の肌に触れたい願望。好きな女を独占したい願望。だけど美しい女は男たちをさんざん振り回したあげく、するりと両手から抜け出してどこかに泳いでいく。男の観客は「その気持ち、分かるよ」とかつて味わった孤独感を思い返すはずだ。

【蛇足ながら】

無骨男が新境地で栄冠

この『ラスト・ショー』は第44回アカデミー賞の作品賞と監督賞など6部門にノミネートされ、ベン・ジョンソンが助演男優賞を、クロリス・リーチマンが助演女優賞を受けた。リーチマンはコーチの妻ルースを演じた。

ベン・ジョンソンはそれまで西部劇の無骨な荒くれ男のイメージが強かったが、この作品で新境地に挑み、53歳で栄冠を獲得したことになる。本作でゴールデングローブ賞と英国アカデミー賞の助演男優賞も受賞した。そのため当時「ピーター・ボグダノビッチ監督に足を向けて眠れないだろ」なんて声も聞かれた。

2人の男が自分をめぐって競い合う姿を楽しむジェシーを演じたシビル・シェパードはどちらかというと意地悪女の役が多い。『タクシード見どころは中年男のサム（ベン・ジョンソン）が川のほとりで20年前の思い出を語る場面だろう。サムは20代の美しい人妻と不倫し、いまでも彼女を忘れられないと言う。ここでベン・ジョンソンは長ゼリフを語り、カメラはゆっくりと彼に近づき、また引いていく。この動きから、ボグダノビッチ監督の思い入れが伝わってくるのだ。サムの言葉は人生を達観した含蓄がある。

そのサムはまもなく脳梗塞で急死。終盤で例の女性がジェイシーの母ロイス（エレン・バースティン）であることが分かる。ロイスは「彼の呼び名『ライオンのサム』は私がつけたのよ」と目に涙を浮かべる。娘の恋愛に口を挟み、結婚や男関係で打算ずくめの四十女も心に純な部分を残して、若かりしころの愛の交歓を大切にしているわけだ。これも青春の疼きである。

映画の字幕では「ライオンのサム」と表記されがちだが、70年代にテレビ放映されたときは英語のセリフ通りに「サム・ザ・ライアン」と呼んでいた。こちらのほうがしっくりくる。

青春の疼きはつらいものがある。若きウェルテルのように自滅する青年もいる。けれどサムとロイスの姿を見れば、女に去られた悲しみも、時の流れが甘酸っぱい記憶に変えてくれることが分かる。それこそ古き良き思い出だ。若き観客は疼きが癒えることを期待し、全編に流れるカントリー曲のけだるい歌声を聞きながら、映画を見終えればいいのだ。

（14年3月31日掲載）

ライバー』（1976年）では主人公のトラビスを袖にしながら、彼がヒーローになるや客として乗車し、トラビスに言い寄る選挙運動員を演じた。

『デイジー・ミラー』（74年）ではヨーロッパを舞台に米国青年を翻弄する美しきわがまま娘に扮している。この作品もボグダノビッチが監督したが、完成度はいまいち。シビル・シェパードの小悪魔チックな魅力だけが光っていた。

ラスト・ショー（ソニー・ピクチャーズエンタテインメント）

新米議員が老獪な政治家の汚職を糾弾

スミス都へ行く

1939年　フランク・キャプラ監督

名匠フランク・キャプラの代表作として知られる。

米国のある州。急死した上院議員の後継として政治に素人の青年スミス（ジェームズ・スチュアート）が指名された。スミスは希望を抱いてワシントンに到着。美人秘書のサンダース（ジーン・アーサー）とともに少年のキャンプ場を建設する法案を提出する。

ところが彼を担ぎ出したペイン議員と実業家テイラーは以前から、この土地へのダム建設を計画していた。ダム利権をもくろむ彼らは一転してスミスを失脚させようと画策し、彼に詐欺の汚名を着せて妨害を始める。スミスは国会の場で不眠の長時間演説を行い、民主主義の精神を訴えるのだった。

「バカ正直」「青二才」と揶揄された若者が老獪な議員どもを相手に正義を主張するのが見どころ。「秘書を辞めたい」が口癖で浮ついたタイプのサンダースはスミスの純粋さに打たれて積極的に協力する。「リンカーンも敵が多かったわ」と励まし、傍聴席から身ぶり手ぶりで指示を出す姿は麗《うるわ》しくも頼もしい。

【蛇足ながら】

「風と共に去りぬ」は戦後に大ヒット

この映画に主演したジェームズ・スチュアートは191センチの長身。「平均的なアメリカ人」の役を数多く演じたことから、「アメリカの良心」と呼ばれた。本作の翌年に『フィラデルフィア物語』でアカデミー賞主演男優賞を受けている。

同じく39年に公開された映画として有名なのがビビアン・リー主演の『風と共に去りぬ』（ビクター・フレミング監督）。米国公開はこの年の12月14日だったが、戦争が起きたため日本で封切られたのは52年9月だった。600万ドルを投じた一大スペクタクルとの前評判が日本人を刺激し、前月の8月に前売り券が発売されるや連日売り場に行列ができ、8月末までに5万4000枚を売り切る大ヒットとなった。

田舎から出てきた世間知らずの若者と都会育ちのちょっと世間ずれした女性が政治の巨悪に立ち向かう物語。若い2人の良心が劇中にみなぎっている。本作はスミスとサンダース女史の成長の物語でもある。

公開された39年、日本は大元帥陛下を中心とした軍事主導体制だった。この年の1月、ファシズムに反対する河合栄治郎・東大教授を追い出す「平賀粛学」事件が起き、4月にゼロ戦の試験飛行が行われた。5月にソ満国境で勃発したノモンハン事件の真相は国民の耳目から隠蔽された。すでに治安維持法が施行され、特高や憲兵隊は中国への侵略戦争に反対する国民を売国奴と呼んで弾圧。小林多喜二は33年に虐殺された。

そんな暗黒の時代に米国の観客は若者が堂々と議会と戦う映画に拍手を送っていた。米国を手放しで賛美するつもりはないが、本作に充溢した自由と民主主義を尊ぶ精神は感動的だ。

思い出すのは衆議院議員の斎藤隆夫だ。「言論と議会政治を守れ」と訴え続けた斎藤は暗殺の脅威にさらされながら40年2月、国会で日中戦争を批判（「反軍演説」）。政府と軍部が掲げる「国際正義」「道義外交」「共存共栄」「世界の平和」を虚構であると断じた。だがその演説の3分の2は議事録から削除され、彼は議会を除名された。本作はそうした時代背景を考えながら見ると面白い。

（16年6月1日掲載）

当時の映画入場料は通常170円だったが、『風と共に去りぬ』は300円、500円、さらには600円の特別席まで設けられた。11月26日まで上映した有楽座の入場者は28万5000人。総収入5641万円を記録した。

スミス都へ行く（ソニー・ピクチャーズエンタテインメント）

若者の浅はかさと大人の知恵

椿三十郎

1962年　黒澤明監督

『用心棒』（1961年）に次ぐ三十郎ものの続編。ラストの大流血は映画史に残る迫力だ。次席家老らの悪事を暴こうとする若侍9人が、椿三十郎と名乗る浪人（三船敏郎）の協力で監禁された城代家老を救出する物語。『用心棒』との違いは三十郎しか人を斬らないことだ。前作では仲代達矢が拳銃を撃つなど、ほかの男たちも人を殺めたが、本作では三十郎のみ。加山雄三や田中邦衛らが演じる若侍も、悪役の室戸（仲代）も殺生をしない。

ある藩の話。重役たちの汚職を告発すべく集まった若者たちが頼りにしていた大目付の裏切りにあうが、通りがかりの浪人・三十郎に助けられる。その折、三十郎は重臣の腹心の部下である室戸に見込まれるものの若者たちを見捨てられない。いつしか仲間に加わり、達人の剣技と深い洞察力でピンチを切り抜けるのだった……。

本作で三十郎が斬ったのは29人だそうだが、そのほとんどは若者のせいだ。自分を疑って捕縛された若者4人を解放するために40秒間で約20人の連続斬りを見せ、「てめえたちのおかげでとんだ殺生をしたぜ」と激怒する。要す

【ネタバレ注意！】

ラストの斬り合いはズルをした

この作品を有名にしたのがラストの斬り合いだ。「人をこけにしやがって」と怒る室戸を三十郎が「まあ、そう怒るな。俺は貴様に一目置いてたんだぜ」となだめるが、2人は一騎打ちで決着をつけることになる。結果は血の大放出だ。

この場面の睨み合いが長い。三十郎が若侍たちに「お前たちもどんなことがあっても手を出すな」と言い放ってから、両者が無言で向かい合うこと35秒に及ぶ。しかも2人は手を伸ばせば相手の体に触れるほどの至近距離に立っている。

2人の手練れが睨み合う間、観客はハラハラし、気持ちが焦れてくる。長い時間が経過し、緊張感が限界に達したころ室戸が真っ向切りで挑み、三十郎が大刀を左手で水平に抜いて相手の胴体を斬る。この三十郎の一

るに浅はかな若者を三十郎がいさめ、ピンチを救う構図。彼らは城代家老の計画もぶち壊した。いつの時代も若者は義憤に燃えて血気にはやる。あの2・26事件（1936年）の青年将校たちも同じだろうか。

三十郎が言うように、物事の本質は「岡目八目」のほうがよくわかる。井坂（加山）の屋敷で居眠りをしながら若者がもたらす情報を耳にし、三十郎は事態がどう動くのかを探っていた。彼らが捕えた侍（小林桂樹）も押し入れの中で聞き耳を立てていたからこそ、本当のワルが誰なのかを察知できた。こうした判断ができなかったのが近視眼的な思考で暴走した若者たちだ。

もうひとつの見どころは入江たか子が演じる城代家老の奥方。三十郎のギラギラした本性を見抜き、「本当にいい刀は鞘に入っているものですよ」と諭《さと》す。おっとりした母親のような物言いに三十郎は逆らえない。それどころか奥方の好きな白い椿を小川に浮かべて喜ばせるのだ。ぎらついた三十郎と昼あんどんのような奥方。この2人の掛け合いだけでも一見の価値がある。

原作は山本周五郎の『日日平安』。主人公の浪人は空腹のあまり狂言切腹をはかる情けないタイプで、黒澤監督は当初、小林桂樹の起用を考えていたという。であるなら07年に織田裕二でリメークしたとき、原作のキャラを生かすべきだった。そうすれば「何のために作ったのか」との批判を浴びることもなかったはずだ。

（15年1月26日掲載）

太刀は弧刀影裡流《ことえりりゅう》居合術の技とされている。

ただ、あの近距離で左手で大刀を抜けるものかと思い、スローで三十郎の動きを再生すると、刀身が短いことが分かる。三十郎は大刀の一本差しだから脇差を抜いたわけではない。間違いなく大刀で室戸を斬っている。よくよく調べてみると、撮影では5寸（15チセン）ほど短い刀を使ったそうだ。日本刀の定寸は2尺3寸5分（75チセン）だから映画の刀身は60チセン。これなら抜ける。

椿三十郎（東宝）

励まし合いの連鎖は続く

阪急電車　片道15分の奇跡

2011年　三宅喜重監督

行ったことはないけれど、兵庫県には阪急今津線という電車が走っているらしい。本作は片道15分のこの路線に乗る人々の群像劇だ。

婚約者を後輩に寝取られたアラサー女や恋人のＤＶに苦しむ女子大生、「志望校の関西学院大学合格は無理」と宣告された女子高生、変わった名前のため他人に名乗りたがらない女子大生。それぞれが孤独と悩みを抱え、見知らぬ者同士が言葉をかけあう。

特徴は女子大生（谷村美月）を、友だちからもらったオモチャがコンドームだと気づかない超純情娘に仕立てるなど、「そんなのありえないよ〜！」と言いたくなる話で構成されていること。それでもストーリーに引きこまれるのは、作品の底流に「励まし合い」の精神があるからだ。

電車の中で泣いているところを見ず知らずのおばあちゃん（宮本信子）に励まされたＯＬ（中谷美紀）は小学生の女の子に勇気を与え、友だちの協力でＤＶ男（小柳友）と別れた女子大生（戸田恵梨香）は胃痛に苦しむ主婦（南果歩）を助ける。そこには善行の連鎖がある。

【蛇足ながら】

「人気の大学」で6位

この映画で女子大生のミホ（谷村美月）が「頭がおかしくなるほど勉強して合格した」と語る関西学院大はミッション系としてつとに知られた人気校だ。作家の原田マハや歌手の大江千里を輩出。俳優の豊川悦司と東京都知事の小池百合子は中退組だ（小池はカイロ大を卒業）。パリ人肉事件の佐川一政は和光大を卒業後、ここの大学院で学んでいる。

関西学院大の偏差値は国際学部が最も高く、62・5〜70。次が経済学部の60〜65。これに商学部（60〜62・5）や法学部（55〜60）などが続いている。リクルート進学総研が高校3年生を対象に「志願したい大学」などを尋ねて順位付けした「進学ブランド力調査2018」の「人気の大学」で6位にランキング。1位は関西大、2位は近畿大。以下は

アメリカ映画『ペイ・フォワード　可能の王国』（01年）は、他人から好意を受けた人が別の3人に好意を返す姿を描いている。善行の連鎖をルール化するのは、かの国が契約社会だからだろう。一方、日本人は「情けは人のためならず」を無意識に知っている。わざわざ義務化する必要はないのだ。

本作の見どころのひとつは宮本信子が車内で傍若無人ぶりを発揮するオバタリアンどもに説教する場面だが、中谷美紀と9歳の少女（樋口翔子）のやりとりも見逃せない。

同級生に仲間はずれにされ、いじめを受けている彼女を励まし、そっとハンカチを渡す中谷。少女は中谷に「お姉さんはいま幸せですか？」と単刀直入に聞いて大人をたじろがせ、短い会話の中で明るさを取り戻す。中谷もまた怒っている自分と決別することとなる。

少女が電車に乗り、ガラス越しに笑顔で手を振る姿は実に感動的だ。彼女はこれから成長してお姉さんになり、悩める子供を見かけては見過ごすことなく、温かい言葉をかけるだろう。こうして励まし合いの連鎖は続く。日本人も捨てたもんじゃないのだ。

（14年4月22日掲載）

同志社大、神戸大など。関西学院大の次の7位は立命館大だった。

ちなみに本作の原作者・有川浩はこの大学の卒業者と勘違いされがちだが、実は尼崎市の園田学園女子大卒だ。有川は高知県出身で、4作目の小説『図書館戦争』が『本の雑誌』が選ぶ2006年上半期エンターテイメントで1位にランキングし、07年本屋大賞で5位。13年に岡田准一、榮倉奈々主演で映画化された。

阪急電車　片道15分の奇跡（ポニーキャニオン）

「無駄死に」の虚しさが響く山中監督の遺作

人情紙風船

1937年　山中貞雄監督

落語や歌舞伎でおなじみの『髪結新三《かみゆいしんざ》』を映画化した。

物語の舞台は江戸の裏長屋。ここで浪人者が首を吊って死んだことから物語は始まり、長屋に住む髪結いの新三（中村翫右衛門《かんえもん》）と浪人の海野又十郎（河原崎長十郎）を軸に進んでいく。新三は髪結いが本業だが、やさぐれた暮らしに遊び、やくざの源七一家に睨まれながらも臆することなく賭場を開いたため、一家の襲撃を受ける。

一方、海野は妻を抱え、なんとかして浪人暮らしを脱したい。今日も父の知人の武士・毛利に再仕官の周旋を頼むが冷たくあしらわれてしまう。毛利にとって海野は自分につきまとう面倒な存在だ。その毛利は白子屋という商家の娘を自藩の家老の妾にあてがって歓心を買おうと画策している。

ある日、新三は白子屋に入質を頼み、にべもなく断られる。腹の虫がおさまらない彼はたまたま見かけた白子屋の娘を誘拐して長屋に軟禁。隣室の海野は毛利に一泡吹かせてやりたい一心で協力するのだった……。

貧しい者が集まる長屋と裕福な商家、商家と結託する高禄の侍。富める者

【蛇足ながら】

2・26事件、日中戦争の暗い世相

山中貞雄は5年間の監督生活の中で26本の作品を発表したが、その大半が消失、あるいは戦災で焼失した。そのため完成品に近い形で現存しているのは本作と『丹下左膳余話　百萬両の壺』（1935年）、『河内山宗俊』（36年）の3作品のみとなっている。『丹下左膳――』と『河内山宗俊』も評価は高いが、筆者は『人情紙風船』が抜きん出て秀作だと思う。

本文でも述べたようにこの物語は結末で2人の男が死を迎える。2人のうち新三はもともと破滅型の性格だから死ぬのはやむを得ない。問題は浪人の海野だ。毛利に仕官を頼みに行き、再三に渡って冷たくあしらわれる。

彼がしつこくつきまとったのは世

と逼迫した者の対比の中に破天荒な若者と暴力集団のヤクザを盛り込み、江戸の一角にカオスが展開される。

新三は強者に逆らうはぐれ者。海野は武士の身分にしがみつく頼りない男。両者の生き方は対照的だが結末は同じだ。新三は源七に呼び出されて殺される運命。海野は新三に協力したことを恥じる妻によって殺される。男2人の「無駄死に」の虚しさが観客の胸に響く。

新三の最期はとくに印象的だ。彼は殺されるのを承知で源七一家の元に出向く。その際「傘を返してきてくれ」という居酒屋店主の頼みを聞き、斬り合いの前に「俺の代わりに傘を返すのを忘れるなよ」と源七の子分に念押しする。生きて帰る気は毛頭ない。この死を何とも思わない虚無的な破滅キャラは、戦時下の山中監督の心理の裏返しとも解釈できる。映画評論家の滝沢一は「(山中が)何よりも恐れていたのは、召集であり、死への恐怖であった」と書いている(『山中貞雄作品集3』実業之日本社)。山中は死への恐怖の反動として命知らずの男を造形したのではないか。

だが皮肉にも山中は本作公開の2週間後に召集を受け、中国戦線で戦病死した。まだ28歳の若さだった。将来を嘱望された若者が戦争に取られ、水に落ちた紙風船のように虚しく命を奪われたのだ。彼もまた無駄死にだった。

(15年8月20日掲載)

間体を気にして夫を仕官させたがる妻にせっつかれたからだ。現代でいえば、リストラされたサラリーマンのようなもの。男は必死で妻子を養おうとする。だが妻は少しでも有名な会社に再就職しろと尻を叩く。男は追い詰められ、自棄《やけ》になる。そのあげく妻は出て行く――。こんなことが現実に起きている。本作の海野は妻によって追い詰められ、さらに妻の刃で殺された。救いようのない話だ。

人情紙風船（東宝）

絹代VS溝口　汗だくのバトル

映画女優

1987年　市川崑監督

田中絹代の半生を吉永小百合が演じる。

1925年、絹代は極貧生活を脱するために大阪から上京、松竹映画の蒲田撮影所に入る。母やきょうだい5人を食べさせるために働き、最初は大部屋付きだったが、すぐに頭角をあらわして主演女優に駆け上がるのだった。

本作のユニークなのは日本映画の歴史を過去の白黒映像で解説しながら絹代の半生を語っていること。『人情紙風船』『河内山宗俊』を撮った山中貞雄監督の戦病死に言及するなど映画ファンを得心させる仕掛けが随所に盛り込まれている。

絹代が売れっ子監督や野球選手など幾人もの男と浮名を流す展開も興味深い。絹代は1909年生まれ。当時の女性は今よりずっと身持ちを堅くして生きるよう教育されていたが、やはり芸能界はただならぬ世界だった。ただ、男遍歴によって絹代の女の部分が磨かれたのは事実だろう。

吉永小百合はがらっぱちで気の強い絹代を演じ、大女優の実像を表現する。とくに面白いのが後半の菅原文太演じる溝口健二監督（劇中では溝内）との

【蛇足ながら】

『サンダカン』では老いたからゆきさんを

田中絹代の代表作は数多くあるが、中でも有名なのが1958年に木下恵介監督が撮った『楢山節考《ならやまぶしこう》』だろう。作物の少ない寒村では人減らしのために村人は70歳になったら「お山」に行って命を閉じなければならないしきたりがある。絹代が演じるおりん婆さんは老女でありながら歯が丈夫なのを負い目に感じて自分の歯を石臼にぶつけて折ろうとする。息子の辰平（高橋貞二）はそんな母がかわいそうでならない。オールセット撮影による幻想的な映像の中、最後はおりんが息子に背負われ、雪の降るお山を登っていく。

村の長老たちが横一列にならび、「楢山詣ではつろうござんすが、ご苦労さんにござんす」と語る長回しの場面が有名。この映画のとき、絹

出会いだ。溝口の暴君ぶりがすさまじい。脚本を黒板に書いて役者に読ませ、次々とセリフをボツにする。役者が発音しやすいように書き直すのだ。

絹代には「田中さん、自然に動いてください」「田中さん、気持ちに無理はありませんか」と嫌がらせのようにダメ出し。どう演じたらいいのかと聞く絹代を「僕は監督だから演技は教えられません」と突き放す。2人は汗だく。取っ組み合いはしないが、まるで戦争だ。

溝口の人生を追ったドキュメンタリー『ある映画監督の生涯』(75年、新藤兼人監督)で香川京子も証言しているように、溝口は演技指導は一切せず、自分で考えろと命じる鬼監督だった。また、このドキュメンタリーで絹代は溝口とは深い関係ではなかったと能弁に語っているが、本作は絹代の恋心と京都における男女の密《みそ》か事《ごと》を暗示している。絹代の半生と映画史、溝口の破天荒ぶりなど、1粒で3度おいしい映画だ。ラストは2人が再起を期して二人三脚で歩んでいくことを暗示している。

ちなみに脚本家・依《よ》田《だ》義賢《よしかた》が書き直しを命じられるくだりが出てくる。依田もまた溝口にしごかれた一人で、本作には溝口が最初は「依田さん」と呼んでいたが、イライラが募ってくると「依田を呼べ」と怒鳴ったエピソードが語られる。映画『スター・ウォーズ』シリーズのヨーダがこの依田をモデルとしていることは有名だ。

(16年9月28日掲載)

代はまだ49歳だった。

絹代の晩年の作品が『サンダカン八番娼館　望郷』(74年、熊井啓監督)。日本女性の歴史を研究している圭子(栗原小巻)が天草の貧しい老女・サキ(絹代)と知り合う。サキは若いころボルネオに出稼ぎに行った「からゆきさん」。圭子はサキと一緒に暮らしながら彼女の半生記を書き残す。サキを「お母さん」と呼ぶラストが感動的だ。絹代はこの作品でベルリン国際映画祭最優秀主演女優賞を獲得。77年に67歳で病没した。

映画女優(東宝)

日中の〝父娘〟による至福の食事会

しあわせのかおり

2008年　三原光尋監督

公開時、映画宣伝マンの細谷隆広氏に「地味だけど素晴らしい作品です」と薦められて見た。これが大当たり。本格的な大人の映画だ。

北陸の田舎町。小さな中華料理屋「小上海飯店」の店主・王《わん》（藤竜也）を百貨店社員の貴子（中谷美紀）が訪ねる。近所で「おいしい」と評判の店だ。貴子は王に百貨店への出店を勧めるが、結果は門前払い。以来、王の店に通い、その味に魅了される。そんな折、王は脳梗塞で倒れて半身不随に。貴子は三顧の礼を尽くして、王に弟子入りを認められて修行に励み、一緒に中国を訪れるのだった……。

妻子と死別した孤独な初老の男と、夫に先立たれて幼い娘を育てる女。女は洋食のシェフだった亡き父を慕っている。よくある設定ながら話に引き込まれるのは、観客がこの2人に〝父と娘〟の絆を見いだすからだ。

この種のドラマを日本人がつくった場合、安全策として師匠が弟子を怒鳴りつけるスポ根物語に陥るものだが、本作は違う。王は最後まで弟子を「貴子さん」と呼び、敬語を使って紳士的に指導する。貴子が地元の謝恩料理会

【蛇足ながら】

「深夜食堂」　もよかですよ

この20年ほどの映画界で新たな潮流とも言えるのがグルメ映画だ。米国映画ではキャサリン・ゼタ＝ジョーンズ主演の『幸せのレシピ』（2007年）やブラッドリー・クーパー主演の『二ツ星の料理人』（15年）、フランス映画では『大統領の料理人』（12年）がある。

邦画では、女性3人がフィンランドのヘルシンキで食堂を運営し、日本のソウルフードであるおにぎりを現地の人に広める『かもめ食堂』（2006年）や、江戸時代の侍が現代にタイムスリップしてパティシエに目覚めるという奇想天外な『ちょんまげぷりん』（10年）など数え上げたらきりがない。南極観測隊の料理人が極限の地であれこれ工夫してラーメンまでつくるのは『南極料理人』（09年）。江戸時代の包丁人の

に出場して不運にも大失敗したときでも王は責めたりしない。スクリーンに漂うほのぼのとした雰囲気が、2人が味の修行を通して死別した家族と再会していることを実感させるのだ。

注目は中国に帰郷する場面。王は村人から大歓迎を受け、その際に貴子との関係を聞かれて「私の娘。自慢の娘です」と答える。日本人女性を家族として、故郷の人たちにお披露目したわけだ。この中国シーンを無駄とする声もあるが、そんなことはない。短い場面ながら、孤独な暮らしの果てに弟子と娘を同時に得た王の喜びをしっかり表現している。

帰国した2人を待っているのは、王の後援者・百合子（八千草薫）の息子とその婚約者の食事会だ。貴子は王から学んだ技を尽くし、人々は芳醇な料理に顔をほころばせる。小さな食堂はいま至福の場だ。室内を満たした幸せの香りが客席にまで伝わってくる。平泉成の演技が実にいい。

『バベットの晩餐会』や『かもめ食堂』など、グルメ映画は爽やかに終わらなければ意味がない。本作もしかり。婚約者の女性が歌う「ホーム・スイート・ホーム」が貴子へのご褒美として響き、観客の胸に染み渡る。

こうして食の求道者である王の魂が貴子に乗り移り、映画は静謐《せいひつ》たるたたずまいの中でエンディングを迎える。師匠と弟子が無言で乾杯する姿を見ながら、観客は「俺も頑張るぞ」と勇み立つのだ。

（16年12月7日掲載）

日々を描いたのは『武士の献立』（13年）だ。

お薦めなのがテレビドラマ『深夜食堂』（TBS系）。経歴不明のマスターの元に集まるOLやサラリーマン、そこに一話ごとに様々な人生を背負った飛び込みの客が現れて、メニューには無い料理を頼むのだ。「あいよ！」それが物語の始まり。口数は少ないが優しさの滲む店主の笑顔と無造作に出される簡単な料理をテーマに、哀歓が込められた物語が心に滲みる。15年と16年に映画化された。

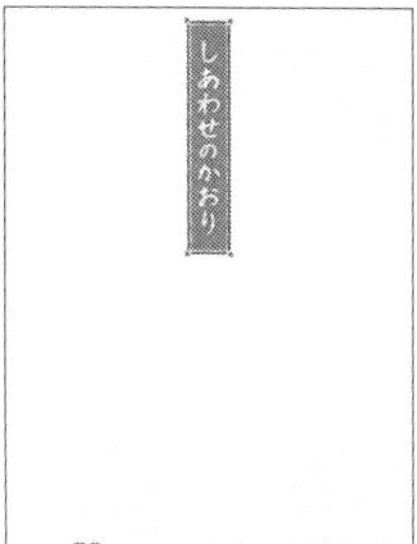

しあわせのかおり（バップ）

集団就職　少年たちは繁栄の犠牲者だった

一粒の麦

―1958年　吉村公三郎監督

農家の次男坊などが都会の労働力として駆り出される「集団就職」は1954年に世田谷区桜新町の商店街が始めたといわれる。本作は福島県の中学を出て東京に出た少年少女の群像劇だ。登場するのはあどけない顔の純情な子供たち。夜行列車に乗り込み、「なんだか修学旅行みたいだ」と笑って上野駅に到着するが、実は東京は苦難の場だった。

ガラス工場に就職した少年は賃金を減らされた上に夜学に通わせてもらえない。自動車整備工場の少年は修理したクルマの事故の責任を押し付けられる。小児科医院のお手伝いの少女は奉公先の一家の引っ越しによって恋人と引き離される。このほか紡織工場の閉鎖で失職し連れ込み宿の女中を斡旋される女子、病気になり故郷に戻る男子など、さまざまな困窮ぶりが描かれる。

こうした若者を地元選出の代議士秘書は人気取りに利用。別の中学の教師は「東北には子供が余っている。なんぼでも連れてきますよ」と児童を牛馬扱いだ。集団就職の裏には大人の裏切りが満ちていた。

子供たちの面倒を見るのは教師の井上（菅原謙二）と妻のイチ子（若尾文

【蛇足ながら】

九州の炭鉱離職者の子供たちも

1961年3月に東京都が発表した白書によると、中学卒業者に対する求人は18万8800人。これに対して実際に東京で就職する地方の中学卒業者は3万〜4万人とみられていた。圧倒的に働き手が少なかったことが分かる。

中学卒業者は待遇の良い大企業を希望したため、人手不足に悩む中小企業や一般商店への充足率が低下。求人希望の1割弱にすぎなかった。こうしたことから中学卒業者は「金の卵」ともてやはされた。まもなくして、採用した中学卒業者を安いコストで輸送するため労働省や自治体、職業安定所などのパブリックな関係機関と日本交通公社がタイアップして、集団就職専用列車が走るようになった。

東北の少年少女たちは農業ではい

子）。井上は月刊誌『世界』を読みながら、彼らのために奔走する。池野成の重苦しい音楽も大きなポイント。見る者の不安感をかきたて、ドラマの悲劇性を高めている。60年代の芸能雑誌を見ると、胃腸薬の広告が多いことに驚かされる。自然に恵まれた田舎から都会に移った若者は汚れた水のせいで腹痛に苦しんだのだろう。

当時の日本社会の二極化も興味深い。就職した少年たちは悩みを抱えてとぼとぼと道を歩くが、前を通りかかった女子高からはエレガントなピアノの音色が流れ、制服に身を包んだ女子生徒たちが屈託のない笑い声を響かせる。東京の豊かな少女と、東北の貧しい少年。これが繁栄の象徴たる東京タワーが完成した1958年の日本の実相なのである。

井沢八郎は「あゝ上野駅」で「お店の仕事は辛いけど　胸にゃでっかい夢がある」と集団就職への応援歌を歌った。その一方で高度経済成長を支えた金の卵たちの一部は経済発展の犠牲となった。日本が貧しかった時代のことだ。

ラストは新しい卒業生を引率して東京に向かう夫を見送るイチ子のアップ。ほほ笑みながらも哀切をにじませた表情は何かを訴えているようだ。やはり日本映画はすばらしい。

（17年1月25日掲載）

くら働いても生活が苦しいため、高校進学を諦めて家計を助けるために都会などに出て行った。

一方、集団就職は東北だけでなく、九州にも多かった。不況のため筑豊炭鉱のある一帯から炭鉱離職者の子供たちが集団で働きに出て行き、当時の新聞に報道されている。筆者の筑豊出身の友人は「10代のころ、駅で集団就職を見送ったよ」と話している。

一粒の麦（KADOKAWA）

その他の名作

小さな恋のメロディ（1971年　ワリス・フセイン監督）

60歳前後の人はタイトルを聞いただけで本作の主題曲がよみがえるだろう。

ロンドンの少年ダニエル（マーク・レスター）がメロディ（トレイシー・ハイド）に恋するお話。2人は授業をサボって遊園地を楽しむ。学校に戻ると校長からお説教を受け、クラスメートから冷やかされる。ダニエルは親友のトム（ジャック・ワイルド）と殴り合いの喧嘩。だが、ご学友に見守られながら2人は結婚式に臨むのだった。

公開時、マーク・レスターは13歳でトレイシー・ハイドは12歳。ジャック・ワイルドは19歳だった。このジャック・ワイルドが芸達者で悪ガキを生き生きと演じた。

とはいえ魅力は何といってもメロディちゃんだ。金魚と遊ぶメロディ、酒場で父を探すメロディ、学校でダニエルを待つメロディ――。どれも「かわいい！」の一語に尽きる。雨の墓地でダニエルと座るシーンなんぞは胸にグッとくる。

当時の日本の青春ドラマといえば体育会系の「おれは男だ！」やNHKの「中学生日記」。女子高生が中年のおじさんと結婚する「おさな妻」もあった。そんなやぼったいドラマを見ているところに紳士の国から美少女と美少年が来襲。中高生は黒船来航やマッカーサー来日に匹敵するディープインパクトを受けた。

ちなみにトレイシー・ハイドは映画出演は本作だけ。マーク・レスターは役者として目が出なかった。ジャック・ワイルドは06年に53歳の若さで死去。三者三様の人生である。

セッション（2014年　デイミアン・チャゼル監督）

アンドリュー（マイルズ・テラー）はジャズドラマーを目指す19歳。音楽学校でフレッチャー教授（J・K・シモンズ）のバンドに招かれるが、そこは怒鳴られ、椅子を投げられ、平手打ちを浴びるしごきの場だった。

彼は主奏者の地位を獲得するが、

学校はフレッチャーに自殺に追い込まれた学生の調査中で、アンドリューは証言を求められる。数カ月後、彼はフレッチャーと再会し、JVC音楽祭への出演を依頼されるのだ。

青と茶が基調の深みのある色彩がジャズの重厚さを補強。手から噴き出した鮮血が加わる。前後左右に緩急つけて動くカメラがドラムスの迫力を表現した。

音楽の皮をかぶった究極のスポ根ドラマだが、星一徹のような愛情はない。フレッチャーはどこまでいってもゲス野郎だ。だから彼がアンドリューにタックルされたとき、バンドのメンバーは助けなかった。

父子のドラマでもある。妻に去られた頼りがいのない父はしかし、息子の最大の理解者だ。フレッチャーの影響で毒舌家になった息子を静かに見守る。ラストで挫折したわが子を抱きしめ、「さあ帰ろう」と促す優しさがいい。この言葉に触発されたようにアンドリューは再び戦場に向かう。そこからのラスト10分は映画史に残る圧巻の映像だ。

ペーパー・ムーン（1973年
ピーター・ボグダノヴィッチ監督）

主演はライアン・オニールと彼の9歳の娘テイタム・オニール。この娘が可愛い。

1930年代の米国。高額の聖書を売り歩く詐欺師のモーゼ（ライアン）は母を亡くした少女アディ（テイタム）を預かる。アディは「あなたは私のパパ」と言い、モーゼは否定するが、2人は成り行きで旅を続ける。

アディは度胸満点の利発な少女だが、父性愛に飢えている。モーゼのウソがばれそうなとき「パパ」と呼びかけてピンチを救うのは初めて体験するパパとの共同作業に胸がワクワクだから。気の強い娘の実像は冒険に連れて行ってくれるパパを求める孤独な少女なのだ。けなげではないか。

少女はやっと手に入れた父親を失いたくない。だからモーゼが身持ちの悪いダンサーに熱を上げるや、奇想天外な色仕掛けで別れさせる。まるで恋人の心変わりを阻む女のようだ。

アディが両手に荷物をさげて駆けてくるラストはけなげさの極地。ドタバタながら十分に余韻が残る。これぞ映画だ。日本人がつくったら『木村家の人びと』（滝田洋二郎監督）のように多弁なお涙ちょうだいに走っただろう。

『ラスト・ショー』から2年。やはりピーター・ボグダノヴィッチ作品は白黒が似合う。

スウィングガールズ
（2004年　矢口史靖監督）

東北地方の高校生・友子（上野樹里）は野球部の試合に向かい、運んだ弁当のせいで吹奏楽部の面々が食中毒を起こしてしまう。翌日、補習をサボるために吹奏楽部に参加する友子。集まったのは食中毒を免れた拓雄（平岡祐太）と関口（本仮屋ユイカ）、良江（貫地谷しほり）たち。

だが間もなく部員が復帰したためお払い箱に。ブラスバンドにはまった友子らは「スウィングガールズ」を結成するのだ。

何かを仕方なく始めたら、ついのめり込んでしまうのはよくある話。本作の友子もダラダラした生活が一変する。

だが中古のサックスはポンコツ。バイトを始めるやスーパーを水浸しに。パチンコ屋で演奏するとブーイングを浴びる始末。そこで数学教師・小澤（竹中直人）の指導を受け、めきめき上達していく。

見どころはラストのコンクール。異色のジャズウイメンがベニー・グッドマンでおなじみの「シング・シング・シング」を披露。ビッグバンドの迫力に観客は総立ちだ。奏者にスポットライトが降り注ぎ、小澤は客席でタクトを振る。良江のトランペット、友子のテナー。鳴り響く手拍子。踊る阿呆に見る阿呆。よくぞこの名曲を選んだ。ジョン・コルトレーンではないが「サンキュー、ガッド！」と叫びたくなる。

何度見てもスイングしてしまう。何度見ても元気が出る。何度見てもまた見たくなる。こんな音楽映画はほかにない。

人間、この愚かな生き物

暗殺犯が英雄に一変する不気味

タクシードライバー

1976年　マーティン・スコセッシ監督

公開時、銃撃場面がテレビの紹介コーナーでがっつり紹介された。そのためアクション映画と勘違いし、劇場で「あれっ?」と首をひねった観客もいた。血なまぐさい映像で客をおびき寄せたわけだが実は社会派ドラマだ。

主人公はベトナム帰還兵でニューヨークのタクシー運転手トラビス（ロバート・デ・ニーロ）。家族も趣味もなく、せっせとカネを稼いで貯めていることから仲間内で銭ゲバ扱いされている。　そんな男にも恋心はある。トラビスはパランタイン議員の選挙スタッフのベツィ（シビル・シェパード）にご執心だ。彼女を口説いてデートにこぎつけるが、連れて行ったのは行きつけのポルノ映画館。怒って席を立ったベツィはそれ以後、トラビスとの面会を拒絶する。失意のトラビスは拳銃を入手するのだった……。

底流にあるのは都会の孤独だ。友人のいないトラビスは街を「掃きだめ」と呼んで嫌悪。ベツィにふられて嫌悪が憎悪になり、パランタイン狙撃を企てる。だが計画は失敗。そこで13歳の娼婦アイリス（ジョディ・フォスター）を救うべく売春宿に殴り込みをかけるのだ。

【蛇足ながら】

『キング・オブ・コメディ』もサイコパス男

本作は誰でもいいから人を殺したかった男がたまたま少女を救ったためヒーローに祭り上げられる。皮肉な話だ。

同じような話では本作同様にマーティン・スコセッシ監督とロバート・デ・ニーロが組んだ『キング・オブ・コメディ』（82年）がある。さえないコメディアンのルパート（デ・ニーロ）が世間の注目を浴びたい一心で超売れっ子コメディアンのジェリー（ジェリー・ルイス）に自分を売り込み、ストーカーのようにつきまとったあげく、招待を受けたわけでもないのに女友だちを連れて別荘に押しかける。

彼はジェリーが迷惑がっていることを理解できずひたすら暴走。そのあげくジェリーの熱狂的なファンのトラビスは鬱憤を晴らしたがっている狂気のテロリストだ。誰を殺してもよかった。たまたまアイリス救出に方向転換しただけのこと。少女を食い物にするワルを始末するや自分の喉を撃ち抜こうとしたのは救出劇が破滅的な自己満足にすぎないことを物語っている。死に急ぐヤクザの心理と変わらない。それなのに世間の声によって正義の人に祭り上げられてしまった。

暗殺犯になるはずの男が一転して英雄になるとは恐ろしくも皮肉な話。大衆は物事を都合よく解釈する生き物なのだろう。その象徴がベツィがトラビスのクルマに乗り、恋慕の視線を送るラストだ。彼女も大衆と同じ。パランタインからトラビスに、英雄を乗り換えようとした。

公開時、ジョディ・フォスターは13歳。娼婦メークで世界中をビックリさせた。トラビスが4丁の拳銃で武装し、殺しに近づくにつれて髪を短く刈り込む点も注目。狂気を帯びて最後にモヒカンになる姿は昨今のネオナチの風貌を思わせる。鉄パイプを加工して上着の袖から拳銃が飛び出す仕掛けを作り、鏡に向かって「俺に言ってるのか？」と繰り返すシーンは映画ファンの間で伝説化している。

事件後、トラビスが仲間と語り合っているのは誰かを抹殺したことで疎外感を脱したからと考えていい。殺した相手がワルでなくパランタイン議員であっても、彼は社交的な人間に変貌しただろう。

（15年11月11日掲載）

女と共謀して彼を誘拐し、解放するための交換条件としてテレビに出演する。サイコパス男のストーリーだ。ルパートは逮捕され、6年の懲役刑を受ける。だが、彼が獄中で書いた自伝は大ヒット。保釈されるやテレビに引っ張りだこになる。

この作品も犯罪を企てた者がヒーローになる図式だ。『タクシードライバー』と違ってコメディタッチの演出をしているが、スコセッシ監督の社会風刺が効いている。

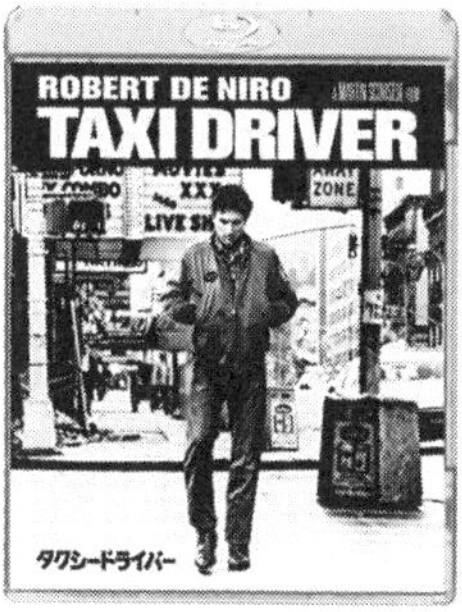

タクシードライバー（ソニー・ピクチャーズエンタテインメント）

人生、夢のごとし

ワンス・アポン・ア・タイム・イン・アメリカ

1984年　セルジオ・レオーネ監督

米伊合作。『ゴッドファーザー』と並ぶギャング映画の金字塔である。『ゴッドファーザー』がイタリア系マフィアを描いたのに対して、本作はユダヤ系ギャングを扱っている。セルジオ・レオーネが13年ぶりにメガホンを取ったことでも注目された。

舞台は1920年代のニューヨーク。ヌードルス（ロバート・デ・ニーロ）とマックス（ジェームズ・ウッズ）ら4人組は酒の密造や銀行強盗で荒稼ぎしている。ヌードルスは美女のデボラ（エリザベス・マクガバン）にご執心だが、彼女は心を開いてくれない。そんな折、マックスが仲間2人と連邦準備銀行を襲撃して殺される。それから35年。生き残ったヌードルスは一通の手紙を受け取って街に戻り、自分が脅迫されていると悟るのだった。

過去と現在（68年）が行きつ戻りつする構成。米国民はこの流れをうまく理解できないため時系列順に編集しなおして上映したという。ギャング映画の体裁を取っているが、ヌードルスの純愛を描く青春ドラマであり、ギャン

【蛇足ながら】

都内の書店もヤクザ頼み

この作品が社会派映画でもあると書いたのはギャングと労組の癒着に言及しているからだ。暴力を否定する理性的な労組のリーダーがいつしかヌードルスらとつるみ、「キミたちは何年もかかることを一瞬でやり終える」と暗殺を称賛するようになる。実際、全米トラック運転手組合の委員長だったジミー・ホッファがマフィアとディープな関係を保っていたことは有名だ。

邦画にも労働争議でヤクザが暴れる場面が登場する。たとえば三島由紀夫初主演作品『からっ風野郎』（1960年、増村保造監督）。工場のストライキにヤクザがトラックで乗り込んで弱い労働者に暴行を加えたあと、警官隊が労働者を逮捕する。

筆者は1980年ごろ、都内の書店の前にヤクザが10人ほど並んでい

グと労組の関係を描く社会派ドラマでもある。悪徳警官が10代の娼婦と遊び、大人のヤクザは少年のグループに平気で発砲して幼い子供を殺害する。これに労組の腐敗など20世紀の米国の不健全な世相が盛り込まれている。

中心テーマは人間の変貌だ。実はマックスは生きていて、過去を消し去って政府高官のベイリー商務長官に出世していた。トラック労働組合の委員長は正義感を捨てて闇社会との関係を深め、デボラはハリウッドで大女優に上り詰める。変わらないのは殺し屋を続けてきたヌードルスだけ。ギャングが高官になるのはウソっぽい話のようだが、日本でもヤクザが代議士になった事実がある。

見どころはヌードルスがデボラと再会するシーンだ。「アントニーとクレオパトラ」の楽屋を訪ね、彼女がベイリーの愛人で、子供まで産んだことを知る。気位が高いデボラもベイリーの財力に勝てなかったわけだ。そのベイリーはヌードルスに自分を殺すよう依頼するが、ヌードルスは銃に手をかけもせず立ち去る。彼を追いかけてきたベイリーは清掃車に飛び込んだと考えて間違いない。

ラストはアヘン窟でトリップし、にやりとする若きヌードルスのアップ。現在の彼の心情をも表す微笑は、「人生夢のごとし」と語りかけているようだ。

（14年12月22日掲載）

るのを見たことがある。一緒にいた友人が「あれは労働組合つぶしのために経営陣がヤクザに嫌がらせを依頼したんだ」と教えてくれた。俳優の名和宏みたいなヤクザが夕刻に退社する社員につきまとっていた。文化産業である本屋がヤクザを脅迫に使う現実に背筋が冷たくなった。後年、当時の事情に詳しい人から、この書店の組合員にヤクザの暴行で失明した人がいると聞かされた。「ヤクザは必要悪」と政財界が悪用する時代だったのだ。

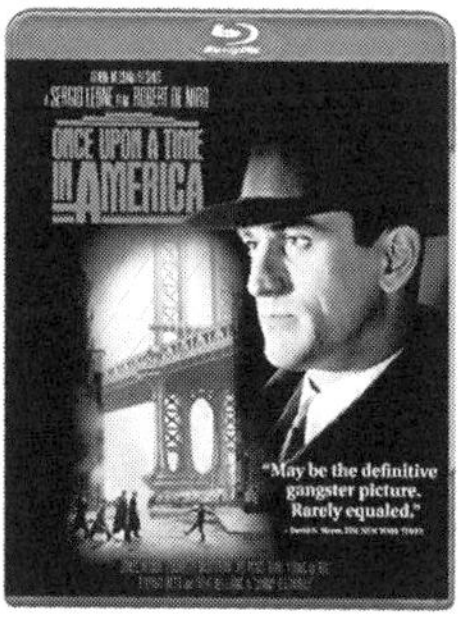

ワンス・アポン・ア・タイム・イン・アメリカ（ワーナー・ホーム・ビデオ）

父子和解の裏にある60年代の反骨精神

フィールド・オブ・ドリームス

―1989年　フィル・アルデン・ロビンソン監督

アイオワ州の農場経営者レイ（ケビン・コスナー）はある日「それを造れば彼がやってくる」との天の声を聞く。彼が農場をつぶして野球場を造ると、1910年代の野球選手シューレス・ジョーの亡霊が出現。ジョーの同僚選手たちも現れ、野球の練習を始める。まもなくレイは「彼の痛みを癒やせ」との声を聞き、60年代の反戦作家テレンス・マンを訪問。マンと若き野球選手グラハムを連れて帰宅し、亡き父と再会するのだった……。

トウモロコシをこつこつと栽培している中年男が天啓を受け、無理を重ねてナイターもできる野球場を完成させる。周囲の住民は唖然とするばかり。だが野球場にはかつての名プレイヤーが集まり、さらに天啓の謎を解くために彼は旅に出る。マンと出会い、渋る彼を説得してクルマに乗せる場面のスリリングな展開がいい。2人がフェンウェイ・パークで野球を観戦すると、電光掲示板に新たなメッセージが表示される。ひとつの謎が解けると次の謎のメッセージに直面してワクワク感が波状攻撃のように押し寄せる。

【蛇足ながら】

30周年記念作品の謎

ケビン・コスナーを初めて見たのはFBI捜査官がアル・カポネを逮捕する『アンタッチャブル』（1987年）だった。知性的な雰囲気の面白い役者が出てきたなと思ったら、『追いつめられて』（87年）ではまさに追いつめられるスパイを演じ、この『フィールド・オブ・ドリームス』では60年代を引きずる中年男を好演。『ダンス・ウイズ・ウルブズ』（90年）では狼と戯れる北軍中尉を演じてアカデミー賞監督賞をかっさらった。その後も『JFK』（91年）の検事役、『13デイズ』（00年）の大統領特別補佐官などで存在感を見せつけた。

だが最近のケビン・コスナーはパッとしない。『ドリーム』（17年）のような話題作で重要な役を演じてはいるが、画面から飛び出すがごとき

見どころは終盤でレイの娘カリンがベンチから転落する場面だ。治療のためにグラハムは老医師（バート・ランカスター）に変身。境界線を越えてしまったため球場に戻れなくなるが、満足げに立ち去る。原作者のウイリアム・パトリック・キンセラは「私はこのシーンを映画で見るたびに、自分の書いたストーリーなのに、涙を流す」と記している（『マイ・フィールド・オブ・ドリームス』講談社）。レイが死別した父とキャッチボールする姿に涙した人は少なくないだろう。ラストのヘッドライトの行列は実に感動的だ。

父と子の和解の物語だが、社会風刺の要素も見逃せない。キーワードは「60年代」だ。レイは60年代の大学生活で「自由」を謳歌した。ところが現在の町の住民は球場建設を白眼視し、『アンネの日記』を有害図書に挙げるなど右傾化に染まっている。これらのヒステリックな連中を妻のアニー（エイミー・マディガン）は「このナチ女！」と言い負かす。

ジョーは八百長疑惑で球界を追放された選手だ。だがレイも世間も彼が罪をなすりつけられた犠牲者だと知っている。ジョーへの弁護も球場建設もアニーの熱弁も60年代の反骨精神の再現であり、映画は年とともに保守化し自由と憲法をないがしろにしてしまう人間の愚かさを批判している。日本映画もかくありたい。ちなみにジョーを演じたのはレイ・リオッタ。今や悪役専門の彼も、かつてはこんな魅力的な役を演じていた。（15年10月7日掲載）

緊迫感が感じられないのだ。

もしかしたら09年の『ネスト』（09年）でケチがついたのではないか。中年の小説家が田舎でモンスターに襲われる話。実にくだらなかった。この作品は「ケビン・コスナーデビュー30周年記念作品」と銘打って公開された。こんなのが30周年記念？　これじゃ、ケビン・コスナーの名が泣くよ。日本の映画関係者が勝手に記念作品にしたのか。それともコスナー自身が記念作に選んだのか。う〜ん、謎だぁ〜！

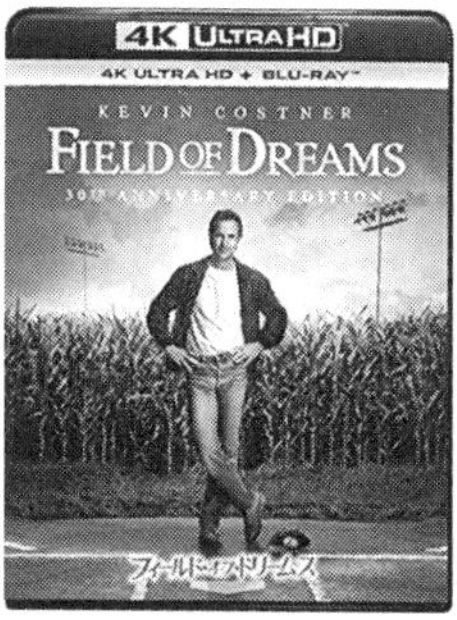

フィールド・オブ・ドリームス（NBCユニバーサル・エンターテイメント）

ファシストの本質は「体制順応主義者」

暗殺の森

—1970年　ベルナルド・ベルトルッチ監督

ベルナルド・ベルトルッチ監督の代表作のひとつ。

1938年、ムッソリーニ独裁下のイタリア。ファシストのマルチェロ（ジャン・ルイ・トランティニャン）は反ファシズムを唱えてパリに亡命中のクアドリ教授を調査せよとの指令を受ける。マルチェロにとってクアドリは大学時代の恩師だ。マルチェロはブルジョワ家庭出身の新妻ジュリア（ステファニア・サンドレッリ）を連れてパリに到着。クアドリの妻アンナ（ドミニク・サンダ）と親密になるのだった。

いわくつきの人物ばかりが出てくる。マルチェロは13歳のころ、自分に手を出した同性愛の男を射殺。この殺人を誰にも知られず、自分一人の薄暗い記憶の中で罪悪感を味わってきた。ジュリアは15歳から老人の愛人だったことを告白する。さらにマルチェロの母は麻薬中毒と、ベルトルッチの初監督作品『殺し』（62年）と同様にろくでなしの総出演だ。

パリが美しい。エッフェル塔を背にした青い街並み、裸の女の尻にぽつんと置かれた帽子。アンナとジュリアがタンゴを踊る場面は特に秀麗だ。

【蛇足ながら】

美しすぎるドミニク・サンダ

ベルナルド・ベルトルッチ監督は1941年、イタリアのパルマ生まれ。2018年11月に死去した。監督として2作目だった『革命前夜』（64年）は自分が共産主義者であることを公然と語る青年を描き、そのモデルはベルトルッチ自身だとされている。この『暗殺の森』にもパリの花売り娘たちが「立て、地を這う者よ。立て、飢えたる者よ」と「インターナショナル」を歌う場面が盛り込まれている。

ベルトルッチは劇中に舞踏シーンを盛り込む監督として知られる。本作ではダンスホールでドミニク・サンダがステファニア・サンドレッリと踊りを披露する。その姿がまことに麗しい。

ドミニク・サンダは78年にパルコのテレビCMにも登場、「ドミニ

見どころはラスト。マルチェロはクアドリ夫妻が殺されると知り、アンナを救うためにクルマを飛ばす。だが森の中でクアドリが殺されても見て見ぬふり。アンナがクルマの窓ガラスを叩きながら助けを求めても冷たく突き放す。4人の殺し屋は舞踏のように舞いながら刃物でクアドリを切り刻んでいく。ファシストによるなぶり殺しと華麗なタンゴの対比が胸に迫る。

結末が難解なのは「暗殺の森」という邦題のせいだろう。原作はアルベルト・モラビアの“Il conformista”で「体制順応主義者」の意味。マルチェロは殺人の罪悪感から逃れるためにファシズムに傾倒した順応主義者に過ぎない。だからクアドリの暗殺に踏み切れず、ムッソリーニの失脚直後、殺したはずの男が生きていると知るや、友人を指さし「こいつはファシストだ」と罵る。

この変節は、本質的に反ファシムズを信奉している青年がおのれの罪悪感と戦うあまり、意に反してファシズムの暗殺に加担した。だがムッソリーニというくびきが消滅したことで本来の自分を取り戻したのだと解釈できる。レジスタンスのシンパでありながら保身のために仲間を売った連中と同じ心理だ。

こうした体制順応主義者が国を崩壊に導く。独伊と同盟していた戦前の日本も同じ。国民は軍国ファシズムに順応し、「米国を叩け」と大合唱した。現代の日本にも体制順応主義者は少なくない。（15年10月21日掲載）

ク・サンダはなぜ女にもてるのか。パルコ」というナレーションが流れた。本当に女にもてたのかはよく分からない。

しかしながら、脱ぎっぷりはよかった。本作ではマルチェロとハグする場面でトップレスになっている。同じベルトルッチ監督の大作『1900年』（76年）では全裸を披露。脱ぐ勇気に感服させられた。

暗殺の森（紀伊國屋書店）

米ソ冷戦が招いた誤爆の恐怖

未知への飛行

1964年　シドニー・ルメット監督

SFみたいなタイトルだが、実は米ソ冷戦を背景にしたシリアスな現代劇だ。原題の『フェイル・セイフ』とは、戦略爆撃機が越えたら絶対に引き返すことの許されない進行制限地点のこと。

水爆を搭載した米爆撃機がソ連の電波妨害によって「モスクワを爆撃せよ」との誤った命令を受け、フェイル・セイフを越えてしまう。搭乗員は大統領（ヘンリー・フォンダ）が呼びかけても引き返そうとせず、モスクワに向かって進んで行く。このままでは水爆が投下され、米ソは核戦争へと突入してしまう。大統領は戦争を回避するために重大な決断を下すのだった。

オマハの戦略空軍司令部とペンタゴン、ホワイトハウスの地下シェルター、爆撃機内部の4カ所で起きる重大ミスと人間模様を描き出す。シドニー・ルメット監督の方針であえて音楽を使っていない。

白黒画面の低予算映画だが、核報復の泥沼を避けるための駆け引きは迫力満点。後半は息苦しささえ覚えるほどだ。自国の爆撃機をコントロールできないため、大統領は友軍機に撃墜を命令。向かった友軍機は燃料不足のため

【ネタバレ注意！】

キューブリックの妨害でヒットせず

この映画のDVDのコメンタリーでシドニー・ルメット監督が語っているように、本作の製作をめぐってルメットはスタンリー・キューブリック監督から妨害ともいえる横やりを受けた。当時キューブリックは『博士の異常な愛情』を撮影中で、内容が酷似している『未知への飛行』の撮影中止を求めたのだ。

ルメットは盗作をしたわけではないのでこの要求を拒絶。それでもキューブリックがしつこく食い下がったため、本作の公開を『博士の異常な愛情』のあとにすることで手打ちにした。そのため『博士の異常な愛情』はヒットしたが『未知への飛行』は興行的にふるわなかった。知名度も低く、日本で公開されたのは米国公開から18年も経過した1982年だった。

北海に墜落して撃墜は失敗。次にソ連空軍に撃墜を要請する。

目の前に起きているのは第3次世界大戦の導火線だ。だが自国の爆撃機とソ連機の戦闘を大型パネルで見つめる軍人たちは、敵機が被弾するやスポーツ観戦のように歓声を上げる。ソ連側に爆撃システムの特徴を知らせようとする将校から質問を受けると口を閉ざしてしまう職員。上官を殴って戦争をごり押ししようとする将校など軍人のいびつな精神構造が浮かび上がる。

ウォルター・マッソーが演じるタカ派の政治学者は「戦争で6000万人が死んでも4000万人が生き残れば、それでいい。肝心なのは勝者と文明の存続だ」と語る。誤爆を止めるどころか、「いまこそ共産主義を叩く好機」と水爆投下を推奨するのだ。ウォルター・マッソーは後年、『がんばれ！ベアーズ』(76年)などのユーモラスな親父キャラで人気を博したが、その10年前はこんな冷徹な役を演じていた。まさに名演技だ。

映画公開の2年前にキューバ危機が起きたことを考えれば、米国民が「強い米国」を標榜しながら、内心で核の脅威に怯えていたことが分かる。本作と同じ年にスタンリー・キューブリック監督の『博士の異常な愛情』が製作されたが、筆者は迷うことなくシドニー・ルメットに軍配を上げる。

ちなみに米国は90年に『ラスト・カウントダウン／大統領の選択』という小作品を生み出した。こちらも埋もれた力作だ。

(14年2月24日掲載)


筆者は自由が丘の名画座「武蔵野推理劇場」で鑑賞し、シリアスなテーマ、重厚な演出、白黒映像の緊迫感に圧倒されたため、翌日もう一度見に行った。2度目は細部を理解することができたことを思い出す。ラストは大統領の判断でニューヨークに核爆弾を投下。その直前に市民の平穏で幸せそうな日常が映し出される。ルメットはこの映像が重要だと語っている。

未知への飛行（ソニー・ピクチャーズ・エンタテインメント）

天使は自分だけのフランケンを求めた

ミツバチのささやき

１９７３年　ビクトル・エリセ監督

１９７５年11月、スペインの独裁者フランコ首相が死去した。当時のニュース映像を覚えている。フランコの支持者は彼の名を連呼して死を悼み、独裁政治によって国を追われた人々は抱き合ってその死を喜んだ。

スペイン内戦は人民戦線政府とフランコ軍が戦い、１９３９年４月にフランコ軍が勝利。スペインは長きにわたって独裁体制が続き、暗黒時代は独裁者が死ぬまで終結しなかった。本作はフランコの死の２年前に製作された。言論抑圧の政治体制下で、ビクトル・エリセ監督は劇中に体制批判を含めた暗喩を盛り込んでいるといわれる。その解説はウィキペディアに任せるとして、作品の魅力は主人公アナの天使のようなけなげさだ。

予告のナレーションによると「自由と希望の戦いに敗れた内戦後のスペインの小さな村」での物語。６歳の少女アナ（アナ・トレント）はフランケンシュタインの映画を見て、女の子と遊んでいたフランケンがなぜ彼女を殺したのかを理解できない。姉のイザベルに聞くと、フランケンは死んでなくてその正体は森の精霊だという。自分の名を告げれば精霊は会いにきてくれる

【蛇足ながら】

『E.T.』の少年に通じる孤独感

この映画を見るたびに思い出すのがスティーヴン・スピルバーグ監督の『E.T.』（1982年）だ。地球に取り残された宇宙人のETが民家の少年にかくまってもらい、言葉を覚えて友情が芽生えるストーリー。少年はまだ10歳。中学生の兄とその友人たちに子供扱いされて疎外感を感じている。そうした中、少年は密かにETの世話をし、ときに助けてもらう。

頭が良く、特殊な能力を持つETはいつしか少年の父親のような存在になる。兄と違うピュアな心根だからこそ、少年はETと心を通わせることができた。だが国家という権力は少年からETを引き離そうとするのだ。

『ミツバチのささやき』でアナは逃亡中の青年をフランケンと同一視す

との話を幼いアナは信じる。そんな折、アナは荒野に立つ廃虚で一人のケガを負った若い男と出会う。アナは若者に父親の懐中時計と食べ物を与えるが、いつしか彼の姿は消え、血痕だけが残っていた。父親に叱られたアナは家出し、夜の森でフランケンと出会うのだった。

父と母、イザベル、アナの4人の家族関係がどこかよそよそしく感じられるのは母が送った手紙にあるように、内戦によって国民が家族を失った現実を補強説明しているとも考えられる。年上のイザベルは子供の無垢な気持ちを失いかけているが、アナはいまもナイーブだ。だから毒キノコを悪だとは思えない。日本の幼児でもサンタクロースを信じる子と、いち早く疑い始める子がいるように感受性はそれぞれ違う。

純真なアナは自分のフランケンを見つけたかった。そこに若者が現れた。若者は政治犯と考えていい。アナは心優しいフランケンが人を殺すはずがないと信じ、若者に尽くそうとする。アナの父親が厳格であるため、若者に父性愛と疑似恋愛を感じたのかもしれない。若者とフランケンと毒キノコは同列にある。ラストでアナは夜空を見上げて「私はアナよ」とささやく。民主化した国際社会から取り残されたスペインの叫びだろうか。

筆者は89年に本作を見て以来、自分のベスト映画にしている。昨年、早稲田松竹で久しぶりに観賞することができた。

（14年3月10日掲載）

る。そのことは青年の死体がフランケン映画を上映した教会に安置されていることからも分かる。『E.T.』と同様に純真な妹が友人を得るわけだ。

『ミツバチのささやき』はアナと青年フランケンの出会いを悲劇にし、『E.T.』は惜別のドラマとして締めくくった。少女と少年の違いはあるが、優しい友達を求める気持ちは同じ。山の向こうから、自分だけのヒーローが現れるのを待っている。

ミツバチのささやき（IVC, Ltd.）

「死の商人」が少数民族を虐殺する

ロード・オブ・ウォー

2005年　アンドリュー・ニコル監督

トランプ大統領が日本と韓国を訪問した。両国に兵器を売り込む姿はまるで「死の商人」。死の商人といえば本作だ。

冷戦期の1982年。ニューヨークに住むウクライナ移民2世のユーリ（ニコラス・ケイジ）はギャングの抗争をヒントに武器の売買に踏み出す。最初は身近な顧客にイスラエル製軽機関銃のウージーを売り、やがて世界を渡り歩くことに。イスラエル製の銃をムスリムに、ソ連製をファシストへと需要さえあればどこへでも飛び、大金を稼ぐ。

彼を追跡するのがインターポール捜査官のバレンタイン（イーサン・ホーク）。コロンビア沖やソ連で逮捕しようとするが、ユーリはまんまと逃げおおせてしまう。だがユーリは大仕事に自分の弟を引き込んだことから思わぬ事態を引き起こすのだった……。

ユーリのモデルは2008年に逮捕された元ソ連軍人ビクトル・ボウトとされる。アンドリュー・ニコル監督はこれを移民系米国人に置き換えて武器売買の実態を描いた。ユーリの目的は人間の虐殺ではない。武器が手に入る

【蛇足ながら】無人攻撃機が主役の時代

2019年の6月と11月に日本で武器の見本市が開かれた。当時の安倍政権は成長戦略の失敗を武器の売買で取り戻そうとしていたようにも思える。カジノと兵器の2本立てとはなんともお寒い状況だ。会場となった幕張メッセには市民団体が詰めかけ、「武器見本市を開催しないでください」と抗議。メディアでも報道された。

この10年ほどで映画に出てくる武器は様変わりした。『ドローン・オブ・ウォー』（14年）や『アイ・イン・ザ・スカイ　世界一安全な戦場』（15年）には無人攻撃機が登場。前者は米国ラスベガスの空軍基地でアフガニスタン上空を飛ぶ無人攻撃機を操縦する兵士の苦悩がテーマ。後者はケニアの隠れ家に住むテロリストを無人攻撃機で爆撃するべきかど

から「クルマとたばこは大勢を殺す。銃のほうがよほどましだ」との奇妙な論法で売りまくっているのだ。

　転換点は冷戦の終結だ。このニュースにユーリが大喜びしたのは使い道を失ったソ連製のＡＫ47（カラシニコフ）などが大量に手に入るから。これを二束三文で仕入れ、世界の紛争地帯に売りさばくのだ。彼らが掃除機のセールスマン気分で売った銃が西アフリカの独裁者の親子に渡り、少数民族が虐殺される。残虐シーンが生々しい。当時の報道によると、ソ連は２０００万丁の機関銃を保有し、冷戦後の89～95年の世界の紛争地帯は91カ所となった。本作のストーリーを証明する数字だ。冷戦終結という〝平和〟が武器商人にビジネスチャンスを与えたとは皮肉な現実だ。

　ラストでユーリはバレンタインに「最大の武器商人は君のボス、合衆国大統領だ」と言う。米国人のバレンタインは武器密売の摘発に情熱を燃やしている。それはそれで立派だが、現実は彼の国の大統領が大国の力をちらつかせて武器を売りさばいている。本作の皮肉な結論に目が覚める思いだ。

　この数年、日本政府は米国のトランプ政権から「武器を買え」との要求を突きつけられ、素直にカネを払い続けてきた。日本政府が尻尾を振って言い値で買い続けるかぎり、米国の武器商人はぼろ儲けだ。彼らの高笑いが聞こえてくる。

（17年11月15日掲載）

うかで悩むストーリーだ。昆虫サイズの偵察機の動きも興味深い。

　カナダ映画『きみへの距離、１万キロ』（17年）は北アフリカが舞台。石油パイプラインを監視するために６本足で地面を這うクモのような形のロボットを米国から遠隔操作する男性オペレーターが、現地の少女に一方的に共感。望まない結婚を親に強制されている彼女のために行動を起こす。原題の“Eye on Juliet”をこんなバカな邦題にしなかったらもっと良かった。

ロード・オブ・ウォー（ＴＣエンタテインメント）

南北問題　平和共存の儚《はかな》さ

ＪＳＡ

２０００年　パク・チャヌク監督

朝鮮半島の南北問題の深刻さを如実に物語る映画。

舞台は１９９９年の南北国境の板門店《パンムンジョム》。北朝鮮側の詰所で北朝鮮人民軍の兵士２人が射殺された。中立国監視委は真相究明にスイス軍将校ソフィー（イ・ヨンエ）を派遣する。ソフィーは「北の兵士に拉致され、敵兵を射殺して生還した」と説明する韓国軍兵士スヒョク（イ・ビョンホン）を事情聴取し、スヒョクが持っていた銃と発射された銃弾の数が違うことから報告内容に疑問を抱く。さらに北側の生き残りのギョンピル（ソン・ガンホ）とスヒョクの対面に立ち会い、事件の裏に意外な事実が隠されていることを知らされるのだった。

朝鮮戦争は１９５０年に始まり、53年に停戦した。両国は現在も交戦中だ。本作で双方の兵士がにらみ合う姿はそうした緊迫情勢を示している。生き残った当事者のうち、北側は「南のテロ説」を主張し、南側は「北の拉致疑惑」を訴える。言い分は平行線をたどるばかり。だが真因はギョンピルに命を助けられたスヒョクが彼を「兄貴」と慕うようになったことだった。

【蛇足ながら】

ジープ突破にこだわった脱北兵士

この数年、板門店を見ることが多い。2018年4月に文在寅大統領が金正恩委員長と会談し、19年6月にはトランプ大統領が金正恩と電撃会談して世界をあっと言わせた。板門店は南北分断の象徴だったが、近ごろでは南北融合の色彩をおびてきた。

板門店の亡命劇で記憶に新しいのが17年11月に起きた北朝鮮兵士・呉《オ》青成《チョンソン》の強行突破。彼は北朝鮮側の銃撃で5発もの銃弾を浴びながら命を取り留めた。体内に大型の寄生虫がいたことが話題になったが、もうひとつ注目すべき点がある。軍用ジープで境界線を越えようとしたことだ。

北朝鮮研究の専門家によれば、北朝鮮の兵器を手土産に亡命すると韓国政府に歓迎されるという。北朝鮮の戦力情報を求めているからで、北朝鮮本作を友情の物語とする見方もあるが、人間の融合の物語ともいえる。恋愛評論家の「男と女は職場などで簡単に親密になる」という言葉を持ち出すまでもなく、人は他人と交流したがる。同じ言語をしゃべる命の恩人ならなおさらのこと。敵兵であっても融合したくなるのは当然だ。そうやって人類は進歩してきた。韓国人の友人に聞いたら、韓国は北の脅威にさらされながら、いまも南北統一の機運は衰えていないそうだ。

だからスヒョクはギョンピルを「南に来ませんか?」と誘う。敬愛する兄貴分と一緒に同じ国土で同じ空気を吸いたいのだ。だがギョンピルは大好物のチョコパイを口から吐き出し、スヒョクを睨んで申し出をはねつける。

ギョンピルは「実戦ではどれだけ冷静に素早く判断し行動するか。それが全てだ」と語る。至言である。しかし愚かな上官の介入によって友好の場が一変、惨劇の犯行現場と化した。ギョンピルは冷静に事態を収めようとしたが、上官は己の恐怖心に負けた。スヒョクも同じ。動揺し、引き金を引いてしまった。やはり人は自分の立場から逃れることができない。血まみれの銃弾は人間の平和共存の願いがガラス細工のようにもろいものだという現実を突き付けている。

ラストの男4人が収まった写真は戦争のむなしさを赤裸々に物語っている。哀しくもまた滑稽である。

（17年3月29日掲載）

「もし戦車に乗って亡命に成功したら大変な額の報償金がもらえたはず。可能性は低いが、軍用機に乗って亡命したら一生遊んで暮らせるくらいの報奨金を得られる」

残念ながら呉青成が乗ったジープはぬかるみにはまって立ち往生。彼はジープを前に進めようとしたため時間をロスし、銃弾を浴びてしまった。あの負傷の背景には軍事情報の手土産という理由があったのだ。

JSA（アミューズソフト）

女子高生殺害の真相に迫る「母の愚かさ」

母なる証明

2009年　ポン・ジュノ監督

1989年に連続幼女殺害事件の犯人Mが逮捕されたときのこと。ミヤコ蝶々はテレビでこう語った。

「被害者の親は犯人を死刑にしろと言い、犯人の親は許してくれと言う。一方は『殺せ』で、一方は『殺さんでください』。親いうんは因果なものです」

本作の母親も因果を抱えたひとりだ。

主人公は韓国の田舎町の漢方薬店で働きながら一人息子のトジュン（ウォンビン）を育てる母（キム・ヘジャ）。純粋無垢なトジュンは知的障害があり、いつも記憶があやふやだ。やんちゃな友達の企てに巻き込まれ、警察の厄介になったりしている。

その町で高2の少女が殺される。警察は殺害現場にトジュンが持っていたゴルフボールが落ちていたというそれだけの理由で彼を逮捕。母は息子との面会で事件当夜の行動を思い出すよう促すが、障害があるため記憶は一向に蘇らない。このままでは息子はなし崩し的に有罪にされてしまう。ここに至

【蛇足ながら】

『パラサイト』で快挙

2020年2月、ポン・ジュノ監督が快挙を成し遂げた。『パラサイト　半地下の家族』でアカデミー賞作品賞、監督賞など4部門を獲得したのだ。

『パラサイト』は半地下の部屋に住む貧しい一家が、長男がIT長者の富豪の屋敷に家庭教師として雇われたことを契機に、妹、父、母と全員がこの家に入り込むストーリー。文字通り、パラサイトするわけだ。日本より深刻といわれる韓国の富裕層、貧困層の二極化という題材をうまく料理したといえる。

ポン・ジュノ監督には社会性を帯びた作品が少なくない。『殺人の追憶』（03年）は軍事政権下の農村で実際に起きた「華城連続殺人事件」をモデルに警察の暴力的な取り調べなどを描いた。

って母は真犯人捜しの行動を起こすのだった……。
『殺人の追憶』（03年）のポン・ジュノ監督が撮っただけに警察の捜査はおざなりで、トジュンの友人も弁護士も被害少女の祖母もろくなもんじゃない。おまけに少女が貧しい暮らしの中で大人たちに体を売っていたことなどが次々と明らかになる。救いようのない設定だ。

本作のテーマを「母の愛」と評す見方もあるが、むしろ「母の愚かさ」のほうがしっくりくる。世界中の母親はみな、わが子のためなら盲目になる。本作も同じ。母は理性をかなぐり捨て、強引な手段を使って事件の薄皮を一枚ずつはがしていく。

さまざまな趣向が凝らされている。たとえば色調。登場人物の洋服や建物、空気など全体をブルーの冷色でまとめ、母だけが赤と茶色の暖色を着ている。だが知らなくていい真相に近づくにつれて母の服装も冷色を帯びてくる。

観光バスの車内で踊る母をロングで撮ったラストは映画史に残る奇抜なアイデアだ。これだけでポン・ジュノ監督は天才的職人と評価されていい。いったん暖色に戻った母の上着がこの場面で冷色に変わるのも注目ポイント。キム・ヘジャの隙間のない演技によって観客は謎解きに引きずり込まれ、裏切りのカタルシスに酔いしれるはずだ。

（15年9月16日掲載）

『スノーピアサー』（13年）は2031年という近未来を舞台に氷河期のような地球に生き残ったわずかな人間のドラマ。高速で走る列車の中で人類は富裕な支配階級と貧しい被支配階級とに分類され、抑圧された貧しい者たちが立ち上がる物語だ。ちなみにこの作品が「抵抗運動をあおる」との理由で当時の朴槿恵《パククネ》大統領が、ポン・ジュノ監督を文化芸術界のブラックリストに入れたことは有名だ。

母なる証明（ハピネット）

日本人はマゾヒストか？

武士道残酷物語

―1963年　今井正監督

先週の金曜（3月10日）は萬屋（中村）錦之介の命日だった。亡くなって20年になる。早いものだ。錦之助が31歳のときに出演したのが本作。ベルリン国際映画祭金熊賞を受賞した。

信州の堀家という小大名に仕えた飯倉一族の戦国期から現代まで続く凄惨な物語。最初に登場する飯倉次郎左衛門は浪人の身から家臣に取り立てられた侍。彼は老年にして天草の乱に参陣し、主君の失態を救うべくひっそりと腹を切る。元禄期の子孫である久太郎は藩主の衆道《しゅどう》の相手を強制されて寵愛《ちょうあい》を受けながらも、藩主の側室とねんごろになるよう追い込まれ、そのあげく陰茎を切り取る刑罰を受ける。藩主の残酷趣味の罠にはまったのだ。

最も悲惨なのが天明期の修蔵。一人娘のさとを幕府の権力者・田沼意次にあてがうよう主命を受ける。さとは許嫁《いいなずけ》の若者と引き離されて人身御供にされるも、田沼の失脚によって帰国。再会した許嫁と不義をはたらいたとの疑いで捕縛されるのだ。錦之介は一人で幼年から老年までを演じ分ける。武士道残酷ものの代表的な一本で、その雰囲気は一貫して暗い。

【蛇足ながら】

残酷とコメディを書き分けた南篠範夫

原作の『被虐の系譜』を書いた南條範夫は1908年生まれ。東京帝国大学法学部を出たあと満鉄調査部などを経て國學院大学の教授を務めた。本業は経済学者だ。53年に『子守の殿』でオール讀物新人杯、56年に『燈台鬼』で直木賞を受賞した。

『燈台鬼』は遣唐使として長安に到着した日本の官僚が消息不明となり、赤ん坊だった息子が成長し、父を探して唐に渡るストーリー。父は暴漢に連れ去られて奴隷として売られ、頭部に燭台を取り付けた格好で動くたびに鞭打たれる身の上に落ちていた。息子は遣唐使節の重要人物として父がとらわれた家に招かれ、人間燭台が実父であることに気づくのだ。『被虐の系譜』も『燈台鬼』も残酷で陰鬱なテーマだが、その一方で南公開当時、評論家は本作を「日本人の天皇制的な心情」と論じた。同時にマゾヒズムの映画でもある。そもそも原作は南條範夫の短編小説「被虐の系譜」。主君に忠節を尽くし、自己を犠牲にすることこそが喜びであるという自虐のメンタリティーに貫かれている。映画化に際して、東映の岡田茂が「武士道残酷物語」というタイトルを考案した話は有名だ。

修蔵は横暴な藩主によって娘を斬殺するはめに陥り、悲しみと無念を口にするや藩主の脇差で手の甲を刺し貫かれる。彼は絶望のあまり切腹するが、それでも「御家の安泰を……」と言い残す。こうした自己犠牲は日清、日露、アジア太平洋戦争にも見られた。森友学園の塚本幼稚園で園児たちが暗唱していた教育勅語は「一旦緩急アレハ義勇公ニ奉シ以テ天壌無窮ノ皇運ヲ扶翼スヘシ」と命じている。「万一危急の大事が起ったならば、大義に基づいて勇気をふるい一身を捧げて皇室国家の為につくせ」との意味らしい。

「被虐の系譜」の終盤は飯倉家の明治期の先祖が公務中に天皇の体に触れて感激した話に至る。さらに現代の子孫は太平洋戦争で息子2人を亡くしたことを、ひどい目にあったと言いながら、「一番お気の毒なのは、陛下です」と悲嘆する。南條はその姿を「打たれ蹴られ、踏みにじられても、尚かつ、その主人に奉仕することを悦びとする不思議な被虐者の表情」と書き表すのだった。

（17年3月15日掲載）

條は『素浪人 月影兵庫』のような軽妙な時代小説も書いている。テレビドラマ化され、65年から68年までNET（現・テレビ朝日）系で放映された。月影兵庫（近衛十四郎）は猫が苦手な剣の達人、焼津の半次（品川隆二）はクモが出るたびに悲鳴をあげる渡世人。兵庫の口癖は「半の次、この馬鹿たれが」だった。最高に面白いコンビが最高にエキサイティングな旅を披露した名作ドラマである。

武士道残酷物語（東映ビデオ）

納棺師の姿に「愛別離苦」を噛みしめる

おくりびと

2008年　滝田洋二郎監督

第32回日本アカデミー賞の作品賞など10部門を受賞。第32回モントリオール世界映画祭グランプリなど数々の映画賞に輝き、第81回アカデミー賞外国語映画賞まで獲得した。日本映画史の大事件といえる作品だ。

東京の交響楽団でチェロ奏者を務めていた大悟（本木雅弘）が妻の美香（広末涼子）を連れて故郷山形にUターン。死者の体を清め化粧を施す納棺の職につく物語だ。

大悟は子供のころに父親が失踪したという境遇。葬儀屋の佐々木社長（山崎努）と事務員の百合子（余貴美子）のもとで働きながら、この仕事を続けるべきかと躊躇していたが、死者を美しくして送り出し、遺族に感謝されるうちにいつしかやりがいを感じるようになる。死者を湯灌《ゆかん》する納棺師の動きは能楽師の所作のような様式美をたたえ、何度見ても飽きない。

死者と接する映画にはほかに『愛しき日々よ』（1984年）がある。重兼芳子の『やまあいの煙』を原作とするこの作品は火葬場の職員が主人公だ。

一方、本作の主人公は死者の体に触れる納棺師。そのため主人公の大悟は幼

【蛇足ながら】

関係者3人が続けて死去

この『おくりびと』は2008年9月の公開の前から、いわくつきの作品となった。

07年11月に本木雅弘の所属事務所社長の小口健二氏が死去（享年59）。その1カ月前にスタッフ向けの試写会が行われ、その際のパーティーで関係者から「来年秋の封切りまでに参加者の中からおくられびとが出るかも」という冗談が出ていた。その言葉が1カ月後に本当になったのだ。

翌8年10月、主人公の父親役として出演した峰岸徹が65歳で死去した。峰岸は最後に主人公に微笑みかける絵もあるが、主に遺体としての出演だった。

さらに09年7月、死者の夫役をつとめた山田辰夫が胃がんで死去した（享年53）。2年足らずの間に関係者と出演俳優が立て続けに死去。3人

友達から「もっとましな仕事につけ」と罵《ののし》られる。

　ネタ本となった青木新門の『納棺夫日記』（文藝春秋）も触れているとおり、日本には「穢《けが》れと清め」「ハレとケ」という概念がある。なかでも死穢《しえ》と血穢《けつえ》は穢れの最たるもの。江戸時代の十手持ちが登城を許されなかったのは死人や罪人と接していたからだ。現代の不動産広告は地図から寺のマークを排除している。物件の近所に寺があることを顧客が嫌がるのだ。

　こうした偏見によって美香は大悟に「触らないで。汚らわしい」と言い放つ。だが夫の仕事を目の当たりにしたとき、その崇高な姿に胸を打たれる。観客も同じ。母の亡きがらに呼びかける少女や、妻の死に化粧を見て「今までで一番きれいでした」と謝意を述べる夫の言葉に愛別離苦をかみしめるのだ。本作が語りかけてくるのは死は汚らわしいものではなく、人生の崇高な儀式なのだという哲学だ。

　本作は滝田監督の進化の記録でもある。『僕らはみんな生きている』や『壬生義士伝』などのラストで滝田は主人公に長いしゃべりを課した。うんざりするほどくどいのだ。ところが本作では大悟の父が握っていた石を妊娠中の妻の体に当てて無言で終わる。もし父の思い出や後悔の念を延々と語っていたら、青い目の選考委員は「眠クナリマシタァ」とペケをつけたはずだ。

（15年2月9日掲載）


が50代前半から60代半ばの早すぎる死であることと、死者を送るという本作のテーマがなんとなく因縁めいているように思えるのだ。

　ちなみに本作の原案となったのが『納棺夫日記』。早大中退後、バー経営を経て納棺師になった作家・青木新門の生きざまと死生観が実に感動的な一冊。若いころの恋人の父親を見送る場面が胸にグッとくる。

おくりびと（セディックインターナショナル）

20世紀に通じる戦争の熱狂

笛吹川

—1960年　木下恵介監督

深沢七郎の同名小説を映画化。戦国時代の甲斐国、橋のたもとに住む貧しい農民の6代にわたる物語だ。モノクロ映像に部分的に色を焼きつける斬新な手法を用いたことで知られる。

武田信虎の軍に参加した半蔵が手柄を立てて戻り、おじい（加藤嘉）は「わしが戦に行けと言ったからだ」と自慢する。その夜、信虎に子が生まれ、おじいは後産（胎盤）を埋める役目を務めたが作業中に足を負傷。城からの呼び出しを受け、褒美をもらえるかもしれないと期待して出かけるが、死体で帰ってくる。慶事を血で汚したとの怒りを買い、首を刎《は》ねられたのだった。

半蔵の姉ミツは嫁ぎ先から戻り、赤ん坊の定平はミツの父半平に育てられる。定平（田村高廣）は成長し、妻おけい（高峰秀子）との間に4人の子を授かるが、長男の惣蔵と次男の安蔵は立身出世を夢見て戦に志願する。

若者たちは信虎、信玄、勝頼と武田家3代に仕え、勝頼は長篠の戦いで織田信長による馬防柵と鉄砲の3段撃ちに完敗。惣蔵と安蔵は死に場所を求める勝頼に付き従い、妹のうめも奥方と一緒に死のうとする。おけいは子供た

【蛇足ながら】

22歳の家政婦がナイフで殺された

深沢七郎の小説によって殺人事件が起きたことがある。1960年、『中央公論』12月号に深沢の短編小説「風流《ふうりゅう》夢《む》譚《たん》」が掲載された。主人公が見た夢を語る手法で、日本で革命が起こり、皇室の人々が処刑される光景を目撃する話だ。

発行元の中央公論社には右翼が抗議に押しかけた。61年2月1日、当時17歳の少年が新宿区の嶋中鵬二社長宅に押し入り、嶋中夫人に重傷を負わせ、22歳の家政婦の女性を刺殺した。深沢は謝罪会見を開いてしばらく筆を絶つこととなった。「嶋中事件」あるいは「風流夢譚事件」と呼ばれている。

深沢とは関係がないが、60年は10月に社会党党首の浅沼稲次郎が日比谷公会堂で講演中に刺殺される事件が起きている。犯人の山口二矢《おとや》も17

ちを連れ戻そうとして戦に巻き込まれるのだった……。

子供が次々と生まれ、若者に成長して戦場で死んでいく。深沢七郎は人が生まれ変わるという考えに魅力を覚えてこの小説を書いたというが、物語の要素はあの〝大東亜戦争〟によく似ている。

おじいのような老人が若者をけしかけ、青年は喜び勇んで出征する。定平とおけいは「戦に行くな」と息子を制すが、その声は戦争の熱狂にかき消されてしまう。それを物語るのが惣蔵の言葉だ。

勝頼の一行を離れて帰って来いと諭す定平を、息子の惣蔵は「おらたちは先祖代々、お屋形様のお世話になっているのだぞ」とはねつける。おけいは「お屋形様に先祖代々、恨みはあっても恩はない」と言うが、惣蔵は聞き入れない。このやり取りは深沢の原作を忠実に再現している。あの愚かな戦争でいえば、お屋形様は大日本帝国という名の「国家」を意味している。国家の恩恵に浴しているから喜んで犠牲になるのだという考えである。国家の頂点には軍服に身を包んだ大元帥陛下がいた。

田村と高峰の老け演技は見事。結末で川を流れる武田家の旗は敗戦後の日の丸を表していると考えて間違いない。おけいが子供たちのために軍列を追いかける姿は同じ木下監督の『陸軍』（44年）を思わせる。戦争は人を狂わせるのだ。

（17年3月8日掲載）


歳で、犯行後、東京・練馬の少年鑑別所で自殺した。

90年1月。長崎市の本島等市長が右翼団体幹部に銃撃されて全治1カ月の重傷を負う事件が起きた。本島は88年12月に長崎市議会で「（昭和）天皇にも戦争責任はあると思う」と発言。支持基盤である自民党は発言の撤回を求めたが、本島は「良心を曲げることはできない」と拒否し、右翼の凶弾を浴びた。日本には「菊のタブー」が厳然と存在する。怖いね。

笛吹川（松竹）

学生運動を背景にした平安貴族の残酷趣味

地獄変

1969年　豊田四郎監督

芥川龍之介の名作を「文芸映画の巨匠」と呼ばれる豊田四郎が監督。

平安時代。天才絵師の良秀《よしひで》（仲代達矢）は権力者・堀川の大殿（中村錦之助）から極楽図を描くよう命じられるが、芸術家の矜持《きょうじ》として自分の画風に合わないとの理由でこれを断る。大殿は弱い者の命を軽視する暴君。その暴君を良秀は批判し、大殿は帰化人である良秀を軽侮する。

ある日、堀川の屋敷に1匹の猿が舞い込み、追ってきた若い女が大殿の目に留まって邸内に幽閉される。実は女は良秀の娘・良香《よしか》（内藤洋子）で、父の良秀は何よりもこの娘を可愛がっていた。

娘を返して欲しいと懇願する良秀に、大殿は屏風に地獄絵を描けと命じる。良秀は自分は見たものしか描けないので、炎上する牛車を見たいと言う。大殿は願いを聞き入れ、後日、良秀を呼び、用意した牛車のすだれを開ける。あっと驚く良秀。そこに見たのは鎖で縛られた良香の姿である。大殿の命令で火がつけられると、牛車は夜空に紅蓮の炎を上げ、良香もろとも焼け崩れるのだった……。

【蛇足ながら】

広告が怖かった〜！

映画『地獄変』の公開は1969年9月20日。筆者は田舎町の小学5年生だった。

封切前に地元の日豊線の列車に乗っているとき、車内に本作の中吊り広告がぶら下がっているのを見た。若い女が鎖に縛られ炎に焼かれる絵柄。女は必死の形相で叫んでいる。子供心に怖かった。夜寝るときも女の顔が浮かんできて、なかなか寝付けなかった。まだ芥川龍之介のことを知らず、『徳川女刑罰史』（68年、石井輝男監督）のようなエログロ映画だと思い込んだのだ。

芥川龍之介が自殺したのは27年7月24日。もともと虚弱だった体が25年ごろから極度の神経衰弱と胃腸病、睡眠薬の多用によって急速に弱まっていたらしい。

芥川は遺書に「何か僕の将来に対

娘を阿鼻叫喚の焦熱地獄に突き落とされた老絵師の「芸術至上主義」がメインテーマ。良秀は鎖につながれた愛娘を見て大殿に命乞いをするが、無情にも火をつけられる。狂ったように叫び声を上げる良秀。だが途中から、地獄の業火に魅了されるように胸の前で腕を組み、修羅の光景を見つめる。その結果、完成した絵には牛車ごと焼かれる大殿が描かれ、その姿が己れだと知った大殿は発狂に追い込まれる。

「違い」を味わうのも面白い。まず役者。演劇出身の仲代は声の抑揚を殺して隠忍自重の苦しみを表現。歌舞伎役者の錦之助は高らかに笑い、怒鳴りつける。水と油ほど性質の違う演技がスクリーンで衝突。今見ると錦之助の演技はややサイケデリックな印象だ。

　原作との違いも興味深い。公開が学生運動の盛んな69年だったせいか、映画はレジスタンスの一団が大殿を襲撃する抵抗運動を盛り込んだ。「権力者VS民衆」だ。大殿を、ネズミをいたぶる猫さながらのサディストとして描いた脚本は、当時の若者たちの野党的精神を刺激したことだろう。

　権力者の残酷趣味を周囲が止められないのはヒトラーの悪行を見ればよく分かる。この数年間の日本の保守政治もしかり。安倍晋三は閣議決定や強行採決で既成事実化を図っている。権力は何でもできる。それを支えてきたのが現代の民衆とは皮肉な話だ。

（18年4月11日掲載）

する唯ぼんやりした不安である」と書き残していた。人々はこれを「時代の不安」と解釈した。

　この年の3月に金融恐慌が始まって失業者が急増。陸軍は中国大陸を狙っていた。共産党・労農党などを取り締まる治安維持法が成立して2年である。暗鬱とした世相が芥川を追い詰めたのだろうか。

地獄変（東宝）

ネコババ、妾による倫理観の崩壊

しとやかな獣

―1962年　川島雄三監督

新藤兼人の脚本を川島雄三監督が映画化したブラックコメディーの傑作。歌舞伎のお囃子《はやし》が人間の醜い部分を強調している。

10月の蒸し暑い日、マンモス団地に住む前田時造（伊藤雄之助）は息子の実（川畑愛光）が勤める芸能プロの香取社長（高松英郎）と経理担当社員・幸枝（若尾文子）らの訪問を受ける。香取の用件は実が会社のカネ１００万円を着服したので責任を取れというものだ。香取が立ち去ると入れ替わるように流行作家・吉沢の妾になっている娘の友子（浜田ゆう子）が帰宅。実と友子は時造の操り人形で、実はネコババしたカネを時造に渡し、時造は友子にぞっこんの吉沢から大金をかすめ取っている。

その一方で実は幸枝と男女の関係にあり、横領したカネを貢いでいた。幸枝はそのカネで旅館を建てて会社を退社。さんざん利用した実をお払い箱にしようと別れ話を切り出す。話の中で彼女が香取や計理士、税務署員とも肉体関係だったことが明らかになるのだった。

舞台は団地の一室。どんよりした蒸し暑い空気の中で登場人物はしきりに

【蛇足ながら】

若尾文子は演技の幅が広い

本作の脚本を担当した新藤兼人が書いた作品に『夜の素顔』（１９５８年、吉村公三郎監督）がある。これも女のしたたかな二面性が存分に発揮された作品だ。

敗戦の痕跡が残る東京で生活に困った踊り子・朱美（京マチ子）が有名な日舞の家元に弟子入りし、師匠の名声を乗っ取ってしまうストーリー。朱美はおのれの野心を満たすためなら、誰にでも体を許す。なぜなら12歳のときにアル中の父親に売春宿に売られてさんざん客を取らされたから。肉体こそが武器なのだ。

この売春宿の女将を演じるのが浪花千栄子で、世間に名が知られ金持ちになった朱美につきまとい金の無心をする。浪花千栄子というと、筆者は子供のころ見たオロナインH軟膏のテレビCMのイメージが強いが、

汗を拭き、テンポのいい会話によって悪行が暴露されていく。時造は元海軍中佐で戦後事業に失敗し、「バラックで雑炊をすすった惨めな暮らしに戻りたくない」と子供たちを使った詐欺行為を正当化する。妻よしの（山岡久乃）を含めて一家に罪の意識は微塵もない。

幸枝は悪女ぶりを存分に発揮。幼子を持つ身でありながら体でカネを稼いだことへの罪悪感はゼロだ。香取は使い込みの被害者だが、彼も会社のカネを着服していた。要するに全員がダーティーな顔を持っているのだ。まともな人間は出てこない。その相関関係をカメラは上から下から縦横無尽に覗き見する。真っ赤な西日を浴びながら親がそばをすすり、子供たちがロックで踊り狂う場面は小鼓の音が加わって幻想的な妖しさを醸し出している。

海軍中佐の娘が体で稼ぐのは、軍部の愚挙で国が大敗し、戦後一部の女性が娼婦に追いやられた皮肉な現実を暗示しているのだろう。軍人の父は戦争責任を感じるどころか、贅沢をしたくて道を踏み外し、息子と娘はアメちゃん文化にどっぷり。子連れの幸枝は多情な女だ。敗戦によって日本人の倫理観が崩壊した実相がブラックに描かれている。「大和魂」などと声を張り上げていた軍人も一皮むけばエゴのかたまりだ。96分間の密室劇の結末はどこにでもある家族のまどろみ。パトカーのサイレンで目覚めたよしのの顔は何を言おうとしているのだろうか。

（18年7月25日掲載）

映画ではこんな怖い女を演じていた。『夜の素顔』でさらに面白いのが朱美の弟子になった比佐子（若尾文子）。朱美の恋人とこっそり情を通じ、朱美の座を狙う。男でも女でも他人を蹴落としてのし上がった人間はいずれ自分がやった方法で報いを受ける。戦後を舞台に女のコンプレックスと出世欲、意地が存分に描かれた力作である。

しとやかな獣（KADOKAWA）

その他の名作

第三の男（1949年　キャロル・リード監督）

第2次大戦後のウィーン。米国人作家ホリー（ジョセフ・コットン）は親友のハリー・ライム（オーソン・ウェルズ）を訪ねるが、彼は事故で死んでいた。ホリーは真相解明の取材を開始、英国軍人キャロウェイは「帰国しろ」と命じる。そんな中、ライムの恋人アンナ（アリダ・ヴァリ）と出会うのだった。

ミステリーの一種だが、昨今の複雑なストーリーに慣れた観客はすぐにライムが生きていると気づくだろう。ホリーは狂言回しとしてアンナのライムへの一途な思いを表現し、暗闇にライムの姿を浮き上がらせて彼の非人間的な一面をあぶり出す。

ライムは願望を満たすためなら犠牲が出てもかまわないという歪んだ信念の男。ヒトラーが生まれた国ではヒトラーもどきの怪物が暗躍すると は皮肉な話だ。観覧車シーンでの有名なセリフ「イタリアはボルジア家の恐怖政治に怯えたが、ルネサンスを生み出した。一方、スイスは愛の国で平和を保ちながら鳩時計しか生まなかった」はO・ウェルズの即興。

見どころは95秒にわたるラストの並木道のシーン。ホリーの前をアンナは無言で通り過ぎる。アンナはライムに見捨てられたことも知らず盲目的に彼を愛し、恋人を殺したホリーを許せない。原作ではアンナが恋人のようにホリーの腕に手を通して終わるが、映画は黙殺することで名作となった。

カンバセーション…盗聴…（1973年　フランシスコ・フォード・コッポラ監督）

カンヌ国際映画祭グランプリを受賞。サンフランシスコの盗聴屋ハリー（ジーン・ハックマン）は広場を歩き回るマークとアンの若きカップルを盗聴する。

アンは既婚者で2人は不倫関係だ。ハリーは盗聴テープを依頼人の企業重役に届けるが、秘書から重役は不在だと告げられる。そのためテープを持ち帰り、仕事場で音声を精査。

すると「彼は僕らを殺す気だ」との声が出現。ハリーは殺人の予感に動揺するのだった。

盗聴の同業者はハリーがかつてトラック組合の議長と会計係を盗聴したことを語る。盗聴は成功し、結果的に会計係は妻子とともに惨殺された。同業者は犠牲者に同情するどころか、ハリーの仕事を誇らしげに語る。まさに非情のライセンスだ。

ただ、ハリーはこの殺人事件によって自責の念に駆られ、彼の苦悩が本作の中心テーマとなっている。夢の中でアンを助けようとし、アンとマークが密会するホテルに出かけて盗聴を開始する。

公開時にテレビで本作が紹介され、トイレの便器から血が逆流するショッキングな映像が流れた。こうした血なまぐさい光景のどこまでが真実で、どこまでが妄想なのか判然としない。その曖昧さが難解好きなカンヌの審査員をくすぐったのだろう。

陽のあたる場所（１９５１年 ジョージ・スティーブンス監督）

母子家庭で育った貧しい青年ジョージ（モンゴメリー・クリフト）は伯父が経営する大企業に雇われる。単純作業に配属された彼は同じ部署のアリス（シェリー・ウィンタース）と恋仲に。一方で、富豪の娘アンジェラ（エリザベス・テイラー）と知り合い、結婚を求められる。

高根の花を得たジョージだが、ここに問題が。アリスが妊娠したのだ。これでは幸福になれないと焦った彼はアリスの殺害を企てるのだった。

恋人や妻が栄達の邪魔になったため殺害するのは古今東西の文学的テーマだ。「四谷怪談」の田宮伊右衛門は大店の娘と結婚するために妻・お岩を毒殺する。１９７６年に現役歌手のＫが愛人の女性を殺害した事件も同じ。女性は銀座ホステスからソープ嬢に転身してＫに尽くしたが、Ｋはカムバックの障害になると考えて命を奪った。

ジョージの母は恵まれない人のために教会の奉仕活動を続けている。その血を受け継ぐジョージは根は真面目な青年だ。彼が賛美歌を歌う人々を見つめるのは母を思い出したからだろう。だが上流社会への切符を手にしたとき青年は身勝手な男に変身する。しかもアリスは「すべてを暴露する」と当たり散らす。観客はジョージの焦燥感に感情移入し、最後の言葉を宗教的な人間精神として受け止める。

それにしてもアリスはなぜ危険を回避しなかったのか。ジョージの殺意を感じながらボートに乗ったのは、現代でいえばストーカー男に会いに行くようなものだろう。

女系家族
（1963年　三隅研次監督）

大阪・船場の老舗店の当主・嘉蔵が死去した。嘉蔵には藤代（京マチ子）、千寿（鳳八千代）、雛子（高田美和）の3姉妹がいる。遺産配分をめぐる親族会議が開かれ、嘉蔵の遺言で藤代は長屋の土地を、千寿は店の経営権を、雛子は骨董品と株券を相続することに。これに難色を示したのが藤代。長女なのに取り分が少ないと言い出し、姉妹の対立が始まる。

藤代は踊りの師匠・梅村（田宮二郎）に頼んで共有財産の山林を視察し、番頭の宇市（中村鴈治郎）が勝手に森林を伐採しているとの疑いを抱く。娘3人がいがみ合う中、嘉蔵の愛人・文乃（若尾文子）が登場。彼女が身ごもっていると知り、姉妹は動揺するのだった。

藤代は梅村、千寿は夫、雛子は叔母の芳子（浪花千栄子）とそれぞれが黒幕を抱え、入れ知恵されている。美人姉妹が罵り合っているところに文乃が現れ、宇市の背任行為も加わって憎悪が広がっていく。高級マンションのネット成り金でなく、旧家の姉妹が欲望をむき出しにするから面白い。

特に印象的なのが姉妹が文乃を訪ねて産科医に診察させる場面。手足を押さえて無理やり布団に寝かせ、あわよくば死産させたいという悪魔の形相で診察をのぞき見る。猟奇めいた描写は人々が怖いもの見たさで見せ物小屋の木戸をくぐった60年代っぽい。

結末は一種のどんでん返し。乳飲み子を抱えた文乃が来訪する直前に扇風機が左右に首を振るのは「いやいや。これから嵐が吹くぞ」と警告しているのだろう。

戦争の悲劇

善と悪が戦うベトナムの「狂気」

プラトーン

1986年　オリバー・ストーン監督

ベトナム戦争を題材にしたヒット作といえば、1978年の『ディア・ハンター』と79年の『地獄の黙示録』。前者はベトコンが捕虜を賭博の道具にするなど米国を被害者として描いた印象が強い。後者はマーロン・ブランドが勝手にしゃべり始めたあたりからワケが分からなくなった。

米国人にとってベトナム戦争は何だったのか。この疑問にいささかなりとも答えを下したのがこの『プラトーン』だった。ベトナムが泥沼化した67年、大学を中退して従軍したテイラー（チャーリー・シーン）の目を通して戦争を描く。テイラーはベトナム戦に志願した経験を持つオリバー・ストーン監督の分身だろう。

本作がヒットしたのは登場人物のキャラによる。テイラーの上官にバーンズ軍曹（トム・ベレンジャー）とエリアス軍曹（ウィレム・デフォー）を配置。バーンズは平気でベトナムの民衆を殺す悪人。エリアスは残虐行為を止める善人。2人を通じて描かれるのは、月並みな言葉だが「戦争の狂気」だ。悪人と善人の対比という単純な構図のおかげで評価されたのだろう。

【蛇足ながら】

『ディア・ハンター』がヒットした裏事情

この『プラトーン』と『地獄の黙示録』（1979年）はベトナム戦争における米兵の残虐行為を直視し、米国の暗部として提示している。これに対して微妙な位置づけなのがマイケル・チミノ監督の『ディア・ハンター』（78年）だ。

ロバート・デ・ニーロ扮するマイケルらロシア系の若者がベトナムに出征し、ベトコンの捕虜になってロシアンルーレットを強要される物語。土中に隠れたベトナムの婦女子を手榴弾で殺す場面があるが、手を下すのはあくまでもベトコンなのだ。その戦闘でマイケルらは捕まり、ニック（クリストファー・ウォーケン）は心を病んでロシアンルーレット中毒になる。米国が正義とは言わないものの、ベトコンは悪者という観念戦場に駆り出された青年たちはみんな、貧しくて高校も出ていない。そのため大学中退のテイラーに反発する。テイラーは先輩の兵士からナイフで脅されて殺されそうに。若い兵士はベトナムの村を襲撃した際、母親の目の前で息子の頭を叩き割る。少女のレイプを止めると「おまえはホモか」と罵倒される始末。こうしたおぞましい戦争犯罪が日常のように行われ、テイラーは戦争に志願したことを後悔する。

さらにバーンズは自分の行為を軍法会議で告発しようとするエリアスを撃って戦場に置き去りに。ついには仲間割れである。両手を天に掲げるエリアスの姿は人間の罪深さを告発しているようだ。ベトナム戦争は米兵がならず者と化し、脱走兵が異常に多かったとされる。戦争が泥沼化すればするほど人の心は荒廃するもの。無学な兵士たちも米国の正義を疑い始め、無軌道な虐殺に駆り立てられたのだろう。旧日本軍による南京事件を思い出す。

ラストは激戦で負傷したテイラーがヘリに乗って除隊するシーン。こうした狂気がまだまだ続くことを暗示しつつ映画は終わる。その少し前、戦場で目覚めたテイラーが一匹の鹿を見かけるのは『ディア・ハンター』へのオマージュだろう。同作ではデ・ニーロが鹿に向かって「オーケー？」と叫んだが、今度は鹿が人間に「オーケー？」と問いかけているのだ。

（16年3月2日掲載）

で製作された映画と言える。川べりにあるベトコンのアジトにはホーチミンの写真が飾られていた。

米国がベトナムに完敗したのが75年。3年後の『ディア・ハンター』は米国民が「ベトコンにひどい目にあった」と傷をなめ合うのにぴったりだった。マイケル・チミノ監督の大ヒットは『ディア・ハンター』のみ。次作の『天国の門』（80年）は大ゴケしてユナイテッド・アーティスツを倒産に追い込んだ。典型的な一発屋監督だ。

プラトーン（20世紀フォックス・ホーム・エンターテイメント・ジャパン）

捕虜の頭から血が噴き出る残虐映像

ハーツ・アンド・マインズ　ベトナム戦争の真実

1974年　ピーター・デイビス監督

先日死去したモハメド・アリは兵役拒否で知られる。人殺しに加担したくなかったそうだ。彼はこの件でボクサーの資格を剝奪された。

本作はそのベトナム戦争を掘り下げたドキュメンタリー。公開は米国が完敗した前年の74年だ。下士官や陸軍大将、大統領補佐官の経験者、フランスの元外相など戦争の肯定派と否定派がさまざまな証言をする。第47回アカデミー賞長編ドキュメンタリー映画賞を受賞した。

映像も衝撃的だ。1968年1月のテト攻勢の際、グエン・ゴク・ロアン少将が路上で捕虜の側頭部を撃つ写真（「サイゴンでの処刑」）がピュリツァー賞を受けた。本作ではその捕虜の頭から噴水のように血が噴き出す残酷な映像が流れる。

72年に世界に配信された爆撃でやけどを負った幼女が全裸で逃げるシーン（「戦争の恐怖」）のほか捕虜が銃床で殴られる場面も。ある元兵士は飛行機の中で捕虜を拷問し、空中に放り出して殺したと証言する。ベトナムの米兵は

【蛇足ながら】

『ウィンター・ソルジャー』も問題作

この映画を紙面で紹介するにあたってはいきさつがある。2016年6月にドキュメンタリーの『ウィンター・ソルジャー　ベトナム帰還兵の告白』（72年）を見て衝撃を受け、キングレコードにジャケ写を貸してほしいと電話したところ、絶版になったので貸し出しできないとのこと。担当者が「同じようなテーマの作品がありますよ」と代わりに紹介してくれたのが『ハーツ・アンド・マインズ』だった。

本文でも触れたが、アメリカ兵はベトナム人捕虜を飛行機から投げ飛ばしたと言い、「そんなことはしていない」との反論もあった。だが『ウィンター・ソルジャー』には実際に捕虜を落下させた生々しい証言が出てくる。

「ならず者」だった。

注目は戦争賛同派が「捕虜を投げ落とす話は聞いたことがない」と残虐行為を否定し、戦闘行為を「楽しんだ」と語ることだ。こうした体制順応派は小学校を訪れて子供たちに戦争で戦う覚悟を説き、母親たちには若者が国のために戦うには母のしつけが重要だと語る。こうして子供も親も国家によって洗脳されていくわけだ。ハーバード大卒の息子を亡くした父は息子の死を悲しみながらも、どこか誇らしげである。

彼らはベトナム人を「原始人」「子供」と蔑視。ベトナム戦争を「進歩」と「正義」の戦いと美化して譲らない。映画全編に国家のエゴイスティックな大義が充溢して汚臭を放っている。

まるでアジア太平洋戦争を「聖戦」として遂行した戦前の日本人のようではないか。軍国精神を養って侵略戦争を正当化し、兵士が犬死しても「名誉の戦死」と誇り、中国人を侮蔑して彼らの抗日活動に「暴《ぼう》支《し》膺懲《ようちょう》（暴れまわっている生意気な支那を懲らしめろ）」を叫んだ人々だ。彼らは現在も存在し、「美しい国」「日本のこころ」といった言葉にうっとりするらしい。

日本も米国も侵略戦争において同じ観点で国民を洗脳した。これは古代から続く戦争好き人間の伝統なのだろう。

（16年6月29日掲載）

この戦争で大尉だった若者がベトナム人の捕虜を銅製のワイヤで目隠しし、きつく絞めて目や鼻に食い込ませたことを告白。手も縛り、仲間と競争したと語る。何の競争かと聞くと、そうやって縛った捕虜を飛行機から投げた。つまりどれだけ遠くまで投げられるかの競争だったと答えるのだ。「1度の飛行で何人くらい投げた?」との質問に彼は「2ケタだ。15～50人くらいは投げた」と明かしている。

ハーツ・アンド・マインズ　ベトナム戦争の真実（キングレコード）

勝てる戦いになぜ負けた？

ミッドウェイ

1976年　ジャック・スマイト監督

真珠湾攻撃（1941年12月）で打撃を受けた米海軍は、日本の次の攻撃目標がどこなのかを探っていた。情報収集の結果、ニミッツ大将（ヘンリー・フォンダ）は日本軍がミッドウェー島を狙っているとの情報を得る。一方、連合艦隊司令長官・山本五十六（三船敏郎）はミッドウェー島攻撃を決行するよう軍司令部を説得。42年6月、山本の命令を受けた南雲忠一中将は米軍をはるかにしのぐ戦力で爆撃を開始するが、敵の指揮官スプルーアンスに待ち伏せされるのだった。

ミッドウェー海戦を盛り込んだ邦画は日本軍のみの視点でこの戦闘を描いているが、本作は日米の動きが同時に進行する。そのため米軍の用意周到ぶりがよく分かる。ニセ電報で敵の攻撃目標を特定。それでも「敵の陽動作戦ではないか」と疑って情報をチェックする。実際の戦闘ではしつこく索敵機を出動させ、本当に日本軍がミッドウェー島に現れるかを調べ上げる。

これに対して日本軍は「敵機動部隊は来ない」と油断する。しかも索敵の一機は30分遅れで発進。この機の守備範囲に敵がいた上に、後発の索敵機は

【蛇足ながら】

横須賀の芸者も知っていた

ミッドウェー海戦の前月の42年5月、アメリカ軍は日本海軍がミッドウェー島を攻撃してくるという決定的な確証が欲しかった。実は彼らは日本海軍の戦略電報を傍受しており、電文に「AF」という言葉がたびたび登場するため、このAFこそが日本海軍の攻撃目標だとつかんでいた。ただしAFがミッドウェー島を指しているという確信を持てない。

そこでホームズという将校が一計を案じた。ミッドウェー島からハワイに「ミッドウェー島では真水が不足している」と電報を送らせたのだ。すると日本軍の暗号文に「AFでは真水が不足している」との内容が現れた。これによってアメリカ軍は日本海軍がミッドウェー島に来襲するとの確信を強めたのだ。

米軍はここまで慎重に作戦準備を

無線が故障して敵機動部隊の位置を知らせることができない。半年前の真珠湾攻撃で大戦果をあげ常勝を続けていたため、敵の実力を侮っていたのだ。

さらに南雲が判断ミスを犯す。キーワードは「雷・爆・雷」だ。当初は攻撃機に魚雷を抱かせていたが、第1攻撃隊から「(ミッドウェー島への)第2次攻撃ノ要アリ」との報告を受けて陸用爆弾に転装。そこに敵発見と聞いて魚雷に付け替え、時間をロスしてしまった。

護衛機は敵機を撃墜するが、真上から来た攻撃機によって空母の赤城、加賀、蒼龍が炎上。飛龍も海に沈んだ。転装を諦め、爆弾を抱いて出撃すれば敵艦の甲板を破壊できるとの進言もあったが、南雲はこれを却下した。ミッドウェー海戦は「運命の5分」といわれる。攻撃機の発艦があと5分早ければ負けなかったとの考えだが、今では否定されている。5分で全機を出撃させるのは不可能だからだ。

そもそも1次攻撃でミッドウェー島に敵機がいなかったときに罠だと気づくべきだった。また、山本の真の目的が敵機動部隊壊滅だったことを南雲は理解できなかった。しっかり説明しなかった山本も悪い。かくして大戦果をあげて米国と講和に持ち込もうという山本の計画は頓挫。海戦後、山本はあちこちの前線を視察し、43年にブーゲンビル島上空で戦死した。その行動から「山本は死に場所を求めていた」といわれている。（18年9月5日掲載）

したが、日本では情報が駄々漏れだった。海軍基地がある横須賀では料亭の芸者が事前にミッドウェー島攻撃を知っていたほどだ。真珠湾攻撃から続く常勝ムードで負けるはずがないと思い込んでいたのだ。

そのため東京の海軍軍令部では作戦成功を祝う宴会を用意。そこに大敗北の知らせが届いた。その場にいた陸軍参謀が書いた文章によると、宴会場では誰もが下を向いて青ざめ、彼を見るなり、部屋から追い出したそうだ。

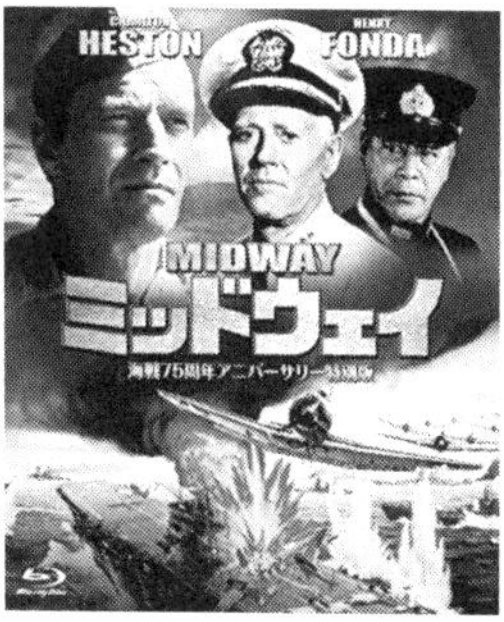

ミッドウェイ（ハピネット）

無学なハラは日本人の典型だった

戦場のメリークリスマス

1983年　大島渚監督

意味はよく分からないけど、心に残る映画がある。本作もその一本だ。

1942年、英・蘭軍の捕虜を管理するジャワの日本軍捕虜収容所。陸軍大尉ヨノイ（坂本龍一）の下で、軍曹のハラ（ビートたけし）が捕虜を暴力的に支配している。そこに軍律会議でヨノイに命を救われた英国少佐セリアズ（デビッド・ボウイ）が送られてくる。ヨノイは彼に同性愛的な興味を覚えたのだ。

そんな折、捕虜病棟で無線機が発見される。中佐のローレンス（トム・コンティ）が疑われ死刑に追い詰められるが、酔ったハラによって釈放。激高したヨノイは捕虜を閲兵場に集め、捕虜長のヒックスリを斬首しようとする。そのヨノイを抱き、両頬に接吻するセリアズ。ヨノイは倒れ、セリアズは首だけを地上に出した状態で生き埋めにされるのだ……。

平穏な収容所にセリアズが入ってきたことでヨノイの同性愛の心が乱れる話。平時なら英国人と日本人は対等だが、戦時下の収容所で支配者と被支配者に分かれたため、ヨノイはセリアズの髪を切って死に追いやる。愛するが

【ネタバレ注意！】

ラストシーンにがっかり

公開時に本作を見たとき、ハラがローレンスに「メリークリスマス、ミスター・ローレンス」と笑顔で語ってフェードアウトするラストにがっかりした。この場面がテレビCMでいやというほど流れていたからだ。「そうか、この絵で終わるのか」という思いのあとに、一番感動的な場面をさんざん見せられたせいで何も感じられなかったじゃないかという怒りが湧いた。余韻を味わうどころか、その意味さえ考える気にならなかったのだ。昔の映画宣伝マンはこんな無粋なことを平気でやった。

しばらくして本作を冷静に見直し、あることに気づいた。ハラの笑顔の意味についてである。

ハラは処刑の前夜、ローレンスに「私のしたことは他の兵隊がしたことと同じです」と語る。だが罪の意

ゆえに殺したともいえるのだ。

見どころはラスト。戦犯となったハラにローレンスが面会する。セリアズは死に、ヨノイは処刑された。ハラも明朝処刑される身だ。鮮やかな立場の逆転。ハラは言う。

「私がしたことは他の兵隊がしたことと同じです」

17歳で入隊し、「お国に命を捧げている」と胸を張るハラは無学ゆえに国際法を知らず、がむしゃらに捕虜を支配しようとした。ハラは当時の日本人の典型だ。高等教育を受けておらず、命がけで国家に尽くすことが美徳だと教えられて育った。当時の日本には上の者が下の者に暴力を振るうのは当たり前だという風潮があり、それは戦後も続き、学校では生徒に対する教師の暴力が常態化していた。そのことで抗議するとさらに殴られた。皮肉な言い方をすれば、ハラは日本人として普通のことをしたにすぎない。

ハラを本作の主人公と考えればスッキリ理解できる。食事でいえば、ハラの悲劇がごはんで、ヨノイの同性愛はオカズ。切腹は隠し味だ。だからハラのセリフ「メリークリスマス、ミスター・ローレンス」が胸に響くのだ。

坂本によるテーマ曲が本作の完成度を高めている。これが炭坑節やかっぽれだったら、この難解な映画の評価はもっと低かっただろう。

（14年9月29日掲載）

識を感じているはずだ。その一方でこうも思っている。自分はこの戦争でひとつだけ人に誇れることをした。それはクリスマスの夜にローレンスの命を救ったことだと。

ハラは絞首刑になる運命だ。だが善行も行ったのだと胸を張って最期を迎えたかったのだろう。「メリークリスマス」と言ったあとのハラの微笑みは運命の悲しさを内包していた。そんな重要な映像をテレビ視聴者の脳に擦り込むとは何たることか。恥を知れ！

戦場のメリークリスマス（紀伊國屋書店）

4時間37分に凝縮した日本人の「十字架」

―1983年　小林正樹監督

東京裁判

第35回ベルリン国際映画祭国際評論家連盟賞を受賞した。

内容はご存じのとおり。1946年5月から48年11月まで続いた「極東国際軍事裁判」の記録映像にニュース映像などを絡め、東條英機らA級戦犯の戦争責任を語っていくドキュメンタリー。上映時間4時間37分と長尺だが、見どころ満載なので、あっという間だ。ポツダム宣言受諾に始まり、アジア太平洋戦争で軍部がしでかした謀略的犯罪が次々と暴かれる。満州事変、日中戦争、真珠湾攻撃など、いわゆる「15年戦争」の検証だ。本作を見れば、侵略戦争で日本人が何をしたかがよく分かる。

監督が『人間の條件』の小林正樹のため戦争の罪悪に切り込んでいくが、あの戦争を聖戦と呼ぶ「右派」の人々が敵視する「平和に対する罪」「人道に対する罪」が事後法だったことにも言及する。「当時の国際法学者は戦争行為自体を犯罪と見ていなかった。ある行為を後になってから起訴するのは違法である」との主張も客観的かつ冷静に盛り込んだ。日本人の弁護人を務めたブレイクニーが語る「真珠湾攻撃が殺人であるなら、われわれは広島に

【蛇足ながら】東條は本当に自殺したのか？

1945年9月11日、米国の憲兵が東條英機を逮捕するために彼の自宅（東京・用賀）に向かった。午後4時ごろ、憲兵が到着すると一発の銃声が響き、東條が応接間の椅子で倒れていた。拳銃で自分の胸を撃ったのだ。

東條はすぐに第1師団の病院に運ばれ、米兵の輸血によって命を取り止めた。彼らが血液を提供したのは東條をかっこよく死なせたくない、つまり殉教者にさせたくないとの一心からだった。自分たちの手で死刑にしたかったのだ。

東條の自殺には謎が残っている。使用した拳銃は32口径（直径7・65ミリ）のコルトM1903とも22口径だったともいわれる。22口径は直径5・5ミリだ。22口径説を取る人からは「あれは空気銃みたいなもの。

原爆を投下した国の元首の名を挙げることができる」という反証は有名だ。

とはいえ、池上彰のような万人受けの教科書的解説に終わらず、戦争犯罪は厳しく断罪する。南京事件で中国人が生き埋めにされる映像とともに、こうした虐殺を「日本軍隊の組織の中に根深く育まれた非人間性の表れであり、日本人が永遠に背負わねばならない十字架なのである」と断じる。兵士の暴走にとどまらず、日本人全員が自覚するべき罪悪というのだ。その通りだろう。稲田朋美に聞かせたい言葉だ。昭和天皇の終戦の詔勅には火炎放射で体を焼かれる兵士や海上に墜落する特攻機、バンザイクリフから身を投げる女性などの映像がかぶさる。戦争と天皇の関わりを暗示しているかのようだ。

法廷では元陸軍少将の田中隆吉がかつての上官らの悪事を暴露。真珠湾攻撃が奇襲だったと主張したため恫喝されたとする元外務大臣の東郷茂徳を、元海軍大臣の嶋田繁太郎が「彼は心にやましいところがあるらしい」と罵る。ジョセフ・キーナン主席検事はマッカーサーの意向を受けて天皇の責任問題をうやむやにするため東條を尋問するが、打ち合わせ不足なのか、東條はトンチンカンな返答。天皇が戦争に関する権限を有していたことを認めるような回答をして、逆に天皇を不利にしてしまう。笑える場面だ。戦争は老人が決定して中年が指揮を執り、若者が殺される野蛮な行為。この法廷にずらりと並んだ爺さんどもの顔は、どれもこれも薄汚い。

（19年8月7日掲載）


死ぬことはできない」と狂言と見る声が聞かれる。東條は軍人なのだから確実に死ぬ知識は持っていたはず。なのに死に損なったのはおかしいという声もある。そもそもこめかみを撃てば確実性は高いだろう。だがこれには「東條はきれいな顔で死にたかったから頭を撃たなかった」との反論が立ち向かう。

なお東條を美化した映画『プライド・運命の瞬間』（98年）では胸を撃って血を流す東條（津川雅彦）が出てくるが、彼が右手に持っている銃は憲兵のものより小型に見える。

東京裁判（キングレコード）

軍部と財閥が中国を荒らし回った時代

戦争と人間 第一部

―1970年 山本薩夫監督

昔の映画界は本作のようなシリアスな作品を生み出し、国民は愚かな侵略戦争の本質を知ろうとして劇場に足を運んだ。今この種の映画がつくられたら、ネットで「反日映画だ」と叩かれるだろう。

時代は張作霖《ちょうさくりん》爆殺事件が起きた1928年から32年の満州国建国前夜まで。中国に駐留する関東軍と彼らを後押しする新興財閥・伍代産業の暗躍のほか朝鮮人の抗日民族闘争、国内の思想統制、労働運動弾圧など日本の暗黒時代が広範囲に描かれる。伍代産業は関東軍の情報を入手して金儲けを画策。伍代家の次男・俊夫（中村勘九郎）はパーティーで同年代の少年・標耕平《しめぎこうへい》（吉田次昭）と知り合う。耕平は工場労働者の兄が労働運動で逮捕され、新聞配達をしながら夜学で勉強している。金持ちの坊ちゃんと「アカ」の弟という対比を通じて戦前の貧困問題などが浮き彫りになる。

中国では関東軍が領土的野心にかられて中国、朝鮮の人々を圧迫。抗日運動が活発化する中、伍代産業は馬賊らにわたりをつけて物資運搬で利益を上げる。三國連太郎が演じる工作員や中国人少年の殺し屋の暗躍が興味深い。

【蛇足ながら】

西安事件、ノモンハン事件と日本の運命

『戦争と人間』は1970年8月公開の第一部のほか第二部（71年6月公開）、第三部（73年8月公開）がつくられている。当時は軍部がいかに暴走したのか、財閥はどのように私腹を肥やしたのかという歴史的検証に国民が関心を寄せていた。

第二部は32年の上海事変から始まる。見どころは36年12月の「西安事件」。共産党軍と内戦を続ける国民党政府軍事委員長の蒋介石を、張学良（張作霖の長男）が軟禁。周恩来を交えた会談を開き、国民党軍と共産党軍がともに日本軍と戦うことになった（第2次国共合作）。劇中の中国人は「蒋介石を殺したら中国の歴史は10年遅れ、混乱状態になって日本と戦うどころではなくなる」と案じる。

とくに大きな事件は張作霖の暗殺と満州事変（31年）だ。軍人は戦争を仕掛けたくて仕方がない。満州事変の際、現地の外交官（石原裕次郎）は「今が日本の運命の決定的瞬間だ」と暴発を止めようとするが、軍人は日本刀を抜いて威嚇する。政治が軍部をコントロールできなくなった現実を表す場面だ。結果、日本軍は自分たちで満鉄を爆破して中国人の仕業だと言い張り、圧倒的な軍事力で満州全土を占領する。

日本軍の傲慢ぶりを体現するのが伍代一族の英介（高橋悦史）。奉天が陥落するや有利な立場を悪用し、中国人美女　瑞芳（栗原小巻）を強姦する。彼の蛮行は中国に牙をむく日本軍および日本人の総意でもあるのだろう。

満州事変の中心人物だった作戦参謀の石原莞爾は敗戦後の48年、「今日、日本は戦争を完全に放棄したんです」「日本人は蹂躙されても構わないから、絶対、戦争放棄に徹していくべきです」と宗旨変えを語っている。そもそも石原は事変後すぐに考えを改めた。歴史学者の加藤陽子は「（石原は35年ごろ）満州事変時にみずからが構想していた対米戦争の構想を、あまりに旧式の自由主義思想に毒された発想であったと深く悔いるようになっていました」と解説する（『戦争の日本近現代史』講談社）。だが彼によって日本が泥沼にはまったことは事実。一個人の刹那的な妄想が日本を破滅に追いやったことになる。ちなみに石原は熱烈な日蓮信者だった。

（16年8月3日掲載）

第三部は「ノモンハン事件」がポイント。39年5月に起きたこの戦闘で日本軍はソビエト戦車隊によって壊滅する。この衝突は日本崩壊への序章にすぎなかった。2年後、日本海軍は真珠湾を奇襲して米国民の怒りを買い、45年に無条件降伏した。

侵略戦争に反対して弾圧され、無理やり従軍させられて殺された人たちの無念さ、悔しさを思うと気の毒でしょうがない。彼らは英霊というより国家の犠牲者だ。

戦争と人間（日活）

真珠湾攻撃の深淵が垣間見える

トラ・トラ・トラ！

1970年　リチャード・フライシャー監督

50歳以上の人なら一度は本作を見たことがあるだろう。1941年12月8日のハワイ真珠湾攻撃を描いた作品だ。山本五十六（山村聡）の連合艦隊司令長官着任から奇襲攻撃までを146分に凝縮。前半は日本海軍の会議や訓練、米側の無線傍受と警戒状況を描き、後半は真珠湾攻撃となる。

見どころは爆撃シーンだ。CGがない時代にゼロ戦を復元し、戦闘機と艦船に爆弾を投下。黒澤明監督の降板騒動もあってか、米国での興行はコケたが、製作費2500万ドル（当時の90億円）だけあって迫力満点だ。

もうひとつ見逃せないのが米側の無線傍受を巡るドタバタ。日本の外務省は39年に新型暗号機を導入し、米側はこれを「パープル」と呼んで解読を進めていた。米側は40年9月にはパープルの暗号を完全に解明、日本大使館より先に暗号電の内容を把握し、「マジック」と呼んでいたことが知られている。

本作では米国海軍情報部のクレーマー少佐と陸軍情報部のブラットン大佐がマジック情報を伝えるべく、ホワイトハウスなどを回る。真珠湾攻撃に至

【蛇足ながら】

捕虜第一号の酒巻和男

日本海軍の真珠湾攻撃は6隻の空母を中心とした艦隊で行った。「赤城」「加賀」「飛竜」「蒼竜」「翔鶴」「瑞鶴」で、360機の爆撃機、戦闘機が出撃して攻撃を敢行。2300人以上のアメリカ兵が死亡した。これに対して、日本側の損害は航空機29機と特殊潜航艇5隻のみ。まさに完勝と言える大成功だった。劇中で淵田美津雄中佐が司令部に発信する「トラトラトラ」は「ワレ奇襲に成功セリ」の意味。「トラ」は「突撃セヨ、雷撃機」の頭の文字を取ったという説がある。

特殊潜航艇は2人乗りで、一旦乗り込んだら生きて帰れない仕組み。そういう意味ではのちの「人間魚雷回天」のような特攻作戦だった。5隻だから10人が死亡したはずだが、死者は9人だった。実は1隻は作戦

る直前までの日本と米国の政治情勢がスライドしながら展開。なぜ悲劇の幕が切って落とされたのかという歴史の一端を垣間見ることができる。

ルーズベルト大統領は日本の真珠湾攻撃に対処する機会がありながら、情報をハワイに知らせず、日本軍に先制攻撃をさせたともいわれている。「真珠湾攻撃陰謀説」だ。事実なら日本はルーズベルトのおかげで奇襲に成功したことになる。そのため真珠湾攻撃を賛美する右派の人々は陰謀説に否定的だ。実際、ルーズベルトが攻撃を知っていたという証拠が公的に発見されたわけではない。解読されていたのは日本大使館が使っていた外交暗電で、日本海軍の戦略用「D暗号」は開戦前は解読されていなかったという説が有力なのだ。戦略用暗電が解読されたのは42年6月のミッドウェー海戦のときであり、だから日本海軍はボロ負けした。

本作にはクレーマら幹部から「日本が攻撃してくる」という情報を得たスターク提督がハワイに知らせることを逡巡し、「大統領に報告する」と言って人払いをするシーンがあるが、本当に電話をかけたか不明のまま映画は休憩に入る。何かを暗示するような演出だ。

変だなと思うことがある。今年8月にBS—TBSで放映された短縮版には山本五十六が天皇拝謁のために参内する場面があったがDVDにはない。この悲劇的で感慨深いシーンをなぜ削除したのだろうか？（14年10月20日掲載）

の途中で座礁し、酒巻和男という兵員が捕虜になった。酒巻を語るときに「大平洋戦争の捕虜第一号」と呼ぶのはこのためだ。

ちなみにこの攻撃で日本軍はハワイの石油基地を空爆しなかった。もし石油タンクを炎上させていたら、アメリカ海軍は燃料の補給ができず、半年は出撃できなかったといわれる。もしそうなっていたら、42年6月のミッドウェー海戦で日本海軍はこてんぱんにやられなかったということになるだろうか。

トラ・トラ・トラ！（20世紀フォックス・ホーム・エンターテイメント・ジャパン）

婚約者を殺すスパイの「冷酷」

陸軍中野学校

―1966年　増村保造監督

暗い映画だ。だが、その暗さが映画ファンを魅了してきた。実在した陸軍中野学校を題材にした傑作である。

1938年、陸軍少尉の三好（市川雷蔵）はスパイを養成する新設の中野学校に配属され、音信不通になる。三好の安否を気づかう婚約者の雪子（小川真由美）は彼の消息をつかむため参謀本部に勤務。英国人実業家の口車に乗せられ、スパイとして協力する。この行為が中野学校の活動を妨害することになり、三好は雪子が英国のスパイだと気づくのだった。

「優秀なスパイは1個師団、2万人に匹敵する」と力説する草薙所長（加東大介）の下、三好たち東京六大学の出身者を中心にした若者が集められ、諜報の訓練を開始する。射撃や格闘技、暗号解読のほか、毒薬を飲ませる方法を手品師に、金庫破りを現役の泥棒に学ぶ。セックスで女性に喜びを与える方法を医師が教える講義もある。世界に通用するスパイをつくるのだ。

その結果、メンバーは「日本は中国を植民地に、アジア民族を奴隷にするつもりだ」と批判しながらも、アジアを西洋から解放するという矛盾した使

【蛇足ながら】
針の穴で30分潜る

陸軍中野学校は1938年から45年までの8年間存在し、約2500名が卒業して職務に就いた。

畠山清行の労作『陸軍中野学校終戦秘史』（新潮社、保阪正康編）で、ある工作員はこう語っている。

「極左の共産党から、極右の愛国団体まで、ちょっと大げさに言えば、ヤマの工作員は、日本中のありとあらゆる階層にもぐりこんで偵諜にあたっていた。もちろん、身分は厳重に秘匿されていたから、当時はもとより、二十年余を経た今日でも、相手はその事実を知らない。中には、その団体の主要メンバーになって、しまいには、その団体を牛耳っていたものすらいる」

「ヤマ」とは本部直属の偵諜班のこと。

同書には「水中潜行」という実技

命感を燃やすことになる。若い彼らは草薙の熱意によってスパイという仕事にやりがいを覚え、訓練に打ち込む。不祥事を起こした仲間を取り囲んで糾弾。「自決しろ。俺が刀を構える。お前は突っ込んで来い」と迫って死に追いやる。

市川雷蔵のナレーションがいい。抑揚を殺した冷たい声が白黒画面の沈鬱な雰囲気をさらに重くする。それが最大限に発揮されるのが三好が雪子を殺す場面だ。苦しまない毒薬を飲まされて洋服を脱ぎベッドに入った雪子は「早くここにきて」と促す。その姿を三好は「この美しい顔、この美しい体。私は思わず顔をそむけた」と語る。婚約者の不在がきっかけで英国のスパイになってしまった女を婚約者であるスパイが殺す皮肉。再会の喜びと恥じらいに頬を染めながら死にゆく雪子の姿に戦時下の悲劇があふれている。背筋が寒くなるほど残酷なシーンだ。

殺害前、三好は草薙に雪子を憲兵隊に引き渡すと告げるが、草薙は「おまえの手で死なせてやれ」とこう忠告する。

「彼女は罵られ殴られた揚げ句、拷問されるぞ。相手は憲兵隊だ。女を素っ裸にし、言語に絶する淫らないたずらをするだろう。そして最後は銃殺だ」

つくづく、戦前は恐ろしい時代だった。

（15年8月12日掲載）

が紹介されている。針の穴ほどの小さな穴のあいた竹筒を持って水中に潜り、竹筒の先を水面に出して口にくわえ、空気を吸いながら長時間潜る忍者さながらの訓練だ。潜って3、4分経ったころが最も苦しく、ある隊員は心の中で軍人勅諭を唱えて耐えたおかげで30分前後潜ることができた。彼は「こんなことが必要なのか」と疑問視していたが、ニューギニアで敵の水雷艇基地を調査したとき、敵の哨兵が立ち去るまでこの技で水中に潜むことができたという。

陸軍中野学校（KADOKAWA）

侵略戦争に立ち向かう個人の弱さ

人間の条件

―1959〜61年　小林正樹監督

五味川純平の長編小説を映画化。「純愛篇」「戦雲篇」など6部から成る上映時間9時間31分の大作だ。1943年、南満州鉄道（満鉄）の鉱山に勤務する梶（仲代達矢）の苦闘を描く。

前半は中国人捕虜の強制労働管理を命じられた梶が彼らの待遇改善のために奮闘。だが捕虜は脱走をはかり、憲兵は彼らを斬首する。梶は処刑を止めようとしたため、憲兵隊に拘束されて過酷な拷問を受ける。中盤では召集されて関東軍に配属、連日暴力的なしごきを受ける。時は戦争末期。梶の部隊はソ連軍戦車隊と激烈な戦闘を展開し関東軍は壊滅する。

後半の梶は荒野を彷徨。多くの日本人が巻き添えになる光景を目撃し、ソ連軍の捕虜となる。ここでも卑劣な日本兵から嫌がらせを受け、部下の若者は殺される。梶はこの卑劣漢を殺して収容所から逃走するのだった。

梶の行動を一言で表現すると侵略戦争との戦いだ。「戦争反対」と声を出したわけではないが、強制労働、暴行、虐殺といった非人間的な行為に立ち向かう。だが、国家が国民を洗脳して仕掛けた戦争の中にあっては、一個人

【蛇足ながら】

妻との面会でトイレが満杯になった

本作の第3部に、主人公の梶に会うために妻の美千子（新珠三千代）が前線基地を訪れる場面がある。上官の粋な計らいで梶は倉庫の中に布団を持ち込み、妻と一夜を共にする。本作のシリーズで唯一の濡れ場と言っていい。実際に前線の兵士が妻との性行為を許された事例があったのかは知らないが、先日、福岡県出身の知り合いからこんな話を聞いた。

1947年生まれの彼には戦時中、軍隊に取られた従兄があり、その従兄が「軍隊では家族との面会の際にトイレの個室の前に行列ができた」と話してくれたという。兵士は若い。目の前に結婚して間もない妻がいる。自分はまもなく前線に送られて殺されるかもしれない。だから最後に妻と交わりたいと思い、2人でトイレ

は無力だ。どんなに体を張っても弱者を守れない。

満鉄事務所の標語にある「聖戦」の文字が表すように、国が正当化した侵略行為を国民が支持したからこそ、こうした悲劇が起きた。インテリの梶は戦争の狂気の中で人間性を失うまいと踏ん張るが、戦闘中に敵兵を刺殺して悩む。小林正樹監督は本作のパンフレットに「自分の意志に反して戦争に協力するという形でしか、あの時代を生き延びる事が出来なかった不幸な経験を、梶という人間像の中でもう一度確かめてみたい」と記している。

小林監督は１９１６年生まれ。この時代にいささかなりとも戦争に疑問を抱いた良識派は戦闘上の敵と上官のしごき、自分自身の罪悪感の三者を相手に戦っていたことになる。理性のある者は罪悪感という哲学的命題に苦しんだ。苦しみながらも、戦死すると靖国神社に英霊として祀られた。彼らは本当に神様にされて喜んでいるのだろうか。

考えてみると、日本を戦前の暗黒時代に逆行させようとする安倍首相の祖父・岸信介は満州国総務庁次官を務めた人物。そのこともあって岸は戦後にA級戦犯となったが、東西冷戦の予兆を感じた米国政府によって釈放され、政治の表舞台に復帰した。日本国民はそのことの是非を総括しないまま岸の総理大臣就任を許した。これらの現実を踏まえて本作を見ると、面白さが倍増するはずだ。

（15年7月29日掲載）

の個室にこもって交合してしまうのだ。他の兵士は妻と手をつないで順番待ち。「早くしろよ」とドアをノックする音が絶えなかったという。

この話を昭和史の専門家に伝えたら、「それはまだ穏やかなほうだよ」と言われた。彼が取材で聞いた話では集団で面会している場所の隅で交合する若い夫婦がいて、周囲は見て見ぬふりをしていたそうだ。戦争によって引き裂かれた若者の悲劇。こうしてつかの間の逢瀬を味わった兵士の多くが還らぬ人となった。

人間の條件（松竹）

官民一体で戦争に突き進んだ日本人の真実

聯合艦隊司令長官 山本五十六―太平洋戦争70年目の真実―

２０１１年　成島出監督

真珠湾攻撃を指揮した山本五十六（役所広司）の海軍省次官時代からブーゲンビル島での戦死までを描いた作品。同名作品が１９６８年に三船敏郎主演で公開されているが、本作はＣＧ技術を駆使した戦闘シーンのほか、注目すべき点が２つある。

ひとつは山本の見込み違いだ。彼が対米戦に反対していたことは言うまでもない。本作でも命がけで開戦を阻止しようとする。だが、その一方で真珠湾作戦を進め、戦いの火ぶたを切った。先制攻撃で米国を意気消沈させて講和に持ち込もうとしたのだが、山本の意に反して敵は猛然と反撃してきた。自《じ》家《か》撞着《どうちゃく》による運命の皮肉。日本人にとって山本五十六は天皇みたいなものだから誰も批判しないが、米国の研究者は「山本は米国人の気質を正確には分かっていなかった」と分析している。そもそも山本は爆撃訓練が進むにつれて攻撃にのめりこんでしまった。冷静さを失い、軍人の戦闘願望に取り込まれてしまったといえよう。

【蛇足ながら】

山本五十六は昭和の河井継之助

山本五十六の出身地は新潟県長岡市。戊辰戦争の際、官軍＝東征軍に完膚なきまで叩きのめされた地として知られる。この戦の際に越後長岡藩の家老を務めたのが河井継之助だ。継之助と山本には共通点がある。

慶応4（1868）年5月に官軍との戦闘が開始される前、中立を保とうとした継之助は「われにガトリング砲あり。1年や2年は中立を保てる」と言い放った。ガトリング砲による兵力に自信を抱いていたのだ。

一方、山本は対米開戦に反対していた。日本は勝てないと読んでいたのだ。彼は開戦前、戦争の行方について近衛文麿首相にこう語っている。

「是非やれと言われれば初めの半年や1年は随分暴れてご覧に入れる。しかしながら、2年、3年となれば全く確信は持てぬ」

もうひとつは民間人が開戦を要求するシーン。香川照之が演じる新聞社の編集主幹は「外交の最終手段として戦争がある。なぜ米国を打ち払わないのか」と山本に詰め寄る。市井《しせい》の人々は「米国をやっつければ支那との戦争も片付くんだよ」とこぶしを振り上げる。開戦するや、街では提灯行列の祝勝騒ぎだ。

あの戦争を「聖戦」と評価する現代の右派の人々の中には「悪いのは軍部だけではない。国民も戦争を望んでいた」と言う人がいる。残念だが事実だ。最近は国民の愚行に触れた映画を見かける。

終戦直後、佐渡島に不時着したB‐29爆撃機を村人が搭乗員に協力して飛行させる『飛べ！ダコタ』（13年）では島の村長（柄本明）が漁師の女房に「戦争を始めたんはオラたち国民なんだ。誰かにだまされたと思ったままじゃ次の戦争も止められん」と語る。戦前の思想弾圧を描いた『母べえ』（08年）ではでんでん扮する善良な男が「米国をやっつけて日本はアジアを征服するんだ」と力説する。当時の日本人は新聞社の主幹も国民もどんづまり状態を打開するには戦争しかないと考えていた。

日本人はいま右傾化している。近い将来、「なぜ中国を打ち払わないのか」と防衛省をたきつけるかもしれない。知らないうちに戦争は近づいているのだ。

（15年3月16日掲載）

継之助も山本も期限を設けて戦いの行方を予告し、結果的に国を荒廃させ、無条件降伏を招いてしまった。同じ藩の者が同種の失敗をしたことになる。

ちなみに戊辰戦争後、長岡藩は支藩から届いた「米百俵」を食べず、戦争の判断を誤ったことを反省して人材を育成するために「国漢学校」を建てた。山本はこの学校の出身者だった。

聯合艦隊司令長官　山本五十六―太平洋戦争70年目の真実（バンダイビジュアル）

戦争が生み出した〝脱走兵〟と残虐行為

蟻の兵隊

2006年　池谷薫監督

アジア・太平洋戦争の暗部を追及したドキュメンタリー。

1945年8月、日本政府がポツダム宣言を受諾して無条件降伏したにもかかわらず、中国・山西省の「陸軍第1軍」の2600人は共産軍との戦闘を強いられた。澄田という司令官が国民党軍と密約し、部下に戦争継続を命じたからだ。そのため2600人のうち550人が戦死させられた。

兵の一人だった奥村和一（撮影当時80歳）はさらに4年間戦って捕虜となり54年に帰国。ところが政府によって「脱走兵」扱いされ、軍人恩給を支給されないため戦友とともに裁判に訴えたのだった。

映画は澄田の密約を「売軍行為」として糾弾しつつ、旧日本軍の残虐行為を掘り起こしていく。奥村によると、政府が彼らを黙殺したのはポツダム宣言があるから。日本は同宣言によって武装解除したが、解除後も戦争を続けた部隊があったとなれば整合性が取れない。だから「勝手に残留した」ことにしたという。戦中、戦後の国際政治によって人間の歴史が勝手に書き換えられてしまった。戦争終結で人々がホッとしている一方で、このような理不

【蛇足ながら】

席を立てなかったケント・ギルバート

最近の戦争関連ドキュメンタリーの白眉は2019年4月公開の『主戦場』だろう。日系米国人で上智大学に籍を置くミキ・デザキ監督が従軍慰安婦問題について日米韓の言論人約30人をインタビューした作品。櫻井よしこ、杉田水脈、ケント・ギルバート、トニー・マラーノ（テキサス親父）、藤岡信勝、小林節、加藤英明、中野晃一、吉見義明など右と左の論客たちが語り、テーマは日本軍の戦争犯罪、現在の日米関係にまで及ぶ。

取材を受けた保守論客が上映中止を求める会見を開いた上に民事訴訟も起こした。こうした話題性も手伝って、当初は単館上映だったのが50館以上に拡大した。

筆者は19年3月に渋谷のユーロス

尽がまかり通っていたのだ。

　奥村は中国を訪れ、数々の文書を検証する。そこには澄田が名前を変えて日本に逃げ帰ったと記されていた。しかも彼は帰国後に国会で、兵を復員させようと努力したと主張したのだから、モリカケ問題の官僚も顔負けの厚顔ぶりだ。奥村は映画の中で中国人を銃剣で刺し殺すよう命じられた初年兵教育を告白する。将校は中国人を斬首し、首がいくつも転がっていたという。他の兵士の上申書には母子をガソリンで焼き殺したとか、道案内の中国人を口封じのために頭を石でつぶして殺したなどの残虐行為が列記されていた。かつて自分が書いた上申書の内容を知らされた戦友の老人は「そういうことだったのだろう」と母子を焼き殺したことを否定しない。

　奥村は靖国神社で「国に取られ、侵略の戦いで死んだ人間は神ではありません。そういうごまかしは許さない」と言い、小野田寛郎に「侵略戦争を美化するのですか？」と詰め寄る。小野田は「侵略ではない。だから言ったではないか。開戦の詔勅を読め！」と一喝して立ち去るのだ。

　裁判は最高裁で棄却。戦友は次々と死亡し奥村も2011年に没した。池谷薫監督の著書『蟻の兵隊』（新潮社）によると、澄田は「勲一等旭日大綬章」を受章、53年に軍人恩給の受給資格を得たという。理不尽な話だ。


（17年8月2日掲載）

ペース試写室で鑑賞した。上映の10分前にケント・ギルバートが堂々たる足取りで到着したが、映画が終わり他の観客が試写室を出たあとも彼は頭を抱えたような恰好でしばらく席を立たなかった。最後の一人としてぽつんと座っていた。筆者が受付で宣伝会社の人と話をしていると、階段を降りてきたが、その足取りは重かった。「だまされた～！」と思ったのだろうか。

蟻の兵隊（マクザム）

戦争に反対しただけで虐殺された時代

母《かあ》べえ

2008年　山田洋次監督

黒澤映画などでスクリプターを務めた野上照代の自伝的エッセーを映画化。「昭和」の暗黒を描く問題作だ。

1940（昭和15）年、東京の野上家ではドイツ文学者の滋《しげる》（坂東三津五郎）と妻の佳代（吉永小百合）が幼い娘たちとともにつましく暮らしていた。ある夜、滋は侵略戦争に反対したため治安維持法の嫌疑で特高警察に逮捕される。娘を育てつつ夫の帰りを待つ佳代を滋の妹（檀れい）や教え子（浅野忠信）が支えるが、滋は獄中で死亡してしまうのだ……。

特高や巡査、学者など日本中が侵略戦争を礼賛し、反対派を迫害した。検事は滋の手記にある「戦争」の文字を「聖戦」と書き直すよう恫喝する。国政を批判しただけで弾圧される時代だった。

武田鉄矢ではないが「昭和は輝いていた」という声をよく聞く。果たしてそうだろうか。たしかに「昭和」の日本は戦後、民主主義国家に生まれ変わり、高度経済成長を遂げた。だが「昭和」の前半は満州事変（31年）から敗戦までの「15年戦争」の時代だった。警察や軍部は「お国」に異を唱える国

【蛇足ながら】

実は父べえは生きて戻った

かつて日本の映画界には侵略戦争や戦前の思想弾圧を批判する作品を手掛ける監督がいた。『人間の條件』（1959年）の小林正樹、『戦争と人間』（70年）の山本薩夫、『小林多喜二』（74年）の今井正、『一枚のハガキ』（2011年）の新藤兼人、『少年H』（13年）の降旗康男などだ。こうした良識ある面々が死去し、日本映画の社会性が薄れてきたような気がする。

この『母べえ』も戦前の思想統制の問題に正面から取り組んだ作品。山田洋次は1931年生まれと高齢ではあるが、この先も問題作を撮って欲しい。

『母べえ』は映画スクリプターの野上照代が書いた『父へのレクイエム』（読売ヒューマンドキュメンタリーの優秀賞受賞）を映画化したも

民に何の迷いもなく弾圧を加えた。

衆議院議員の山本宣治は29年に衆院予算委員会で、特高が思想犯を尋問する際に指の間に鉛筆を挟む、三角形の材木の上に座らせて膝に石を置く、逆さまに天井から吊って悶絶させる、竹刀で殴るなどの暴力を行使していると追及した。だが逆に拷問は激化した。小林多喜二は33年に東京・築地署で激しい拷問を受け睾丸を蹴りつぶされて虐殺された。野呂栄太郎の死は品川署での拷問が原因だった。戸坂潤や三木清などの学者が獄中死に追いやられた。

こうした暗黒の世相を国民は批判するどころか、「お国に逆らった者が悪い」「ヤツらは国賊だ」と権力の尻馬に乗って糾弾した。市民同士が助け合うことを名目にした「隣組」はいつしか相互監視と「危険思想」の持ち主を密告する組織になってしまった。

ちなみに山本は委員会で追及した翌月、右翼に刺殺された。犯人の刑期はわずか6年だった。評論家の大野達三は「代議士を簡単に逮捕、虐殺するわけにもいかないので、天皇制権力は右翼を使って宣治を殺したのであった」と記している（『日本の政治警察』新日本出版社　1973年）。「昭和」は血塗られた時代でもあったのだ。

特定秘密保護法も成立した。あと10年もしたら警察が思想犯をなぶり殺しにするかもしれない。だからこそ本作を見てほしい。

（15年7月2日掲載）

の。野上の父は戦前、新島繁のペンネームで活躍したドイツ文学者だった（本名は野上巖）。映画の野上滋は獄中死を遂げるが、新島は投獄されたものの生還した。獄中で転向したことを悔いて戦後は日本共産党に入党したとされる。57年に56歳で亡くなった。

獄中から滋が送った「子供たちの知的成長の上で今こそ父親が必要な時なのにそばにいてやれないのがとても残念だ」という手紙が胸に迫ってくる。

母べえ（松竹）

東京消滅、阿鼻叫喚の地獄絵図

世界大戦争

1961年　松林宗恵監督

ネタバレになるが、本作は世界が核ミサイルで壊滅するカラー映画。東西冷戦下での核戦争の恐怖をドラマ化した。

アメリカ・プレス・クラブの運転手・田村（フランキー堺）はこつこつ貯金をして東京に一戸建ての家を買い、妻子を養っている。長女の冴子（星由里子）は近く通信技師の船員・高野（宝田明）と結婚する予定だ。

そんな幸せな暮らしの中、地中海で「同盟国」と「連邦国」の武力衝突が起きる。田村は「戦争なんか起きっこない」と高をくくっているが、彼の思いとは裏腹にいつしか情勢は悪化。同盟国と連邦国の両陣営の核ミサイルが東京をはじめ世界の都市を狙うのだった。

戦後16年にして日本の平和主義が危機に直面。首相（山村聡）は憲法で戦争を放棄したことを誇りに思い、その使命感から「この平和を守り通すために努力するのだ」と世界各国に働きかけて事態の収拾に尽力する。だが核攻撃の可能性が高まり、人々は東京から脱出する。

一方、子供たちの一部は幼稚園で最期を迎える。田村も東京にとどまって

【蛇足ながら】

ユダヤ人も貧者が逃げ遅れた

日本が滅びる映画といえば、『日本沈没』（1973年、森谷司郎監督）が有名だ。地震の研究者や深海潜水艇の操艇者、政財界の黒幕などが海に沈む日本列島で右往左往する物語だった。右翼らしき黒幕の老人が学者らに命じて、海外に逃れた日本人の行く末を決めるという奇妙なくだりもあった。

これに対して『世界大戦争』はタクシー運転手の日常を主軸に国際社会の暴走と破滅を描いている。その結果、彼は結婚前の娘と小学生の息子を助けることができず、家族は最後の食卓を囲む。息子はご馳走に喜ぶが、間もなく核ミサイルで死ぬことを知らない。かくして貧しく、無知な庶民が逃げ遅れて犠牲になるわけだ。

そういえば、1930年代のヨー

幼子らに最後の食事を振る舞い、死を覚悟した冴子は洋上を航海中の婚約者・高野に「幸福だった」と打電する。

東京が水爆で破壊される光景はまさに阿鼻叫喚。特撮監督の円谷英二は当時の技術の粋を尽くしてこの世の地獄を現出した。戦争はこんなに悲惨なのだという叫びが聞こえてくる。

61年は東西冷戦の中、ケネディが大統領に就任した年であり、キューバ危機の前年だ。日本ではデモ隊が国会議事堂に押し寄せた安保闘争の翌年にあたる。当時の日本人は核兵器が危険であると認識し、その不安感が本作に結びついた。

本作のあと米国で『博士の異常な愛情』（64年）と『未知への飛行』（64年）が製作された。後者にはソ連の報復を避けるため、交換条件として将校がわが子の住むニューヨークに水爆を投下する場面がある。本作では家族を東京に残してきた船員たちが洋上で涙を流す。まことに戦争は恐ろしい。

現在の日本は軍備を増強し、戦争する国家に向かっている。一方、映画の中の首相は平和主義を貫いた。憲法9条を改悪したがる自民党の政治家よりずっと崇高な思想の持ち主だ。

公開から55年。もし今、この『世界大戦争』がリメークされたら、どんな作品になるだろうか。（16年9月7日掲載）

ロッパではヒトラー率いるナチス・ドイツによってユダヤ人狩りが行われ、６００万人もの人々が強制収容所で殺された。その多くは貧しい人々で、海外に逃げ延びる資金も知恵も情報も持っていなかったとされる。

戦前の日本では政財界や軍上層部の息子たちは戦争の前線に送られなかった。権力を持つ者たちは一般国民には戦わせながら、身内を死の危険から守ったのだ。身勝手極まりない話である。

世界大戦争（東宝）

その他の名作

フューリー（2014年　デビッド・エアー監督）

1945年4月、連合軍がドイツ戦車に圧倒される中、コリアー（ブラッド・ピット）らのシャーマン戦車4両は敵軍が通過する十字路の保持を命じられる。途中、戦車1両を失うも小さな町を制圧。ここで束の間の安息を味わい、新兵のノーマン（ローガン・ラーマン）はドイツ人美女エマ（アリシア・フォン・リットベルク）と性の初体験を。だが数分後、砲撃を受けてエマは死亡する。

戦車は傷心のノーマンを乗せて進み、敵戦車ティーガーの攻撃を受ける。味方の砲弾が分厚い鉄板に跳ね返され、戦車が次々と破壊されるも、コリアーは単独で勝負を挑み、敵を撃退する。戦車は十字路に到着し、地雷を踏んで立ち往生するのだった。

コリアーはノーマンを羽交い締めして捕虜を射殺させるわ、「おまえがヤラなきゃ俺がヤる」と強姦をちらつかせるわと無法ぶりも発揮。善し悪しは別として一味違うキャラ設定だ。

シャーマンとティーガーの実力差をここまで描いた作品は珍しい。大砲の弾にびくともしない敵に勝つには後部を狙うしかないためシャーマンは戦闘機のように回り込んでバックを取ろうとする。俯瞰《ふかん》撮影のおかげで戦車2両の位置関係が分かりやすい。顔から剝がれた皮膚やブルドーザーで埋められる死体の山、ナチ親衛隊によって縛り首にされたドイツ国民など、戦争の悲惨さも描かれている。

真空地帯（1952年　山本薩夫監督）

真空地帯とは世間から隔絶された兵営のこと。「人間ハコノナカニアッテ人間ノ要素ヲ取リ去ラレ兵隊ニナル」の文言がその本質を言い尽くしている。

1944年1月、大阪の歩兵砲中隊に四年兵の木谷（木村功）が復帰してくる。彼は上官の財布を盗んだ罪で2年余り服役していた。だが本当はたまたま財布を拾い中身を抜き取っただけ。映画は軍隊の暴力的体質を描きながら、木谷の罪が重くなった真の理由と上層部の不正を明らかにしていく。

本作はよく反戦映画と評価されるが、むしろ人間批判の映画でもある。「指導」の名目で古参兵が初年兵を土下座させ、容赦なく殴りつける。まさに暴力の連続。主人公の木谷も逆上すると同室の者を並ばせて全員を往復ビンタだ。軍隊経験を持つ山本監督は人権もクソもない陰湿な世界を克明に再現した。

戦争中、暴力を受けた兵士は憎しみを敵兵に向けたといわれる。これでは中国で虐殺が起きるのも当然だ。日本人の体罰好きは戦後も続き、学校では教師が生徒に鉄拳制裁をくわえていた。

見逃せないのが戦地に送られる「野戦行き」の人選に古参兵が一喜一憂すること。威勢のいい言葉で威張り散らす者ほど野戦行きに怯える。これが人間の正体だ。先日、50代の婦人に、いずれ日本も徴兵制が敷かれますよと言ったら、「そのほうがいい。いまの男子は軟弱だから若いときに鍛えるべきです」と説教された。平和が続くと人はこうなるのだ。

兵隊やくざ
（1965年　増村保造監督）

殴る蹴るの連発映画だ。舞台は1943年の満州。関東軍の古参兵・有田（田村高廣）は猛烈な軍隊嫌いで、「バカかきちがいでないと耐えられない」と見下しているが、初年兵の大宮（勝新太郎）というやくざ者の指導係を押し付けられる。暴れん坊の大宮は喧嘩は敵なし。入隊するや砲兵隊の弱い者いじめを看過できず、大勢を相手に大立ち回りだ。そのため砲兵隊の伍長から苛烈な制裁を受けるが、有田の機転によって反撃を許され、「一番痛いのをやります」と伍長の指をへし折る。だが後日、伍長は階級をちらつかせて有田に報復。大宮を集団でリンチするのだった。

暴力を否定する大卒と腕っぷしの強い極道。水と油のでこぼこコンビが互いをかばい、卑怯なヤツらに立ち向かう。大宮を絶対に負けないスーパーマンに描き、お涙ちょうだいでないところが見ていてスカッとさせられる理由だ。有田の軍隊批判にはインテリの知性が漂っている。

　公開された65年は敗戦から20年。若いころ軍隊の不条理に泣かされた観客は「こんな上官が欲しかった。戦前の日本は狂っていた」と留飲を下げた。軍隊を糾弾する内容ではないが、それでも一見の価値ありの痛快娯楽作だ。

Uボート（1981年　ウォルフガング・ペーターゼン監督）

　Uボートはドイツ海軍が誇った潜水艦。本作は海軍報道部の記者ヴェルナー（ヘルベルト・グリューネマイヤー）の取材活動を通じてUボートの苦闘を描く。カメラが細長い船内を前へ後ろへと移動しながら、43人の乗組員が駆け回るさまを捉える。劇中に「屁」という言葉がたびたび登場、ヴェルナーは日記に「悪臭の中で発狂寸前だ」と書く。スクリーンから汗と大小便、残飯のにおいが漂ってくる。

　物語のテーマは人間の強靭さだ。幅がわずか11キロのジブラルタル海峡に侵入し、戦闘機の攻撃を受けて海底280メートルに沈没。大量に浸水するわモーターは壊れるわともうボロボロ。それでも男たちは再浮上を諦めない。極限状態の人間の生への執着が興味深い。

　中盤にも見どころがある。駆逐艦との心理戦を巧みにクリアするも第2の敵艦の執拗な爆雷攻撃から逃れられない。爆発の大音響と衝撃波の中、ヴェルナーはベッドで恐怖に震える。だが目を覚ますと、まだ生きている。目の前には疲れて眠りこける男たち。司令室の男は何食わぬ顔で働いている。彼らが命懸けで持ちこたえ、それが日常であることを無言で物語る演出だ。

　ディレクターズカット版は208分と長尺だが退屈しない。敵輸送船に3発の魚雷を放ち、ストップウオッチで魚雷が目標に命中する時間をカウントするなど細かい描写が盛り込まれている。

砲艦サンパブロ（1966年　ロバート・ワイズ監督）

　1926年の中国。揚子江に停泊

中のサンパブロ号と、同艦に立ちはだかる中国独立運動を描く。

新任機関兵のホルマン（スティーブ・マックィーン）は宣教師のシャーリー（キャンディス・バーゲン）と知り合う。彼の親友フレンチー（リチャード・アッテンボロー）は酒場女のメイリーと結婚するが無断外出の末に病死。メイリーは中国人の暴徒に殺され、ホルマンにその嫌疑が。群衆は彼の身柄を要求する。そんな折、米国人ら6人が殺される南京事件（27年）が発生。サンパブロ号は米国人救出のため国民党軍と戦闘を展開する。ホルマンはシャーリーを迎えにいくが、すでに敵兵が包囲。彼女のため、ひとり敵地に残るのだった。

R・ワイズ監督はベトナム戦争への批判を込めて本作を製作した。63年、米ＣＩＡは南ベトナムにクーデターを誘発してゴ・ディエン・ジェム大統領を殺害。トンキン湾事件（64年）の虚偽報告を悪用したジョンソン大統領は65年、北爆を開始。68年のテト攻勢では米大使館が占拠された。農民５０４人が殺害されたソンミ事件も68年に起きている。60年代はベトナム戦争が泥沼化した時代だった。本作に登場する米国人たちは共産軍、国民党軍の両軍と中国民衆に敵視された。博愛主義の米国人宣教師も銃弾に倒れる。大国による海外派兵がいかに愚かな行為であるかを描いた問題作だ。

激動の昭和史沖縄決戦
（1971年　岡本喜八監督）

１９４４年7月、米軍はサイパン島を陥落。大本営は敵が沖縄を攻撃すると読んで兵力を投入し、第32軍の10万人が迎え撃つこととなった。ここに米軍が１５００隻の大艦隊で攻撃し、民間人と兵士がいやというほど殺される。

主軸は牛島中将（小林桂樹）と長参謀長（丹波哲郎）、八原高級参謀（仲代達矢）の作戦会議だ。長は総攻撃を主張し、八原は持久戦を言い張って総攻撃は再三中止に。やがて参謀本部のある首里に敵が迫り、兵が県民の避難した南部に移動したため民間人が巻き添えになる。県民は国のために死ぬよう洗脳され、ひめゆり部隊や鉄血勤皇隊が犠牲になる。

洞窟に避難した民間人は横暴な兵士に「出ていけ」と怒鳴られる。スパイへの疑心暗鬼も広がり、罪なき民間人が射殺される。追いつめられた民間人は手りゅう弾で自殺。「老幼男女の肉片が四散し、死に損なった者はこん棒で頭を打ち合う阿鼻（あび）叫喚の地獄が展開」した。子供の自決すら止める者がいないとは異常な世界だ。本作が訴えるのは沖縄が本土決戦への時間稼ぎの「捨て石」にされた現実だ。結末の解説によると兵士10万人、民間人15万人が殺されたという。沖縄は戦後、米軍の基地となり、日本の繁栄の捨て石とされ続けている。

あとがき

この10年ばかり、日本映画を見るたびに気になることがある。登場人物の涙だ。泣きすぎる。号泣しすぎるのである。それも鼻水までたらして泣く。「泣き喚《わめ》く」と表現してもいいだろう。

たとえば2018年の『志乃ちゃんは自分の名前が言えない』(湯浅弘章監督)。言葉がうまく出ない女子高生が友達と街頭でギターを弾いたことで自信を取り戻す物語。途中から物語が負のほうに転回して困惑させられたが、それよりも理解に苦しむのが主人公・志乃ちゃんの号泣だ。彼女は学園祭の当日、学校の生徒たちの前で慟哭する。目から大量の涙が流れる。同時に鼻孔からそれより大量の鼻水が噴出、いや、つららのように鼻水が垂れ下がる。しかも拭いもしない。

18年の『生きてるだけで、愛。』(関根光才監督)もすごかった。主人公は引きこもり生活をしていてレストランで働くようになるが、あることでつまずく。ラストは恋人の前で全裸になって「私は私という人間と別れられない」とこれまた鼻水まみれの号泣を披露する。泣けばいいってもんじゃないだろうとうんざりしたが、試写室には女性のすすり泣きが漏れていた。そうか、現代人それも映画関係者は泣き声と涙と鼻水に感動するのかと少し驚かされた。

『怒り』(16年、李相日監督)という話題作がある。東京の閑静な住宅街で発生した殺人事件の犯人らしき人物として三者三様の人間模様を描いた作品だ。これもよく泣く。というより、出演した主たる役者のほぼ全員が泣く。終盤の宮崎あおいと妻夫木聡の泣きじゃくりようは一種のヒステリー症状だ。妻夫木などは人が行きかう表通りを顔をクシャクシャにし、わんすか泣きながら歩いていく。「あのね」と言いたい。あのね、人間って、ふつうは泣いているところを他人に見られたがらないものだよ。もし泣くなら、ボクはビルとビルの隙間に身を隠して泣くよ、と。いくら俳優が人並み以上に露出願望の強い人種だとはいえ、こんな不自然な行為を演じていいのだろうか。これでは「怒り」ではなく、「慟哭」と名づけたほうがしっくりくる。

おそらく現代の映画プロデューサーや映画監督、そして役者陣は派手に泣くことが観客の心をつかみ、感動を与えると錯覚しているのだろう。観客の感動は役者の涙と鼻水の量に正比例する、役者が泣けば泣くほど観客も感激で涙を流すものだと。

こうした思い込みがエスレカートして最近の邦画の予告編は必ず泣きの場面が盛り込まれている。それも手を変え品を変えで。『洗骨』(19年、照屋年之監督)の奥田瑛二などはご飯を口に運びながら鳴咽していた。最近の『糸』の予告編は数パターンあり、泣き顔と泣き声で集客を狙うという魂胆が丸見え。この種の映画の予告編の惹句に「この夏、日本中が涙する」といった文言を見かける。役者を泣かせれば観客が満足するという考え方は、戦艦大和を造れば戦争に勝てると信じた戦前の大艦巨砲主義を思わせる。言い方を変えれば「大量落涙主義」だ。

昔の映画はこれほど泣かなかった。あの『愛と死をみつめて』(64年、齋藤武市監督)もそうだ。主人公の吉永小百合が絶命する場面で母親役の原恵子はわっと泣くが、笠智衆演じる父親は無言で哀しみと闘っていた。その笠智衆が原節子と父子を演じた作品に『晩春』（49年、小津安二郎監督）がある。父は結婚が決まった娘と京都旅行を楽しみ、最後の夜に娘は「私、このままお父さんといたい」と言う。父は「それは違う。おまえたちはこれから新しい人生が始まるんだよ」と娘の幸せを祈る。娘は涙ぐむが、嗚咽もしない。もし現代の映画監督がリメイクしたら、父と娘が抱き合い、ワーワー、ギャーギャーと泣き喚きながら互いの洋服に鼻水をなすりつけるだろう。

戦前の映画『陸軍』（44年、木下惠介監督）を見てほしい。軍隊に取られ出征していく我が子の姿を一目見ようと、母親（田中絹代）が行進を追いかける。母の顔にあるのは我が子を思う不安と哀しみだ。田中絹代は涙も流さず、隊列を追って我が子の姿を探し求める。母は泣かない。だから観客が泣く。現代に生きる筆者ですら、この場面は泣けた。当時の母親たちは劇場で紅涙を絞っただろう。

映画が大泣きするようになったのがいつからなのかは知らない。もしかしたら80年代のテレビドラマ『金曜日の妻たちへ』シリーズの小川知子が元祖かも。あの当時、筆者の周囲の人々は「小川知子が鼻水まみれで泣くのを見てビックリした」と感想を述べていた。あるいはアニメ『巨人の星』（68〜71年）の影響かもしれない。涙腺崩壊がテレビから映画にクラスター感染したのだろうか。

こうした阿鼻叫喚ともいえる表現方法に頼っていたら日本映画は確実に劣化する。いや、すでに劣化している。申し訳ないが、筆者は役者の派手な泣き演技を見るたびに心の中で苦笑してしまう。小津安二郎も成瀬巳喜男も黒澤明も涙を必要以上に小道具として使わなかった。映画人よ、先達に学べと言いたい。

もうひとつ気になるのが外国映画の邦題だ。やたら長いのである。たとえばアシュリング・ウォルシュ監督の『しあわせの絵の具　愛を描く人　モード・ルイス』（16年）。全部で20文字だが、原題は“Maudie”とわずか一語だ。リュック・ベッソン監督がミャンマーのアウンサンスーチー女史を描いた『The Lady　アウンサンスーチー　ひき裂かれた愛』（11年）は欧文を含めて23文字ながら、原題は“The Lady”である。その他『ユダヤ人を救った動物園～アントニーナが愛した命～』（17年）の原題は“The Zookeeper's Wife”。『世界でいちばん貧しい大統領　愛と闘争の男、ホセ・ムヒカ』（18年）は“El Pepe, Una Vida Suprema”だ。筆者のようなオジサンはこんなダラダラと長たらしい邦題を見ると作品が安っぽく思えてしまう。出来が悪いから、タイトルで釣ろうとしているのだと。

ついでに言えばタイトルの言葉も違和感たっぷりだ。たとえば夫と幼い息子を人種差別主義者のテロで奪われた女性の苦闘を描いた『女は二度決断する』（17年、ファティ・アキン監督）。息苦しくなるほどシリアスなストーリーなのに、このタイトルはないだろう。この邦題を見たとき、何だこりゃ、喜劇じゃないかと思った。「喜劇・女は二度決断する」という言葉が脳裏によぎったのだ。実際、邦画の『女は二度生まれる』（61年、川島雄三監督）や『女たちは二度遊ぶ』（10年、行定勲監督）などは軽妙で通俗的なあらすじだった。

インドの少年が家族とはぐれたあげく善意の白人夫婦の養子に迎えられるのは『Ｌｉｏｎ／ライオン～25年目のただいま～』（16年、ガース・デイヴィス監督）。筆者はこのタイトルを目にするたびに「ライオン、ライオン、25年目のただいま」とライオンを2度繰り返す。そもそも子供の誘拐・人身売買も絡んだ深刻なドラマなのに「ただいま」とは何事か。まるでホームドラマではないか。

昔の映画人は優れた邦題をつけた。本書の52ページでも触れたカンヌ国際映画祭パルム・ドール受賞作の『かくも長き不在』(61年、アンリ・コルピ監督)などはタイトルの文言だけで悲劇の予兆が胸に迫ってくる。映画ではないが、かつて小学校の図書館にはビクトル・ユーゴーの小説『ああ無情』(最初は『噫無情』)が並び、筆者は子供心に興味を抱いて手に取った。今では小説も映画もミュージカルも『レ・ミゼラブル』だが、『ああ無情』のほうがドラマ性がストレートに伝わってくる。

映画関係者に聞いたら、最近の配給・宣伝会社は女性スタッフが多いため、軟派な邦題をつけたがる傾向があるそうだ。とはいえタイトルは一度命名されたら変更できない。映画はそのタイトルで人類の滅亡まで生き続けることになる。今のような命名法でいいのだろうか。泣きの乱用と共に、映画人に議論していただきたい。

最後に本書を出版した経緯について触れておきたい。2018年の8月、筆者が会社で仕事をしていると、「孤独のキネマ」の読者を名乗る人物から電話が入った。相手は『孤独のキネマ』を書いているのはあなたですか。面白いですね」と言う。前日に筆者が紹介した映画は『戦争と人間完結編』で、「侵略戦争に反対して弾圧され、無理やり従軍させられて落命した人たちの悔しさを思うと気の毒でしょうがない。英霊というより国家の犠牲者だ」と書いた。おそらく「右派」の人がこの文言にカチンときて電話してきたのだと思い、話を合わせていたら、相手は松柏社という出版社の社長・森信久と名乗った。なんだ、右派の嫌がらせではなく、本物の読者なのかと妙に拍子抜けし、その数日後に森社長と面談した。

こうして森社長は本書を共同で作ってくれることになった。筆者のような無名の者にチャンスを与えてくれたことには感謝の言葉もない。2年の歳月を経てやっと出版物として形になった。完売しなければ森社長に合わせる顔がないと、不安で夜も眠れない今日このごろなのだ。

森田健司

二〇二〇年 師走

森田健司（もりた・けんじ）

映画評論家、日本歴史時代作家協会理事。1958年、大分県生まれ。法政大学経済学部卒。編集プロダクション、出版社を経て、91年から夕刊紙『日刊ゲンダイ』に記者として勤務。映画コラム「観ずに死ねるか」「孤独の映画」「孤独のキネマ」で旧作を中心に洋画・邦画の紹介記事を執筆。HPは「モリケンの『孤独のキネマ』」(https://kodokunokinema.com)。

孤《こ》独《どく》のキネマ

二〇二一年二月一日　初版第一刷発行

著者　森《もり》田《た》健《けん》司《じ》
発行者　森　信久
発行所　株式会社 松柏社
〒一〇二-〇〇七二
東京都千代田区飯田橋一-六-一
電話　〇三（三二三〇）四八一三（代表）
FAX　〇三（三二三〇）四八五七
メール　info@shohakusha.com

装丁・本文設計　常松靖史［TUNE］
組版　戸田浩平
製版・印刷　中央精版印刷株式会社

ISBN978-4-7754-0273-3